医学生创业基础

Yi Xue Sheng
Chuang Ye Ji Chu

▶▶▶ 周爱民　董辉　杨勇 ◎主编

华中科技大学出版社
http://press.hust.edu.cn
中国·武汉

图书在版编目(CIP)数据

医学生创业基础/周爱民,董辉,杨勇主编.—武汉:华中科技大学出版社,2023.10
ISBN 978-7-5772-0165-8

Ⅰ.①医… Ⅱ.①周… ②董… ③杨… Ⅲ.①医学院校-大学生-创业-研究 Ⅳ.①G647.38

中国国家版本馆CIP数据核字(2023)第203061号

医学生创业基础　　　　　　　　　　　　　　　　　　　　　周爱民　董辉　杨勇　主编
Yixuesheng Chuangye Jichu

策划编辑:李承诚
责任编辑:肖唐华
封面设计:廖亚萍
责任校对:张汇娟
责任监印:周治超

出版发行:华中科技大学出版社(中国·武汉)　　　电话:(027)81321913
　　　　　武汉市东湖新技术开发区华工科技园　　　邮编:430223

录　　排:孙雅丽
印　　刷:武汉市洪林印务有限公司
开　　本:787mm×1092mm　1/16
印　　张:16
字　　数:358千字
版　　次:2023年10月第1版第1次印刷
定　　价:49.80元

本书若有印装质量问题,请向出版社营销中心调换
全国免费服务热线:400-16679-118　　竭诚为您服务
版权所有　侵权必究

《医学生创业基础》编委会

主　编： 周爱民　董　辉　杨　勇

副主编： 王　添　刘巧元　张宁丹

编　者： 丁　锋（湖南环境生物职业技术学院）

　　　　　王杏梅（湖南食品药品职业学院）

　　　　　王　添（湖南中医药高等专科学校）

　　　　　刘巧元（湖南食品药品职业学院）

　　　　　刘佳婷（湖南中医药高等专科学校）

　　　　　刘建成（益阳医学高等专科学校）

　　　　　张宁丹（湘南学院）

　　　　　张亦曼（湖南食品药品职业学院）

　　　　　张　婷（益阳医学高等专科学校）

　　　　　周爱民（湖南中医药高等专科学校）

　　　　　董　辉（湘南学院）

　　　　　杨　勇（湖南汉方神农中医馆）

前　言

为了积极响应《教育部关于大力推进高等学校创新创业教育和大学生自主创业工作的意见》《国家职业教育改革实施方案》等相关文件精神，推进"课程思政"，促进校企"双元"育人，突出医药卫生类各专业创新创业教育特色，提升创业课程质量，故编写本教材。

一、本书特色

1.推进"专创融合"，增强创业教育专业性

本教材在综合整理部分典型医药卫生类专业背景创业的本土化案例的基础上，编纂身边的医学生创业者专栏，每个模块都选用了一定数量的医药卫生行业的创新创业案例，用本行业、本土化的鲜活案例对学生进行创业引导。此外，教材内容还包括医学生创业前必须了解的法律与法规，为医药卫生类各专业学生创业做好法律知识准备，促进医学教育与创业教育的深度融合。

2.推进"课程思政"，增强课程育人功能

本教材整理了优秀校友创业案例，通过身边事教育身边人，使学生能较好地掌握优秀校友创业过程中的经验；设置专门模块强调创业精神与社会责任；每个模块都专门编写了创业思政小故事。本教材通过多种途径融入"课程思政"，培养学生团队精神、创新精神和诚信、感恩、医者仁心的品质，以及发展卫生健康事业的使命担当，激发医学生的学习动力，变被动学习为主动求知，通过课程育人促进学生"精神成人"。

3.通过"校企合著"，增强教材实用性

本教材由来自医药院校的一线创新创业教师和优秀的医药类专业创业者共同编写完成。医药院校的一线教师具有丰富的教学经验，掌握最新创新创业理论；优秀的创业者具备丰富的创业实践经验，在编写过程中能够很好地做到理论与实践相统一。本教材特别邀请湖南汉方神农中医馆有限公司创始人杨勇共同担任主编，在每个模块的内容中都有他结合自己创业经历的现身说法，具有很强的实用性。

二、本书结构

本教材共分八个模块，模块一医学生创业导论，由周爱民编写，案例由全体参编老师共同收集整理；模块二创业者与创业团队，由周爱民、刘佳婷共同编写；模块三创业机会与商业模式，由张亦曼、刘巧元共同编写；模块四整合创业资源，由王添、王杏梅共同编写；模块五创业计划撰写与展示，由董辉、张宁丹共同编写；模块六新创企业的开办与管理，由董辉编写；模块七创业精神与社会责任，由丁锋编写；模块八医学生创业前必须了解的法律与规定，由张婷、刘建成共同编写。每个模块中的"杨总教你创业"由湖南汉方神农中医馆创始人杨勇编写，其余部分相关案例由创业者本人撰写。全书由周爱民、董辉、杨勇统稿并定稿。

本教材是湖南省教育科学"十四五"规划2021年度高校就业创业研究专项课题"基于混合式'对分课堂'的高职医学生创业'金课'建设研究（XJ214979）"的研究成果，在编写过程中查阅了大量文献资料，适合医药卫生行业高职高专学生和应用型本科院校学生使用。

创业是一个具有综合性、交叉性并且正在成长发展的研究领域，由于编者团队知识水平有限，错误和不足之处在所难免，敬请读者批评指正。

编者
2023年7月

目　录

模块一　医学生创业导论 ... 1

任务一　创新创业战略背景 ... 3
任务二　认识创新创业 ... 12
任务三　身边的医学生创业者 ... 27

模块二　创业者与创业团队 ... 35

任务一　创业者及创业动机 ... 37
任务二　创业团队的组建 ... 46
任务三　创业团队的管理 ... 51

模块三　创业机会与商业模式 ... 61

任务一　识别创业机会 ... 63
任务二　评估创业机会 ... 70
任务三　分析创业风险 ... 77
任务四　商业模式设计 ... 85

模块四　整合创业资源 ... 105

任务一　识别创业资源 ... 106

任务二　获取创业资源　　111
　　任务三　测算创业资金　　115
　　任务四　创业融资　　121

模块五　创业计划撰写与展示　　133
　　任务一　信息搜集与市场调查　　136
　　任务二　认识创业计划书　　145
　　任务三　撰写创业计划书　　150
　　任务四　路演创业计划　　157

模块六　新创企业的开办与管理　　167
　　任务一　新创企业的开办　　170
　　任务二　新创企业的管理　　180

模块七　创业精神与社会责任　　197
　　任务一　创业精神　　199
　　任务二　企业家的社会责任　　204

模块八　医学生创业前必须了解的法律与规定　　213
　　任务一　公司法与合伙企业法概述　　215
　　任务二　合同法概述　　223
　　任务三　劳动法与劳动合同法概述　　227
　　任务四　知识产权法和税法概述　　234
　　任务五　开办卫生行业企业的特殊条件　　238

参考文献　　245

模块一

医学生创业导论

模块导学

在"大众创业、万众创新"的时代背景下,创新创业正在成为一种价值导向、一种生活方式、一种时代气息。本模块的学习任务是理解我们为什么要接受创新创业教育,以启发自己的创新思维,树立积极的创业意识,从身边的医学生创业者身上学习锐意进取、自强不息的创新精神和艰苦奋斗、勤俭节约的创业精神,从而在今后的学习中,充分激发自己的内生动力,努力把自己打造成创业型人才。

【学习目标】

通过本模块的学习，了解创新、创业的基本概念，了解国内外创新创业教育背景，掌握创新思维的几种表现形式和常用的创新方法；能描述一种产品的创新方案，能理解我国为什么要提出"大众创业、万众创新"战略；强化创新创业意识和医者仁心的理念。

【案例导入】

医药中专生从创新到创业

2003年，从湖南省医药中等专业学校毕业的李今微，来到浙江仙琚制药股份有限公司工作。凭着勤学好练和一股子冲劲，她在3年时间里取得了3个新产品的研究成果。也正是那时，这个中专毕业的浏阳妹子，在制药厂里许下了自己的创业愿望。

2006年初，李今微在老家湖南浏阳租下一栋民房，拉上自己的哥哥和前同事，干起了制作甾体化合物（一种医药原料）的小作坊。之后，一个偶然的机会，李今微到美国参展时发现氨基酸表面活性剂在国际洗护行业得到广泛应用，产品供不应求，但当时国内市场仍处于空白。经过仔细调研，她决定从生产医药原料药，转型为生产氨基酸表面活性剂为主的医药中间体。2010年10月，李今微创办了长沙普济生物科技股份有限公司，专门从事氨基酸表面活性剂生产、研发和销售。

表面活性剂在洗护用品中应用较普遍，它是一种既有疏水基团又有亲水基团的两性分子，拥有增溶、乳化、洗涤、发泡、保湿、润滑、杀菌、去污和抗静电等作用。

氨基酸表面活性剂属于新一代绿色温和材料，从椰子油等植物油或植物氨基酸等纯天然生物原材料中提取，属于无污染化学添加剂材料，可广泛应用于日用化学、生物医药、农业食品等行业。

传统的硫酸盐表面活性剂是从石油中提取的，而氨基酸表面活性剂来自植物提取物，比如椰子油。两者的作用一样，但原料不一样，后者更环保、更安全。当时，国内市场98%左右的日化产品仍在使用石油提取物，氨基酸提取物产品仅占2%左右，而且大多用于生产洗面奶，纯氨基酸产品更少，国内市场仍处于培育期。

作为一家主要从事氨基酸表面活性剂的研发、生产、销售的高新企业，经过多年的发展，长沙普济生物科技股份有限公司年产能达1万吨以上，总资产约4500万元，其主要产品有月桂酰基谷氨酸、月桂酰基谷氨酸钠、月桂酰基甘氨酸、月桂酰基甘氨酸钠、椰油酰基谷氨酸等，这些氨基酸表面活性剂广泛应用于个人洗护用品、清洗剂和工业领域。

讨论：
1. 你知道什么是创新、什么是创业吗？
2. 你能创新吗？你考虑过创业吗？

任务一　创新创业战略背景

一、我国为什么要提出"大众创业、万众创新"？

创新是民族之魂，是时代主题；创业是发展之基，是富民之本。随着我国经济进入发展新常态，党中央、国务院适时作出了"大众创业、万众创新"的重大战略部署。习近平总书记强调，"创新是社会进步的灵魂，创业是推动经济社会发展、改善民生的重要途径"。2014年9月，李克强总理在夏季达沃斯论坛公开场合上提出，要在960万平方公里土地上掀起"大众创业""草根创业"的新浪潮，形成"万众创新""人人创新"的新势态。2015年，李克强总理在政府工作报告中又提出"大众创业、万众创新"。此后，"双创"倡议在党和中央政府多个重要决议中被强调，党的十九大报告中更是明确提出要"激发和保护企业家精神，鼓励更多社会主体投身创新创业"。2021年6月22日，国务院总理李克强主持召开国务院常务会议，部署"十四五"时期纵深推进大众创业万众创新，更大激发市场活力促发展、扩就业、惠民生；确定加快发展外贸新业态新模式的措施，推动外贸升级，培育竞争新优势。党的二十大报告中再次提出："要完善促进创业带动就业的保障制度"。

我国为什么要在这个时候提出"双创"呢？主要原因有以下三点。

（一）是经济发展进入新常态的内在要求与现实选择

"大众创业、万众创新"是经济增长的新引擎。当前，国际局势动荡，不可控和不确定因素对经济发展形成巨大冲击，我国经济从高速增长阶段转入高质量增长阶段，传统比较优势正在逐渐弱化，经济增长动力不足是经济发展最为核心的问题，须为经济发展找到新的引擎。随着我国经济向形态更高级、分工更复杂、结构更合理的新常态过渡，增长驱动力必须由要素驱动、投资驱动转向创新驱动，这既是经济发展的阶段性特征，也是现实的必然选择。

"大众创业、万众创新"是创新驱动发展战略的具体实施措施。借用大众智慧共同探索新的产业变革趋势，能够发掘并培养新的经济增长点，更有利于满足分散化、精细化的市场需求，以供给侧创新激发和释放新的消费潜力和投资空间。

"大众创业、万众创新"能够释放经济发展活力。"大众创业、万众创新"将带动传统工业时代的规模化、统一化的生产模式向智能化、个性化的生产方式转变。规模效应不再是决定企业成败的核心因素，更多着眼于差异化市场需求的小微企业的出现，有利于促进人力资源在全社会的自由流动，让每一个创新创业者都拥有勤劳致富、实现梦想的公平机会，让创新融入每一个经济细胞，把经济的繁荣与个人的成功牢牢地捆绑在一起，能极大地调动广大人民群众的积极性，并释放出巨大的经济发展活力。

"大众创业、万众创新"能激发经济升级潜力。目前我国的创新创业多集中在技术前沿领域，如互联网、智能制造等新兴产业，这些产业之所以能够形成创新创业的氛围，也正是得益于新技术的广泛应用。创新创业实践能够直接推动产业结构升级，同时，创新创业的积极作用并不局限于新兴产业，还能够促进传统产业的转型以及与新兴产业的跨界融合，创新创业的实践承载着新技术因素，一旦运用于传统产业，能使其再次焕发生机，形成新的竞争优势。

（二）是全面深化改革的重要成果和落脚点

"大众创业、万众创新"能够通过激发每个人的创造力和智慧，提升生产要素配置效率和市场活力。推动"大众创业、万众创新"需要全面深化改革，唯有改革才能冲破制约创新的体制机制、才能破除阻碍创新的思想藩篱，创新创业才有可能真正形成气候，而且创新创业本身也是一场推动生产组织方式深刻调整的重大改革，创新创业氛围的形成、活力的释放也是全面深化改革的重要成果。

同时，"大众创业、万众创新"热潮的兴起，也必将为全面深化改革提供强大正能量。"大众创业、万众创新"是亿万人民群众直接参与的伟大实践，创新创业者将是深化改革的直接推动者，创新创业的热潮也为深化改革凝聚全社会最广泛的共识，推动自下而上的改革诉求与自上而下的改革意志形成共振，有力地打破原有体制机制的不合理束缚。因此，从某种意义上说，当前和未来相当一个时期内，创新创业和改革具有深刻的同一性。

（三）是在政府转型背景下的创新宏观调控方式

全面深化改革，核心是处理好政府与市场的关系，是一场政府的"自我革命"。在新的背景下，政府如何找准定位、划清边界十分关键。2015年，我国政府在宏观调控和管理经济方面进行了大刀阔斧的改革，这一点在全力推动简政放权、创新宏观调控方式的实践中体现得淋漓尽致。

2013年国务院提出了区间调控，2014年在此基础上提出了定向调控和结构调控，2015年又提出了一手大众创业、万众创新，一手加大公共服务基础设施建设，从中央到地方纷纷出台政府权力清单、责任清单，2019年2月和2020年9月国务院相继印发《关于取消和下放一批行政许可事项的决定》。在这些举措中有一条主线贯穿始终，就是正确处理政府与市场的关系，通过这些实践，政府与市场的边界渐渐地清晰起来。

"大众创业、万众创新"的基础正在于此，政府在经济发展动力和活力方面，提供并维护规范而自由的市场秩序，宽松而有序的生存环境，以及必要的功能性、普惠性的鼓励政策，从供给面培育经济内生增长动力，稳定经济增长和就业，推动经济结构调整和提质增效升级。政府推动"大众创业、万众创新"的核心要义就是搭建创新创业的舞台，简政放权，为市场资源的竞相迸发腾出空间。这必然要求政府发展理念的转变和宏观调控方式的转型。

二、我国创新创业教育发展

自"大众创业、万众创新"成为国家重点发展战略,高校的创新创业人才培养机制逐渐进入公众视野。近年来,我国高校创业教育飞速发展,一方面,扩招政策的实施和国际形势动荡等不确定因素,加剧了我国社会就业结构性矛盾,引发大学生就业难问题,创新创业人才培养有利于打破传统经济结构,推动创新型国家建设。另一方面,国际创业教育蓬勃发展,良好的国际创业氛围激发了我国创新创业教育改革热情。

(一)国家政策密集出台,推动创新创业教育

1999年是创新创业教育在我国开始发展的一年。1999年1月,《国务院批转教育部面向21世纪教育振兴行动计划》指出,要通过加强对教师和学生的创业教育,采取措施鼓励他们自主创办高新技术企业。2010年5月,教育部发布《关于大力推进高等学校创新创业教育和大学生自主创业工作的意见》。2012年8月,教育部办公厅下达关于印发《普通本科学校创业教育教学基本要求(试行)》的通知,对教学目标、教学原则、教学内容、教学方法和教学组织进行了详细的规定,同时发布了《"创业基础"教学大纲》。

2014年5月,人社部、国家发改委等九部门联合发布《关于实施大学生创业引领计划的通知》,决定2014—2017年实施新一轮"大学生创业引领计划",引导和支持更多的大学生创业。2014年9月,李克强总理提出"大众创业、万众创新"。2015年,"大众创业、万众创新"被写入政府工作报告。

2015年5月,《国务院办公厅关于深化高等学校创新创业教育改革的实施意见》出台,为高等学校创新创业教育明确了目标,要求从2015年起,全面深化高校创新创业教育改革。2017年,高等学校创新创业教育取得重要进展,形成了科学先进、广泛认同、具有中国特色的创新创业教育理念,取得了一批可复制、可推广的制度成果,普及了创新创业教育,实现了新一轮大学生创业引领计划预期目标。到2020年,建立健全了课堂教学、自主学习、结合实践、指导帮扶、文化引领融为一体的高校创新创业教育体系,人才培养质量显著提升,学生的创新精神、创业意识和创新创业能力明显增强,投身创业实践的学生显著增加。

2017年4月,国务院颁布《关于做好当前和今后一段时期就业创业工作的意见》,进一步优化创业环境,持续推进"双创",全面落实创业扶持政策。

2021年9月,国务院办公厅颁布《关于进一步支持大学生创新创业的指导意见》,针对大学生创新创业面临融资难、经验少、服务不到位等问题,提出了继续加大对高校创新创业教育的支持力度、建强高校创新创业实践平台、提升教师创新创业教育教学能力等十八条意见。

创新创业新环境中,挑战与机遇并存。在倒逼机制下,高校创新创业教育正加快改革的步伐,如火如荼地进行着。

(二)我国创新创业教育面临的问题

我国大学生创新创业教育在党和政府、高等院校、社会各界的大力支持和推动下,越来越受到重视,大学生参与创新创业的激情也在不断高涨。但总体而言,大学生创新创业教育水平还不高,提升的空间还很大,主要面临以下一些问题。

一是重视程度还不够,学生的积极性尚未被充分调动。目前,我国高校开设的创新创业教育课程逐渐增多,但因重视程度不够、教育方式落后,未能充分调动学生的积极性。据有关统计数据,我国每年选择创业的大学生比例不到5%,相比发达国家20%~30%的大学生选择创业的比例还有很大差距。在这全国5%的创业大学生中,创业的平均成功率不到3%。从结果来看,大学生对创新创业教育的重要性认识还不够,参与还不够积极。

二是师资力量薄弱,与专业教育脱节。决定创新创业教育质量的关键是师资队伍建设。目前,我国多数高校的创新创业师资主要来自本校从事学生工作的辅导员和管理人员,这些师资不仅缺乏创业经验,很多教师还缺乏教学经验,创新创业课程尤其是优质课难以开设。由于学校重视不够,教师指导、讲授创业课程的积极性普遍不高,师资队伍不稳定,创新创业教育与专业教育的脱节现象也非常严重。目前,我国许多高校已经意识到创新创业教育的重要性,并开始推行创新创业教育,但大多限于操作和技能层面,还未将创新创业教育纳入专业教育的培养方案和体系之中,专业课程也很少主动融入创新创业教育。造成这一现象的首要原因是学校没有做好顶层设计,没有具体的实施办法和激励措施,其次是创新创业学科建设时间短,学科内容不够完善,创业教育主动融入专业教育的具体举措还不够。

三是课程体系和实践平台有待完善,教学效果不够理想。在大多数高校中,创新创业教育是被动纳入人才培养方案的,其课程体系还没有建立,还存在课时得不到保障、上课改成讲座或线上自学等应付的情况。一些高校不重视创新创业实践基地的建设,缺乏必备的硬件设施,学生的能力无法在实践中得到真正的提升。

(三)医学院校开展创新创业教育的重要性

中共中央、国务院印发的《"健康中国2030"规划纲要》指出,健康服务业总规模的建设目标是在2030年突破16万亿元大关。创新创业作为"大健康"发展的重要引擎,需要大量的人才支撑。医学院校作为国家医疗卫生和科研的重要力量,开展创新创业教育已成为人才培养的重要一环。

1.有利于提升医学生的自我价值

医学院校创新创业教育以提升医学生就业竞争力和创新创业能力为目标,既鼓励医学生自主创业，也提倡医学生以"创业的心态、创新的思维"面对未来的工作岗位，积极推动就业择业与创新创业相互融通。创新教育能激发学生的好奇心和求知欲，鼓励学生大胆地打破旧的思维定式，用新观点、新观念认识事物、改变事物，使学生善于从一种思想转换到另一种思想，通过新的方法来解决问题，从而使思维发展具有独创性与社会价值，而不受知识和传统观念的束缚。创新创业教育能教会学生对自己拥有的资源进行优化整合，抓住机遇，从而创造更多的价值。医学院校开展创新创业教育的目的不仅是培养学生创新创业的精神、意识和能力，更是为社会、为国家培养新型复合型医学人才，提升医学生的自我价值。

2.有利于减轻医学生就业压力

就业是民生之本，创业是发展之源。党的十八大以来，以习近平同志为核心的党中央明确提出要加快实施创新驱动发展战略，着力推动创业创新，进而稳定和扩大就业。各医学院校要积极响应国家号召，鼓励学生积极参与创新创业的社会实践，在促使其各方面能力提升的同时，培养学生创新创业意识和能力，通过创业带动就业，进一步减轻社会就业压力。譬如，基层医护人员过少、医护人员的地区分布不均衡一直是我国医疗行业的痛点和难点，医学生可以瞄准国家和行业的痛点，坚定服务基层人民的决心，积极开展创新创业活动。

3.有利于促进医疗体系的完善和医学水平的提高

医学生参与的社会实践多数是与医务工作相关的创新创业活动，如社区义诊、送医下乡等。这类社会实践活动不仅促进学生理论知识临床化，还可为患者带来福音，如医学生对国内分级诊疗制度的深入调查可为国家深化医疗改革提供大量的调研数据。当更多的医学生从事医学研究，并以此为基础进行创业实践，对医疗水平和医疗教育质量的提高能起到一定的促进作用。

三、国外创新创业教育发展

国外的创新创业教育至今已有半个多世纪的发展历史，美国麻省理工学院最早把创造学列入大学教育内容。美国斯坦福大学、哈佛大学、加利福尼亚大学等著名大学亦相继开展了和创新创业教育相关的活动和课程。20世纪60年代后期，百森商学院的几位著名经济学家首次提出创业教育。21世纪初，一些欧盟国家针对高校的创新创业教育出台了一系列的方针和政策，对西方国家的创新创业教育产生了重大影响。国外的创新创业教育发展日渐成熟，尤其是美国等发达国家的创新创业教育已取得一些成果。以下简述全球一些重要国家的创新创业教育发展情况。

（一）美国

美国的创新创业教育于二战后萌芽，当时，美国经济逐步恢复并得到了长足发展，这一时期的美国处于大工业时代，工业文明高度繁荣，经济增长迅速，社会需要一些有生气的中小企业来激活市场活力。高校为了适应社会与市场的需求，开始探索创业教育，以 1947 年哈佛大学开设创业教育课程"新创企业管理"为标志性起点，到 1970 年，美国共有 16 所学校提供创业教育的相关课程。

美国的创新创业教育于 20 世纪 70 年代开始发展较快，小企业的兴盛极大地促进了美国经济的发展，提供了众多的就业岗位。各大高校的创业教育在这一时期发展迅速，注重对学生实际创业技能的培养。有研究显示，1979 年有 50 余所高校开设创业相关课程，到 1986 年增加到 253 所。高校创业活动日趋丰富，为越来越多的学生提供了实践学习的机会。

从 20 世纪 90 年代起，美国的创新创业教育进入蓬勃发展阶段，知识经济的到来和技术革命的推动使更多的国家意识到创新创业教育的重要性。美国创新创业教育在广度和深度上都得以延伸，出现"大众化"与"尖端化"趋势，即有越来越多的学校和机构开始致力于开展创新创业教育，越来越多的研究成果转变为市场产品，如斯坦福大学、麻省理工学院等。如果把斯坦福大学历届师生组建的公司看成一个独立经济实体，那么它的 GDP 位于全球第 10 位；麻省理工学院到目前为止共拥有 80 位诺贝尔奖得主，由校友创办经营的公司，年收入总和已经超过 2 万亿美元，若将其看作一个独立的经济体，GDP 在全球排名第 11 位。

（二）英国

英国政府意识到经济的发展与增长在很大程度上取决于国家对创新与创业的认识及其实力，因此，英国政府一直强调创新创业教育的重要性，英国高校的创新创业教育萌芽于 20 世纪 60 年代，兴起于 20 世纪 80 年代中期。1982 年，斯特林大学启动了"大学生创业"项目，开启了英国高校创新创业教育的新局面。英国政府从 20 世纪 80 年代开始就非常重视创业教育，并将其作为促进经济发展的重要手段。20 世纪 90 年代，英国政府发文明确了政府高度支持高校开展创新创业教育的态度。进入 21 世纪后，随着经济和科技的快速发展，英国高校的创新创业教育也进入一个快速发展并逐步趋向完善的阶段。经过 30 多年的探索与实践，英国高校的创新创业教育形成了由政府、学校、企业和民间社团协力合作、共同推动创业教育发展的特色体系。

一是英国高等教育质量保证署出台了一系列高校创业素质和创业实践教育方面的指导纲领文件，鼓励英国高校在管理和教学质量上进一步提高。这是世界上最早为创业教育而制定的国家级质量保证纲领。

二是高校成立公司促进科技创新成果商业化。牛津大学于 1988 年创立了 Isis 科技创新公司，负责管理牛津大学的技术转让和学术咨询，并逐渐为全球的客户提供技术专业咨询服务。Isis 科技创新公司通过咨询、专利授权许可以及创立衍生公司等形式将其研究成果商业化，并通过其专业咨询服务助力技术研究成果商业化，帮助解决知识产权保护和引进投资等问题。Isis 科技创新公司自身发展很快，平均每星期提交一份专利申请，成为欧洲大学中专利申请数量最多的机构，国际专利申请数量在英国排第 8 位。Isis 科技创新公司创建的衍生公司总值超过20亿英镑。牛津大学的"学术象牙塔之城"正逐步转变为"硅谷创业园之城",剑桥的"硅沼(Silicon Fens)"和伦敦的"小硅谷(Silicon Roundabout)"知名度逐步提高。

三是英国还成立了促进创业教育发展的国家级专业机构,其中成立较早者是英国创业教育者协会,其前身是英国政府贸工部于1999年设立的英国科学创业中心。英国创业教育者协会支持英国高等院校通过开设相关课程和课程以外的各项活动来开发、实施创业素质和创业实践教育。它是全球领先的创业教育推动组织,会员众多,目前已经拥有103所高校正式会员(英国境内共有130余所高校),覆盖面高达79%,各会员学校都热心参与协会组织的各项活动。英国创业教育者协会核心成员都是真材实料的创业教育专家,对政府出台的一系列相关政策和议案或直接参与制定,或提供咨询和建议。除拥有103所大学正式会员外,英国创业教育者协会还拥有1000多家机构和企业的负责人作为协会的合作伙伴,共同支持创业教育和学生的创业实践,真正搭建了高校与企业的桥梁。英国创业教育者协会对创业教育在英国的普及和深化产生越来越大的助推作用,2011年启动了创业教育项目基金,在资金上大力支持英国高校会员的创业课程开设和课程外的创业实践活动,赞助其会员单位提高创业素质和创业实践教育水平,帮助创建新的教学资料与资源,或协助进行有重要意义的项目调研。

英国的创新创业教育体系关注"人"的发展,将创新创业整合进教育的各个阶段,从小培养创新意识,开发创业潜力。创新创业教育不简单等同于创业教育,更不应该等同于成功创业教育或"企业家速成培训"。创新创业教育的真正意义与社会价值是培养面向未来的创新型人才,他们具有创新精神,可以推动经济社会发展。

(三)德国

德国作为世界工业核心大国,十分注重科学技术成果产业化所带来的经济效益,重视高校对创新创业人才的培养。德国高校设立有教授席位制度,政府资金支持较大,关注微小企业发展模式的研究,同时注重创业教育与专业和实践相结合,这使得德国创新创业教育具有针对性。德国的创业群体科学素养比较高,大部分创业者具有学士学位,民众创业聚焦于技术含量高的领域,创新水平高,这些都使得德国的创业始终保持在良好的状态。

德国也是较早开展创新创业教育的国家。20世纪70年代,德国创业教育开始在斯图加特大学等高校中推广。经过多年的努力和发展,德国已经形成了较为完善的创新创业教育政策,建成了系统的创新创业教育课程体系,营造出浓厚的高校创新创业文化氛围,拥有优良的创新创业教育师资队伍。在打造良好创新创业文化氛围方面,德国各高校强化创新创业文化的建设和培育。例如,慕尼黑工业大学长期注重学校创新创业文化的营造和发展,教师和学生都以各种形式积极参与学校、企业组织的创新创业活动和项目中,逐步形成了学术研究、技术研发与创业发展相互依存、相互促进的良好局面。在创新创业教育课程体系建设方面,德国高校建立了一套较为系统的创新创业教育课程体系,主要包括创新创业法律法规、企业创业管理、企业财务管理、企业战略管理、产品创新研发、企业家精神培养等几十门课程。在创新创业实践平台搭建方面，德国高校重视与当地的政府、行业企业共同搭建创新创业实践平台，在创新创业实践中加强对大学生创新创业能力的培养。同时，德国高校和企业协同合作，构建各种各样的孵化模块，为大学生创新创业提供服务机构和场所。更重要的是，为了降低大学生入驻孵化器进行创新创业的门槛，德国以政府补贴方式资助创新创业大学生，保障和激励大学生创新创业。在创新创业合作网络建设方面，德国高校注重与行业企业、科研机构等建立广泛的创业合作网络。如慕尼黑工业大学与相关企业建立了一种互动互利关系，创业合作网络不仅加强了学校与企业、科研机构等的沟通和联系，也加强了创业合作网络内部各个体之间的联系和交流。

德国高校的创新创业教育实施不是大众化的，而是根据学生喜好具有一定的针对性，这样更能激发学生学习兴趣，挖掘学生学习潜能。现在，德国各个高校的创新创业教育根据自己学校的特征具有相应的特色，对培养大学生创新创业意识，帮助大学生分析问题、解决问题能力的提升起到关键作用，能为企业的发展培养应用型高级人才。德国高校的创新创业教育强调创新思想的产生，充分挖掘创业者的创新潜能，形成创新理念并运用到商业模式中。这种强调创新理念，并培养人们在实践中发掘创业机会和创新思想的教学方式，深受大学生和社会创业人士的欢迎和肯定。

（四）日本

日本高校的创新创业教育萌芽于20世纪60年代，部分高校开始开设职业指导类课程，帮助掌握一技之长的应用型技术人才实现创业梦想。

20世纪70年代至80年代，日本经济结束高速增长，进入稳定增长时期，对人才的需求也由20世纪60年代以熟练技术工人为主转向以经营、管理、营销等多领域复合型人才为主。为了应对这一社会需求，日本高校对教学设置进行了调整，将职业规划教育纳入学校教学体系当中，采用总体指导和个别咨询的方式对学生进行创新创业教育。

20世纪90年代后，日本经济神话终结，"泡沫"破灭，失业率创历史新高。日本政府推出"科教立国"战略，并将这一战略思想置于历史的高度去实践。1995年日本政府颁布《科学技术基本法》，1996年日本经济团体联合会提出"培养具有创新精神的人才"，种种措施都充分体现了政府和产业界对能够给经济发展带来全新活力的创新创业型人才的迫切需求。作为培养创新创业型人才主力军的高校，也开始更新教育理念，改变教育策略，调整人才培养模式，以应对新的社会需求。日本高等教育领域从1998年开始实行"企业见习制度"，通过短时间的集中培训，在改变学生就业观念、培养学生就业能力和提升工作水平等方面都起到了积极作用。同时，高校内部关于创新创业教育的课程和讲座也在不断丰富，创新创业教育理念开始被广大学生接受，越来越多的学生开始关注创新创业教育培训，并积极谋划自己的未来。

21世纪伊始，日本教育改革国民会议提出"创业家精神"的概念，引导国民开展创新创业实践活动。2003年，日本政府制定了推动青年创业的纲领性文件《青年自立·挑战计划》。同时，日本政府开始引导民间企业进入高校创新创业教育体系中，不断优化高校创新创业教育模式。在这样的背景下，许多日本高校采取各种措施推进创新创业教育的发展，逐步形成以在校大学生、研究生和社会人士为对象，以培养学生创业意识、改善学生思维方式、提升学生创业技能为核心的创新创业教育新模式。据统计，截至2008年，日本的东北大学、信州大学、横滨国立大学、早稻田大学、庆应义塾大学、大阪商业大学等247所高校将创新创业教育纳入本科生和研究生教育体系当中，范围涉及国立、公立、私立等各类大学，约占日本高校总数的46.1%，其中早稻田大学、大阪商业大学等高校还开设了"创业"专业。此后，日本高校的创新创业教育进入规模化和系统化时期。这一时期，日本高校创新创业教育最显著的成果就是形成了"官产学"三位一体的协同发展模式。该模式将代表官界的产业振兴集团、地方公共集团、经济产业省，代表产业界的开办创新创业教育的非营利性组织、各类企业，以及代表学界的高校三者进行有效统合，为创新创业教育的发展提供便利条件，被日本各级各类高校采纳，成为当前日本高校创新创业教育发展的典型模式。

（五）澳大利亚

澳大利亚大学生创新创业教育，在全球位居前列，最早可追溯到二战结束后，各高校为缓解就业压力，对有创新创业意愿的大学生开展创办微型企业的培训，至今已有70多年的历史。

澳大利亚大学生创新创业教育倡导"创业基于创新，创新面向社区及全球问题"的教育理念。《澳大利亚创新系统报告（2016）》指出，创新是商业竞争和经济增长的关键驱动力，澳大利亚在经合组织国家中创新商业活动占比位列第5名，创新型中小企业功不可没。2014—2015年，澳大利亚45%的商业活动为创新驱动。

澳大利亚创业教育采用的是层次与模块并存的课程体系。一方面，澳大利亚创业教育课程层次分明，其创业教育课程体系分为初级、中级、高级三个层次。初级阶段主要学习创业教育课程体系中的基础课程，中级阶段学习创业教育核心课程，高级阶段进行模拟创业。另一方面，澳大利亚创业教育课程采用灵活的模块化课程，将创业教育的相关课程安排为多个灵活的模块，各个模块之间既相互联系又可以融合或挪动，尤其是在创业实践类课程的教学中，教师向学生介绍大量成功创业的真实案例，教师针对案例中出现的问题，帮助学生分析研究市场、设计创业方案、评估市场潜力，激发学生创业动机，以达到教与学的最佳效果。

四、小结

2008年的国际金融危机使全球比以往任何时候都需要通过创新摆脱危机，实现重生。主要发达国家纷纷推出各自的创新发展战略，焦点不约而同地锁定在新一代互联网、生物技术、新能源、高端制造业等战略性新兴产业上，构成新一轮增长竞赛。如《美国竞争力计划》《美国创新战略：确保经济增长与繁荣》《先进制造业国家战略计划》、欧洲的《欧洲2020战略》《地平线2020》《德国高技术战略2020》《2014德国工业4.0版》、英国的《以增长为目标的创新与研究战略》、日本的《创新2025计划》等，其频率之快、密集程度之高前所未有，新一轮创新创业浪潮正在到来。

创新创业是人类创造价值的基础形式，是社会进步、经济发展的重要源泉。通过创新创业进一步释放市场活力，增强经济转型发展的内生动力，是当前全球创新型经济发展的重要特征。思想有多远，人类就能走多远；创新创业高潮迭起，为经济发展创造更为强劲的动力和源泉，这也是国际社会高度重视创新创业教育的原因所在。

> **课堂互动**
>
> 通过本节的学习，我们了解到国家大力推进"双创"工作，学校也将创新创业教育纳入人才培养方案。你对创业有什么想法呢？请作出你的选择，并说明理由。
>
> A.有计划创业　　　　　　　　B.不想创业
> C.想创业但不知道从哪里开始　　D.没想过

任务二　认识创新创业

一、什么是创新？

"创新"一词，最早见于《魏书》"革弊创新者，先皇之志也。"（《魏书》卷五十），后世古籍中又数次出现"创新"一词，大抵与"革新"同义，主要是指改革制度。《辞海》里讲"创"是"始造之也"，首创、创始之义；"新"是"初次出现，与旧相对"，才、刚之义。"创新"有三层含义：一是抛开旧的、创造新的；二是在现有的基础上改进更新；三是指创造性、新意。

经济学家熊彼特认为，创新是通过破坏原有的体系和机制来推动社会发展和进步的。在产品竞争过程中，企业家总是希望通过新的产品或服务（以下用产品表述的亦含服务）、新技术、新工艺在竞争中占据优势，这种新的产品、服务、技术或工艺刚开始投入市场时，是市场中唯一的，企业因此可以获得很高的利润，人们称为"垄断利润"。为了获取这种高额利润，其他企业会模仿或尝试新的创新，这样就会侵蚀原有垄断者的优势地位，而一旦新的创新者成功，又会彻底打破行业的原有格局。当然，新的创新者也会成为别人争相模仿或者破坏的对象，这就是创造性破坏。产业就是在这样创新—垄断—破坏—再创新中，循环往复，不断发展。

"现代管理学之父"彼得·德鲁克在《创新与企业家精神》一书中提出，创新是一个过程，是一项"有组织、有系统且富有理性的工作。创新是企业家展现其创业精神的特定工具,是赋予资源一种新的能力使之得以创造财富的活动,创新本身就创造了资源"。其关于创新的定义强调创新的意义和效果,认为创新需要改变现存的资源及财富创造的方式。

当前国际社会对于"创新"的定义中比较权威的有以下两个。

一是2000年经济合作与发展组织(简称经合组织)在《学习型经济中的城市与区域发展》报告中提出的:"创新的含义比发明创造更为深刻,它必须考虑在经济上的运用,实现其潜在的经济价值,只有当发明创造引入经济领域,它才成为创新"。"创"就是创造,"新"就是新的价值,创新不能光有想法,而一定要将想法落地并产生新的价值。因此,发明本身并不是创新。发明是把没有的创造出来,这是科学家的事,而创新是把发明变为财富,创新的主体是企业家。历史上出现了很多发明,如弧线机关枪、过海鞋子、夜光轮胎等,这些发明由于缺乏实际应用价值,不能产生经济或社会价值,所以不能算创新。

二是2004年美国国家竞争力委员会向政府提交的《创新美国》计划中提出的,"创新是把感悟和技术转化为能够创造新的市场价值、驱动经济增长和提高生活标准的新的产品、新的过程与方法和新的服务"。

二、创造性思维

创造性思维是以感知、记忆、思考、联想、理解等能力为基础,以综合性、探索性和求新性为特征的高级心理活动。要具备创造性思维,首先要打破思维定式。以下几种为常见的创造性思维。

(一)直觉思维

直觉思维,是指对一个问题未经逐步分析,仅依据内因的感知迅速地对问题答案作出判断、猜想、设想,或者在对疑难问题百思不得其解之时突然对问题有"灵感"和"顿悟",甚至对未来事物的结果有"预感""预言"等都是直觉思维。

【拓展阅读】
爱迪生巧算灯泡体积

直觉思维是宏观地把注意力放在事物的整体上的一种思维,它与逻辑思维那种微观地把注意力放在事物的各个部分上是很不相同的。直觉思维有利于人们从一些偶然的整体事件中抓住问题的实质。例如,古希腊著名科学家阿基米德在澡盆里沐浴时,看到自己身体入水后,水面上升并缓缓向外溢出的现象,通过直觉思维,想到揭穿"金冠之谜"的方法,继而深入到问题的实质,发现了著名的浮力定律。难以预料的偶然现象,是很难用逻辑思维来解释与判断的。但是,直觉思维却可以发挥作用,结果往往会产生突破,形成飞跃,导致发明创造。例如辽宁省鞍山市三十七中的陈猛同学受到从侧面看圆口茶杯呈椭圆现象的启发,凭借直觉思维找到了发明椭圆规的"可调圆板投影法"。

直觉思维虽然能在发明创造中起很大作用,但由于它是一种跃迁思维,其整体思维过程只是在极短的时间内完成，难以用逻辑思维的语言来逐步加以分析与表述，因此，直觉思维往往带有一定的局限性与虚假性，也经常导致一些错误的结论。例如19世纪初，人们为解释光在真空中的传播，凭直觉思维，假设在真空中有一种传光介质"以太"，然而经过几十年的寻找，科学家都不能证明这种介质的存在，可见这个假设是错误的。但是，法拉第受"偏振光的振动面受磁场的作用而改变"现象的启发，凭直觉思维得到"光现象应和电磁现象联系起来研究"的正确结论，从而导致了光的电磁说的产生。

（二）联想思维

联想思维就是人们通过一件事情的触发而联想到另一些事情的思维。联想能够克服两个不同的概念在意义上的差距，并在另一种意义上把它们联结起来，由此可产生一些新颖的思想。联想思维是创造思维的一种重要表现形式，创造技法中的联想构思发明法就是利用联想思维进行创造的一种发明创造的方法。科学技术上的许多发明创造都依赖于人脑的联想。

当人的思想受到某种刺激，或在某种特定的环境下通过回忆可产生3种类型的联想，即相似联想、对比联想和接近联想。

1. 相似联想

相似联想是指人脑中出现与某一刺激物或环境相似的经验、事物的联想，即联想物与刺激物之间存在某种共同的性质或特征。例如，看到鸟想到飞机，因为它们都能飞；看到蜡烛想到电灯，因为它们都发光等。又如有人从含硅的物体表面光滑、黏合剂对硅不起作用的特点出发，联想到若将纱布浸入硅可使患者手术后纱布与皮肤不粘连而减轻痛苦，由此发明了特种医用纱布。上海市徐汇区第一小学徐捷同学通过打电话拨号联想到插座可加一个拨盘而成功发明"拨盘式安全插座"，防止插头脱落。

2. 对比联想

对比联想是指对某一刺激物或环境产生相反性质事物的联想。例如看到白颜色便自然想到黑颜色，看到小物体便想到大物体，遇到热的刺激马上想到冷的滋味等。例如，山东省青岛市寿光小学朱洪同学发明的"开水降温桶"，就是利用冷却水吸收从开水桶水管流出的热水的热量，迅速使开水冷却，以供下课急等喝水的同学们饮用。由开水的烫想到冷却水的凉，这就是一种对比联想。

3. 接近联想

接近联想是指头脑中想起与某一刺激物或环境有关联的事物。这里的联想与刺激物或环境之间只是有关联，其间并没有共同的特征。例如看到运动员，可自然联想到运动场、练功房、裁判、记分牌、发令枪、起跑线等。研究表明，对任何两个毫不相干的概念，一般最多只需要经过4~5步的联想即可将它们建立起联系。例如"木质"与"足球"这两个离得很远的概念，可以联想为：木质—树林—田野—足球场—足球。

事实上，上述的"木质—足球"之所以能在4步内达到，是因为这个联想的最后一环"足球"已作为这个联想程序的终点，是预先给定了的。这种有事先给定了目标的联想叫作定向联想。这样有目的的定向联想在创造发明中具有重要的意义。因为创造发明活动总是带来某些目的性的活动，它需要通过带有一定目的的创造性联想作为通道去达到预定的目的。

当然，作为创造思维本身来说，更加提倡的是思想奔放、毫无拘束的自由联想，这也是发散性思维的一种具体表现。进行联想一定要有打破砂锅问到底的精神，联想的范围越广、深度越大，对创造活动就越有裨益。例如，从落地电风扇可以调节升降的特性联想而发明了升降篮球架；吉林省扶余三中梁国欣同学从伞的开合性能联想，发明了能开合的"全能瓶刷"；此外，甚至从小孩吃的泡泡糖联想到热气球或飞艇等。发明创造，都直接与联想有关。

事实上，古往今来，人类一直在无意有意中通过各种联想，不断从自然界中得到许多启迪，从而创造了无数的工具、方法，为自己的生存和发展创造条件。正如日本发明家高桥浩所说，联想是打开沉睡在头脑深处记忆的最简便和最适宜的钥匙。广西南宁铁路一中高龙同学从看水上飞机表演联想到给航模船也装上翅膀，让船贴着水面飞翔，使船速度提高，成功发明了"设想中的伞翼船"。

当然联想能力的大小首先取决于一个人的知识积累和经验丰富的程度，一般说来，知识越多、见识越广的人联想的可能性也越大。例如，一个生长在海边的人经常会产生大海的联想，而一个出生在大平原上而从未见过高山的人，一般与"山"的联想能力就会很少或者没有。在青少年的发明中，这种事例屡见不鲜。例如，农村青少年的发明联想多数易与农业生产或农村生活活动有关，发明作品如"简易肥水楼""拖拉机高效照明器""氨水点施器""多功能两用喷杆""无火育秧温床"等。城市青少年的发明联想多与工业生产或城市生活有关，发明作品如"废水冲便器""流动售货车""节水水箱""便携式微孔电钻""液化气显示器"等。牧区青少年的发明联想多与牧业生产或牧区生活有关，如"风动酥油分离器""磁性拌草棍""奶油捞毛机""蜜蜂群体观察盒"等。其次，联想能力的大小还与一个人是否具有良好的思考问题习惯有关，即与一个人是否肯开动脑筋有关。有的人虽然见多识广，然而整天无所事事，不肯多动脑筋，也不可能有丰富的联想。因此，养成良好的思考问题的习惯，是培养联想能力、提高创造能力的一个重要措施。

【拓展阅读】
孙正义的250多项发明

（三）侧向思维

"他山之石，可以攻玉"。当我们在一定的条件下不能解决问题或虽能解决但只是用习以为常的方案时，可以用侧向思维来产生创新性的突破。具体运用方式有以下3种。

1. 侧向移入

侧向移入是指跳出本专业、本行业的范围，摆脱习惯性思维，侧视其他方向，将注意力引向更广阔的领域或者将其他领域已成熟的、较好的技术方法、原理等直接移植过来加以利用;或者从其他领域事物的特征、属性、机理中得到启发,产生对原来思考问题的创新设想。例如,鲁班从茅草上的细齿拉破手指得到启发,发明了锯子。大量的事例说明,从其他领域借鉴或受启发是创新发明的一条捷径。

2.侧向转换

侧向转换是指不按最初设想或常规直接解决问题,而是将问题转换为它的侧面的其他问题,或将解决问题的手段转为侧面的其他手段等。这种思维方式在创新发明中常常被使用。如在"网络热潮"中,兴起了一批网络企业,其中大量的网络企业难以盈利,但思科等企业作为设备提供商却最终盈利了。

3.侧向移出

侧向移出是指将现有的设想、已取得的发明、已有的感兴趣的技术和本厂产品,从现有的使用领域、使用对象中摆脱出来,将其外推到其他意想不到的领域或对象上。这也是一种立足于跳出本领域、克服线性思维的思考方式。如将工程中的定位理论运用在营销中。

【拓展阅读】
(1) 叩诊法的发明
(2) 年轻人过河

(四)逆向思维

逆向思维是对司空见惯的似乎已成定论的事物或观点反过来思考的一种思维方式。任何事物都包括两个方面,人们在认识事物的过程中,实际上是同时与其正反两个方面打交道,只不过由于日常生活中人们往往养成一种习惯性思维方式,即只看其中的一方面,而忽视另一方面。如果逆转一下正常的思路,从反面想问题,便能得出一些创新性的设想。

【拓展阅读】
逆向思维案例

(五)形象思维

形象思维是以直观形象和表象为支柱的思维过程。例如,作家塑造一个典型的文学人物形象,画家创作一幅图画,都要在头脑里先构思这个人物或这幅图画的画面,这种构思的过程是以人或物的形象为素材的,所以叫形象思维。

形象思维是以某种模仿原型为参照,在此基础之上加以变化,从而产生新事物的思维方式。很多发明创造都建立在对前人或自然界的模仿的基础上,如模仿鸟发明了飞机,模仿鱼发明了潜水艇,模仿蝙蝠发明了雷达。

【拓展阅读】
(1) 太太的腰围
(2) 谁能装满房间

(六) 发散思维

发散思维,又称辐射思维或放射思维,是指大脑在思维时呈现的一种扩散状态的思维模式,它表现为思维视野广阔,思维呈现出多维发散状,如"一题多解""一事多写""一物多用"等。培养发散思维能力对于培养创新创造能力非常重要,一些心理学家认为,发散思维是创造性思维的最主要的思维方式,是测定创造力的主要指标之一。

【拓展阅读】
(1) 13的一半是多少?
(2) "△"和什么东西相似或相近?

三、常用的创新方法

客观世界中的任何事物都是有规律的,创新同样有规律可循,有方法可用。创造学家收集大量成功的创新创造先例,研究获得成功的过程与思路,进行分析、归纳、总结,得出了许多可以供我们借鉴的创新方法。到目前为止,国内已总结出300多种创新方法。这里介绍几种常用的创新方法。

(一) 头脑风暴法

头脑风暴法又名"智力激励法""畅谈会法""群议法"等,是由美国创造学家亚历克斯·奥斯本于1939年首次提出。该方法是指大家在正常融洽和不受任何限制的气氛中以会议形式进行讨论、座谈,打破常规,积极思考,畅所欲言,充分发表看法。

头脑风暴法要遵守以下规定:①不许私下交谈,始终保持会议只有一个中心,否则,会使与会者精力分散,并产生无形的评判作用。②不许以权威或集体意见的方式妨碍他人提出个人设想。③设想表述力求简明扼要,每次只谈一个设想,以保证此设想能获得充分扩散和激发的机会。④所提设想一律记录。⑤与会者不分职位高低,一律平等对待。

头脑风暴的时间由主持人灵活掌握,一般不超过1个小时。

(二) 列举法

列举法是美国创造学家克劳福德提出的,是指列举一种具体事务的特定对象(特点、优缺点等),从逻辑上进行分析并将其本质内容全面地罗列出来,用以自发创造、设想并找到发明创造主题的创新方法。

1. 缺点列举法

缺点列举法是一种通过抓住事物的缺点进行分析,发现、发掘事物的缺陷,将具体缺点一一列举出来,并针对这些缺点,设想改革方案以确定发明目的的创新方法。

使用缺点列举法并无十分严格的步骤,一般可按如下程序进行:①找出事物的缺点,也就是选定研究的课题;②将缺点加以归类整理,并分析缺点产生的原因;③针对所列缺点逐条分析,分析要有针对性和系统性,要研究其改进方案能否将缺点逆用,化弊为利。

缺点列举法的特点是直接从社会需要的功能、审美、经济等角度出发，研究对象的缺陷，提出改进方案，操作简便易行。在具体运用缺点列举法进行创造发明时，主要有会议法、用户调查法、对照比较法。

如选取"伞"作为发明课题，可列举常用的弯柄伞的缺点：伞柄太长携带不方便，遇上大风会"吹顶"，伞布颜色单调，在教室里撑开晾干不方便等。针对上述缺点，便可研制出各种各样的伞，如折叠伞、自动伞、不透水的伞、便携带衣伞等。

2.特性列举法

特性列举法是一种通过对需要革新改进的对象观察分析，尽量列举该事物的各种不同特征或属性，然后确定加以改善的方向及措施的思维方法。

特性列举法解决问题的主要手段是逐一列举创意对象的特征，进行联想，提出解决方案。具体实施时分为三个步骤：①选择目标较明确的创意课题，将对象的特征或属性全部写出来；②各项目下试用可替代的各种属性加以置换，引出具有独创性的方案；③对方案进行评价讨论。

特性列举法既可以从物理特性、化学特性、结构特性、功能特性和形态特性等方面列举创新对象的特征，也可以从自身特性、经济学特性、使用者特性和用途特性等方面列举创意对象的特征。

如选取手电筒为发明对象，就可列出以下各种特性。①外形：圆筒形（或矩形，不规则形）；②结构：电源（干电池或镍镉电池），光源（电珠，反光镜），开关（移动式或揿入式）；③外壳材料：金属（铝合金、皮、铜），塑料；④功能：照明、信号等。根据列举的每一小点逐个进行分析评价，对发明对象的外形、结构、材料、功能等，提出更新换代的改革方案。如对手电筒提出携带方便、形状美观、亮度好、价格便宜等实用新型的改革方案。

3.希望点列举法

希望点列举法是根据发明者提出来的种种需求和希望，经过归纳和概括，寻找发明课题和设计构思的方法。

用希望点列举法进行创造发明的具体做法是：召开希望点列举会议，会前由会议主持人选择一件需要革新的事情或者事物作为主题，随后发动与会者围绕这一主题列举各种希望改革的点。为了激发与会者产生更多的改革希望，可将每个人提出的希望用小卡片写出，公布在小黑板上，并在与会者之间传阅，这样可以在与会者中产生连锁反应。

例如，人们希望茶杯在冬天能保温，在夏天能隔热，就发明了一种保温杯；希望自拍能拍出更漂亮的照片，就发明了自拍杆；希望在野外也能吹到风扇，就发明了挂脖小风扇。

（三）设问法

设问法是通过有序地、有目标地提出一些问题，使问题具体化，缩小需要探索和创新的范围，启发人们系统地思考解决问题的可能性，产生创新方案的创新方法。

1.奥斯本检核表法

奥斯本检核表法，又称奥斯本法则，是引导主体在创造过程中对照九个方面的问题进行思考，以便启迪思路，开拓思维想象的空间，促进人们产生新设想、新方案的创新技法。奥斯本检核表法根据需要解决的问题，或者需要创造发明的对象，从用途、实施方案、形态、结构、体积、材料、程序、位置、组合等九个方面提出有关问题：能否他用、能否借用、能否改变、能否扩大、能否缩小、能否替代、能否调整、能否颠倒、能否组合，然后一一进行核对讨论，从中获得解决问题的方法和创造发明的设想。

2.5W1H法

"5W1H"即What、Why、Who、Where、When、How，是由美国陆军部首创的一种创新技法，强调对选定的项目、工序或操作，都要通过连续提出为什么（Why）、是什么（What）、何人（Who）、何时（When）、何地（Where）、如何（How）六个方面的问题，明确需要探索和创新的范围，设法找到满足条件的答案，最终获得创新方案。5W1H法强调从上述不同角度思考问题，往往能够得出比较完善，甚至意想不到的成果，实现思考内容的深化和科学化。此法广泛应用于改进工作、改善管理、技术开发、价值分析等方面。

3.和田十二法

和田十二法，也叫"和田创新法则"，是由我国创造学研究者许立言、张福奎和上海市和田路小学的师生在奥斯本检核表法和其他技法的基础上，结合我国实际情况，提炼和总结出来的一种思维方法。

和田十二法的十二指十二个动词，即加一加，减一减，扩一扩，变一变，改一改，缩一缩，联一联，学一学，代一代，搬一搬，反一反，定一定。"和田十二法"为人们提供了一条开拓创新的新思维方式。

4.类比法

类比法是根据两个或两类对象之间在某些方面的相同或相似，而推断出在其他方面也可能相同的思维形式和逻辑方法。人们在探索未知世界的过程中，可以借此把陌生的对象与熟悉的对象、将未知与已知相对比，由此及彼，以寻找线索、启发思路。

例如，PC技术的发明人高登·艾吉领导的小组，通过反复研究，发现飞蛾的眼睛覆盖有精巧的十字图案，因此飞蛾的眼睛在吸收光线时并不反射光线。艾吉巧妙地把飞蛾的眼睛结构作为信息存储系统的基础，最终发明了记录信息的光盘。

北京奥运工程主场馆是椭圆形的"鸟巢"，与之相映生辉的是"水立方"膜结构的游泳馆。主场馆的外观就像"鸟巢"，馆内有91000个座位，无论观众坐在"鸟巢"的哪个位置，到比赛场地中心点之间的视线距离都在140米左右。"水立方"的创意来自细胞组织单元的基本排列形式以及水泡、肥皂泡的天然构造。这种在自然界常见的形态从来没有在建筑结构中出现过，"水立方"是世界上第一个应用这一结构体系的建筑，为国内外建筑界填补了一项空白。

5.组合法

组合创新法就是将两个或多个要素、手段、原理或产品，或几个各自独立的发明等结合成一体，产生新的发明（如新材料、新工艺、新产品、新设备）的一种创造技法。运用组合法创新产品时需注意以下三点。

（1）选择组合要素的量要适度。要素多，虽然组合的可能越多越全面，但相应的耗费的精力、时间也会增加。

（2）组合可以使产品具有不同的功能，成为多功能、通用型的产品，但过分追求"万能"也不足取，会出现增加成本、制造困难、功能冗余等弊端。如有人开发了一套组合式的女式服装，可以像魔方一样变换组合出144套不同的式样，只要买一套这样的服装，就相当于买进48套套装、24件长袖外衣、36条披肩、36条灯笼裙，然而至今未见上市走俏。变换太多不仅麻烦，而且也牺牲了时装的个性魅力。

（3）参与组合的各要素越是风马牛不相及，由"远缘杂交"形成的新产品其创造性越强。如空气与煤炭的组合开发出了尼龙这一新产品，电脑与游戏相结合发明了电子游戏机。

以上主要介绍的是产品的常用创新方法。在经济学中，创新概念的起源可追溯到1912年经济学家熊彼特的《经济发展理论》。可以包括以下5种情形：引入一种新产品；引入一种新的生产方法；开辟一个新的市场；获得原材料或半成品的新的供应来源；实现一种新的工业组织形式。

四、医药领域创新案例

（一）减少病人痛苦的"血管灯"

加西利亚是美国田纳西州的孟菲斯医疗器械有限公司的总经理，有一天，他的母亲因心脑血管疾病住进了医院。

由于母亲年老体胖，护士给她输液时找血管很费劲，一不小心就扎穿、扎偏，往往扎好几次才能成功，母亲的手肿得像面包，护士一直道歉还帮着用土豆片外敷。后来医护人员建议给老人使用静脉留置针，这样能减轻病人被反复穿刺的痛苦。

加西利亚知道业界对静脉留置针的留置时间一直存在争议，卫生行政部门、院方及留置针厂家都主张留置时间不超过3~5天，避免时间长了感染，可见这不是最好的选择。爱思考的加西利亚琢磨，怎么能让护士准确无误地扎到血管呢？这个念头只在脑海一闪，还没顾得上仔细考虑，两个月大的小孙子因高烧也住进医院，婴儿的血管很细，又不会配合护士，更加大了护士扎针的难度。小孙子哇哇大哭，来回摇摆着脑袋，脚不停地蹬踢，护士扎了一针不行，只得拍打着脑门，让血管暴露到最佳状态，又扎了一针。

加西利亚目睹亲人扎针之痛后，决定研发一个仪器，帮助护士找准血管，减少病人因扎针不准带来的痛苦。

加西利亚回到公司，立即召集研发人员，布置提高扎针准确率的课题。一开始大家并没有重视，觉得加西利亚过分心疼自己的亲人，生病打针、吃药很正常，打针疼点也无可厚非。几天过去了，加西利亚发现没有一点进展，他大发雷霆，并警告大家，十天拿不出可行的方案，将免去年底奖励。

大家意识到加西利亚是认真的，他并不是单单从个人情感出发，而是想为所有的患者寻求一个好办法。这次研发人员立即行动起来，加西利亚也加入研发小组，日夜查阅资料、开会商讨，拿出几套方案比较、权衡，但经过实际验证都不理想。几番周折下来，有的人没了热情，认为公司没必要在这种小设备上下功夫，浪费人力物力得不偿失。为了让大家集中精力想办法，加西利亚又放狠话，此课题攻克不了，不启动其他研发项目。没有了退路，大家又振作精神继续试验。加西利亚带人专门跑到医院，认真询问护士需要怎样的帮助，才能百发百中。护士说："有的人血管比较细，或者比较深，给进针增加了障碍，导致扎针的次数变多，最主要的是血管在皮肤下面，摸不准看不清。如果是新手，遇到肥胖者或婴儿，心里紧张，扎针的成功率就更低。"

加西利亚明确了目标，围绕"血管清晰可见"进行研发。经过多次试验，最后大家一致认为近红外光技术最好，既无害，又能"照出"人体血管。他们据此开发出了一款名为"血管灯"的仪器，或者更准确地说，应该叫"血管显影仪"或者"血管成像仪"。其原理是采用无害的近红外光和其他专利技术，使血管组织对光波吸收并反射，从而将皮下血管结构和血流图像的实时数码影像直接投射到皮肤表面。用上这款设备，护士从患者的皮肤表面就能清晰地看到血管的位置，大大提高了扎针的准确率。

"血管灯"能广泛用于采血、生化、穿刺等医学项目，现在已经走进美国的大小医院，既降低了患者的疼痛，又减少了护士的工作量，深受医患的欢迎。获得成功后，加西利亚的研发小组更进一步，又开发出技术更为先进的第二代血管灯，增加了很多新功能：可以变换颜色，也可以轻松改变亮度，还能将血管分布图像另存为图片，供医生诊治时使用。

(二) 创可贴

创可贴是一种常见的外用药品，在我们日常生活中扮演着重要的角色。创可贴看似普通，但它的发明却有着一段不寻常的故事。

20世纪初，美国强生公司有一个名叫迪克森的普通员工，他的新婚妻子不擅长做家务，在切菜的时候，手指常被菜刀切伤。迪克森已经习惯经常帮妻子包扎伤口了。

有一天，迪克森太太终于忍不住开口说："要是有一种能快速包扎伤口的绷带就好了，这样你不在家时，我也能自己处理伤口。"迪克森觉得妻子说的话很有道理，他认为这样确实很方便，但是应该怎么做呢？想了一会儿，迪克森突然兴奋地对妻子说道："如果把纱布和药物粘在一起，那么用起来不就方便多了吗？"

说做就做，迪克森找来纱布和绷带。他先剪下一块纱布，并在上面涂上一层胶，然后又剪了一块纱布，叠成小方块并抹上药，再把抹了药的小块纱布粘到长的纱布中间，这样就做成了一个可以快速包扎伤口的绷带。最初的绷带有一个缺点，那就是纱布上的胶长时间暴露在空气中容易失效。于是，迪克森找来很多布料做实验，希望找到一种需要时就能使用，但不会影响胶水黏性的材料。最后，他发现一种质地较硬的纱布最合适。

迪克森把这个小发明交给了强生公司，公司组织专家进行研究和开发，生产出了名叫"创可贴"的东西。这个小东西为公司带来了巨大的财富，同时也方便了人们的日常生活。

其实有很多发明并不是在实验室里诞生的，就像故事中所说的那样，只要我们肯动脑，善于发现，那么生活中处处都能激发创新的灵感。

（三）防走失智慧手环

据统计，台湾平均每天有24.6位非自愿性走失者，其中绝大多数都是失智症患者。台湾老人福利联盟、毕嘉士基金会和电信业者合作开发"NFC防走失智慧手环"，协寻人只要透过移动式装置感应手环，经GPS定位，就可立即完成通报，缩短寻找时间。

（四）简易灌肠器

临床中易便秘的老年人、小孩患者，常使用开塞露。但是开塞露前端只有3～5厘米，由于长度不够，润滑大便的作用较小。同时，由于开塞露的前端很粗糙，容易损伤到黏膜，造成静脉破裂出血。

重庆市人民医院心胸外科的一位护士创造了一个简易灌肠器，即在一个50ml空针管前端连接一根细软的吸痰管。操作时，先将开塞露内的药液抽吸入空针，再将吸痰管插进肛门，具体长度可根据病人舒适度来控制，当插入一定深度时，就可推注药液，这样既不会伤到黏膜，排便效果又好。最重要的是，材料成本仅2元左右。

（五）打针不挽衣袖的多功能重症病员服

神经外科重症患者由于病情重，常在身体多个部位放置各种治疗、监测导管。重症患者生活不能自理，穿着普通病员服存在穿脱困难、治疗护理及病情观察不便等问题，病员服更换过程中还容易造成脑疝、意外拔管等不安全因素的发生。临床上较多采取上身正穿或反穿传统的病员服，而下身裸露的方式，但这容易造成临床患者及家属的尴尬，不能保护患者的尊严和隐私。

为了解决这一问题，武汉市中心医院神经外科的护士设计了多功能重症病员服。这种病员服有以下两个方面的优点。

一是方便舒适。多功能重症病员服方便穿着和更换，不增加患者痛苦，同时保护了患者的隐私，防止患者着凉及心理不适，使患者感觉舒适。一人即可轻松更换病员服，省时省力。

二是便于查体和护理操作。前面的V领方便颈部静脉置管、气管切开的安置和护理。衣服左肩部的开口便于心电导联线的固定，防止导线杂乱无章、折叠，影响美观和患者舒适度，预防由心电导联线引起的压疮。后片中间留有的距离用于需做腰穿的患者。由于后片及腰部也可防止患者大小便失禁污染衣物，可以减少工作量和患者暴露的机会。两袖为长袖，便于穿着，为病人肩部保暖。在左右上臂1/3处有一个直径12cm的开口，用于皮下注射和PICC的护理。鼻饲巾在患者吸痰和鼻饲时使用保持衣物及被套的清洁，减少更换衣物的次数，减少工作量。

这种多功能重症病员服具有先进性和实用性，使用以来，神经外科为300例入住监护室的患者提供重症病员服。这种重症病员服有效地保护了病人的隐私，有利于病人治疗、护理及病情观察，缩短住院时间，减少住院费用，让患者受益，取得了明显的社会效益。

从以上创造发明的故事来看，只要我们平时注意训练创新思维，培养创新意识，找到创新的途径和方法，作为医药行业的我们，在平凡的工作岗位上，也可以实现创新。

五、什么是创业

在我国，创业一词最早出现于《孟子·惠王下》："君子创业垂统，为可继也。"故《辞海》将创业解释为"开创基业"。现在，人们把创业的概念分为两种，狭义的创业和广义的创业。

狭义的创业通常指"创建一个新企业的过程"。新创建一个企业一般需要符合以下几个方面的条件：企业的创办必须符合法定的程序；企业能够提供满足市场需求的产品或服务；新创企业需要确定适合于产品或服务的营销模式；新创企业需要一个创业团队，并能根据企业发展的需要进行有效管理，包括技术管理、财务管理、营销管理、人力资源管理等。

广义的创业通常指"创造新的事业的过程"。所有创造新的事业的过程都是创业，既包括创办营利性组织，也包括创办非营利性组织；既包括创办大型的事业，也包括创办小规模的事业甚至家庭事业等。

我们借鉴广义创业的定义，将创业定义为，不拘泥于当前资源约束、寻求机会、进行价值创造的行为过程。从这个意义上来看，我们每个人都可以创业，我们的一生也可以称为创业人生。

创业的概念可以从以下三个方面进行分析和理解。

（1）创业需要面对资源难题，设法突破资源束缚。创业案例表明，大多数创业者在创业初期甚至全过程都会经历资源约束和"白手起家"的过程。这是因为创业活动通常是创业者在资源高度约束情况下所进行的，从无到有，"从零到一"的财富创造过程。创业者往往需要通过技术创新和商业模式创新等方式对资源进行更为有效的整合，进而实现创业目标。换言之，创业者只有努力创新资源整合手段和资源获取渠道，才能真正摆脱资源约束的困境。因此，积极探求创造性整合资源的新方法、新模式和新机制，就成为创业的基本特性。

（2）创业需要寻求有效机会。机会是具有时间性的有利情况，有效机会就是在时间之流中最好的一刹那所把握住的资源环境。创业通常离不开创业者识别机会、把握机会和实现机会的有效活动。创业者从创业起始就需要努力识别商业机会，只有发现了商业机会，才有可能更好地整合资源和创造价值。因此，一般认为寻求有效机会是产生创业活动的前提。

（3）创业必须进行价值创造。创业属于人类的劳动形式之一，劳动需要产生劳动成果，创业也需要创造劳动价值。创业的本质在于创新，因此，与一般劳动相比，创业更强调创造出新的价值。当今较为典型的创业大多诉求于创新带来的新价值，这些新价值通过技术、产品和服务等方面的变革更好地为消费者服务，促进社会的发展和进步。需要特别注意的是，创业通常需要比一般劳动付出更多的时间和努力，需要承担更多的风险，也更需要坚忍不拔、坚持不懈的努力。当然，创业的渐进和成功也给创业者带来分享不尽的成就感。

【拓展阅读】
关于创业基础学习的几个问题

六、创新与创业的关系

（一）创新与创业的联系

第一，创业与创新两个范畴之间有着本质上的契合，内涵上的相互包容和实践过程中的互动发展。第一次提出"创新"概念的著名经济学家熊波特认为，创新是生产要素和生产条件的一种从未有过的新组合，这种"新组合"能够使原来的成本曲线不断更新，由此会产生超额利润或潜在的超额利润。创新活动的这些本质内涵，体现着它与创业活动性质上的一致性和关联性。

第二，创业是一个从无到有的实践。尽管有人认为，创新不是"创造新东西"的简单缩写，而是具有特定的经济学内涵的。但是，通过理论或实践创新推出新的认识成果和物质产品，仍然是创新实践的标志性内涵。正是在这样的意义上，创业从本质上体现着创新的特质。创业的核心是创办企业，即通过创业者的努力，促成一个新的生产或服务性企业的诞生。是否创办企业或者创办企业是否成功，是判断创业与非创业、成功的创业或失败的创业活动的根本标志。

第三，创新是创业的基础，创业推动着创新。

第四，创业在本质上是人们的一种创新性实践活动。无论是何种性质、类型的创业活动，它们都有一个共同的特征，即创业是主体的一种能动的、开创性的实践活动。

（二）创新与创业的不同点

第一，创新是创业的源泉，是创业的本质。创业者在创业过程中需要具有持续旺盛的创新创业意识，才可能产生富有创意的想法或方案，才可能不断寻求新的模式、新的出路，最终获得创业成功。创新的价值在于创业，从某种程度上讲，创新的价值在于将潜在的知识、技术和市场机会转化为现实生产力,实现社会财富增长,造福人类社会,而实现这种转化的根本途径就是创业。创业者可能不是创新者或发明家,但必须具有能发现潜在商业机会并敢于冒险的特质;创新者也并不一定是创业者或企业家,但其科技创新成果则经由创业者推向市场,使其潜在价值市场化,创新成果才能转化为现实生产力。

第二,创业推动并深化创新。创业可以推动新发明、新产品或新服务的不断涌现,创造出新的市场需求,从而进一步推动和深化科技创新,提高企业或整个国家的创新能力,推动经济增长。

七、我们与创业的关系

(一) 创业能收获什么?

季琦是汉庭酒店集团董事长、首席执行官,创办过携程旅行网和如家快捷酒店。他在《创业十年:收获》一文中指出:一般人以为,我十年创办了三家十亿美金级的上市企业,收获最多的应该是金钱和名声。我不会矫情地说我视金钱和虚名如粪土,金钱确实让我们实现了财富上的自由,从此不必为了生计而奔波,让我们可以更加自由地去选择。但我最大的收获却不在于此。

做携程,实现了原先的财富梦想。没有了生活的压力,心态变得从容和淡定。

做如家,经历了太多的事情,但这些锻炼了我,让我心胸更加开阔,学会了宽容和容忍。

做汉庭,让我看清了自己这一辈子的使命,知道我这一辈子要做什么。但在做前面两个企业时没有这种境界。当时充斥自己内心的是欲望,金钱的欲望,名气的欲望,个人成就的欲望。所谓"去人欲""存天理"讲得很有道理。你内心的欲望平静下来,能够更加明晰生命的本质和意义。

季琦说,随着年龄的增加、事业的发展,自己的心态、人生观和价值观也随之在改变,而且是往好的方向在发展。变得从容、淡泊、宽容和利他。也许跟年轻的时候相比,少了些冲动,但多了些成熟和睿智,这才是我创业十年最有收获、最有价值的地方。

归纳起来,创业有如下三个方面的收获。

1.创业能实现人生梦想

创业成功,首先就是可以实现财务自由,就像季琦说的,没有了生活的压力,心态会变得从容和淡定。这是很多人渴望的状态,实现财务自由之后,就能够有更多的时间和精力去干自己想做的事。

作为医药专业的学生,报考学校的时候就是怀着一颗悬壶济世的医者仁心,希望通过自己的医药技术救助病人,如果通过自己的创业开设医疗服务、药品经营等机构,就可以让自己在医药卫生领域发挥更多的光和热,造福病人,实现自己的梦想。

每个行业都有自己的门槛,但是创业是一种多元的选择。既可以依赖高层次的创新成果，比如专利技术，也可以仅靠自己的双手付出辛勤的劳动。创业者可以是高学历、高收入人群，也可以是农民、工人或文化程度较低的人群；可以正值壮年，也可以是懵懂的少年、头发花白的暮年。创业依赖所提供的产品或服务，相应地，评判创业成功与否的就是市场了，而市场是相对公开透明的，满足了市场的需求，产品或服务才能继续存活下去。所以，创业也是一条相对公平的实现人生梦想的途径。

2. 创业能磨砺人生，提升自我

创业的艰辛不言而喻，从初期的创意萌芽到产品落地，涉及融资、管理、销售、研发等一系列问题的解决，决策稍有不慎就有可能满盘皆输。创业者在享受企业成长的喜悦的同时，承担更多的是压力，但这也是一个极好的锻炼机会，面对困难磨砺了自己的意志和精神，解决问题提升了自己的综合素质，即使是失败了，创业能力的提升带来的益处，也能使创业者受用终身。

3. 创业能创造更多的社会价值

创业能带动就业，创业是创造价值的过程，创业者将自己的创意通过商业手段转化为产品或服务，满足消费者需求的同时创造了就业机会，有利于缓解当前严峻的就业形势。创业过程中，创业者需要对创业团队、客户、投资者等诸多社会主体负责，进而培养了责任感。创业初期会遇到各种各样的困难，在大众创业、万众创新的政策扶持下，创业者在勇敢克服困难的同时，会形成一种对个人、家庭、企业和社会的强烈责任感，希望自己获得成功的同时也能更好地回馈社会。

（二）创业是一种职业活动

创业是一种职业活动，更是一种最复杂的职业行为。根据创业目标不同，大致可以把创业者分成以下三种类型。

（1）谋生型创业者：迫于生活压力或是为了使自己的生活条件有所改善才决定创业的创业者。

（2）投资型创业者：已经拥有一定的经济基础与实力，创业只是为了获取更大经济回报的创业者。

（3）事业型创业者：为实现自己的人生目标，并把创办的企业当作自己毕生事业的创业者。

很显然，我们目前所谈的大学生创业绝大部分属于第一种，即谋生型创业者，也就是为了实现自主就业以及带动更多人就业而进行的创业活动。通常这是一种缺少职业规划的、被迫又无奈的职业行为。

向阳生涯管理咨询集团首席职业规划师洪向阳认为，选择一般就业需要职业规划，选择创业则更需要职业规划。大学生不仅需要明确自己是否适合创业，是否具备创业者应该具备的基本素养，还要知道创业这种最复杂的职业活动更需要准确的定位、清晰的目标和合理的规划，创业才能在既定的轨道上有序发展，没有规划的创业只会为杂乱的信息所惑，导致严重的风险投机的心态、侥幸心理以及试试看的想法，过分依赖他人和回本心理等，这是创业者最内在的风险，这种风险来自无形，却有非常强大的毁灭力。

当今社会，网络技术、人工智能技术飞速发展，各种新的商业模式层出不穷，每种职业都面临严重挑战，无人超市、无人银行、无人码头等不断涌现。医药行业也同样面临各种挑战，未来不确定性明显增加，创业有时候是一种主动适应社会变化的更好方式。

即使我们选择就业，就业岗位也呼唤创新创业型人才。一个只会按照老板或上级命令执行任务的员工绝对不是好员工，也不可能有好的发展。无论我们在何职业、何岗位，在面对问题和解决问题的过程中，都应该能够主动提出自己的见解或意见，甚至解决方案，这就是创新，就是创业。尤其将来当大家成长了，成为一个部门或一个单位的负责人，如何带领你的员工进行开创性的工作，如开发新产品、开发新市场、建立新的商业模式、新的管理方式等，为部门或单位的发展开辟新的路径，这也是创业。从这个意义上讲，创业人人都在参与，人人都需要参与。

【拓展阅读】
改革开放以来中国三次创新创业浪潮

所以，创业离我们并不遥远。

课堂互动

思无定式

1. 甲对乙说："我可以把一根长的尺子变为短尺，却不用折断它。"甲用了什么方法？
2. 爸爸买了两个西瓜回家平均分给三个孩子，他要用什么方法分？
3. 玻璃瓶里装着橘子水，瓶口塞着软木塞，既不准打碎瓶子，弄碎软木塞，又不准拔出软木塞，怎样才能喝到瓶里的橘子水？

任务三　身边的医学生创业者

一、杨勇：创业不忘初心

1995年杨勇从湖南中医药高等专科学校（原湖南省中医药学校）毕业后，被分配到株洲市医药公司上班，1998年开始自己开药店。那个时候，株洲的药店基本都是国营的，他在那里上班3年就"下海"了。原因很简单，那时候他的工资是国企的工资，只有300多元一个月，因为单位效益不好，也没有什么奖金。作为一个来自安化山村的孩子，他没有办法在株洲买房、讨老婆、安家。

创业之初，他什么都不懂，生意很不好，一天的营业额才几百块钱。他经常到生意比较好的药店去"看看"，发现生意比较好的大都有医生坐堂，很多顾客生病了，都比较相信医生。所以，1999年，他就请了李玄老师在他的药店坐堂看病，生意也慢慢有了一些起色。2001年，老百姓大药房湘雅店开业，一夜爆火，当时他们提出"比医院便宜45%"的口号，杨勇的药店也跟风降价，生意越来越好。这个时候，他看到了一些文件和媒体提到了要解决老百姓"看病难看病贵"的问题。杨勇开始有了真正意义上的生意逻辑上的思考：我的药店存在的意义是什么？不就是解决看病难看病贵的问题吗？所以他产生了自己的一些经营思路，坚持平价路线，把降价进行到底；坚持走专业药房路线，每天带着员工进行专业学习，午会半小时，这一措施至今已坚持20多年了。他经常跟他的员工讲，我们药店的员工至少要达到"半个医生"的水平，半个全科医生水平，家里人头疼脑热，我们自己就能解决。他还提出了"大病上医院，小病来贴心人"口号（他的药店就叫贴心人大药房）。2004年，他在他的药房旁边开设了诊所，药店生意也就越来越好。

2011年，杨勇开始筹备神农中医馆，他最开始的想法并不是开中医馆，而是想开一个株洲最大最好的中药店。因为做中药多年，他目睹了株洲中药市场各种鱼龙混杂、良莠不齐的现象，株洲市民难以吃上好中药。在筹备的过程中，他们学习考察了杭州的胡庆余堂、方回春堂和昆明圣爱中医馆，他们发现这种新的业态很受老百姓欢迎，很好地解决了很多现代医学解决不了的问题，比如治疗疑难杂症、防养调、治未病等，这些优势击中社会的痛点，是刚需，能很好地为社会创造价值。特别是当他的老师曹可仁教授带他拜访了贵州省内很多的名老中医之后，他对中医的认知颠覆了，"中医真的很神奇"，"中医治病调理真的有一套"，"不是中医不行，而是现在的中医人不行"。在和一些老中医交流的过程中，还有一个现象，很多中医的"绝技"即将失传，中医有断层的危险，因而一种使命感油然而生，"不能让中医在我们这一代人身上失传"，"一定要让中医造福更多人"。

"让中医造福更多人"这个口号的提出，使他们得到了众多专家、教授和老中医的支持，也正是因为这个理念，让他们的神农中医馆得到了来自行业内、社会层面的很多支持。在创业的过程中，他们还提出了"弘扬中医国粹，引领大健康理念""赋能中医发展，创造美好生活"的新理念。在他看来，这也是一个创业者的"梦想"，也是不忘初心的理想！这几句话在他的企业经营管理中是定海神针，拉着他们团队"不跑偏"。神农中医馆这些年取得了一定的成绩，除了外界的支持、团队的努力，这跟他们的理念息息相关。杨勇认为创业不光是为了赚钱，更重要的是要继承和发展中医来解决老百姓的健康问题，通过成就他人来成就自己。

二、龚银生和他的益汉

龚银生，安化县滔溪镇上马人，湖南省益汉大事业平台董事长。

1999年毕业于益阳卫生学校药剂8班，2005年创办湖南省益汉大药房医药连锁有限公司首家门店，2014年相继创办安化益汉医院、益汉孕婴童连锁、益汉生活超市。因为务实敬业、为人谦和，在当地工商业界获得了非常高的评价。

因开创了"人人当老板，共同打天下"的合伙人模式，树立了"让所有想干事想创业的人都成为益汉的主人"的企业核心价值观，点燃了无数员工的创业激情和梦想。以"打造中国城乡连锁药房新模式"为企业愿景和发展思想，2018年湖南省益汉大药房医药连锁有限公司连锁门店已突破150家，遍布安化、桃江、赫山、资阳、沅江、南县、大通湖区、新化等地，经营业绩和门店规模已成为益阳本土药店零售连锁龙头企业。

龚银生作为一个山区农民的儿子，从小就耳闻目睹了普通百姓问医求药的艰难，所以在中考时选择了报考医学专业，并且很顺利地考上了益阳卫校，通过系统的医药方面的知识学习，准备将来为解决父老乡亲看病治病难的问题干出一番前所未有的事业。

毕业后，他被分配在一家公立医院的药剂科上班。因为工作需要，与药品经销商的信息交流比较频繁，了解到当时药品营销行业的一些潜规则，同时也为普通老百姓看不起病、用不起药深感痛心，于是就萌生了不应该这样朝九晚五过安逸日子的想法，更应该以帮助关爱他人，多为老百姓做实事好事为目的去干事、创业，这便是他真实的内心渴求。

2001年11月，龚银生不顾父母及家人的反对和阻拦，放弃了当时让多数人艳羡的医院"国家粮饭碗"，义无反顾地踏上了南下打工的征途，寻求一片适合自己打拼的市场。多年走南闯北，他一边参加各项学习，一边借营销药品的良机了解全国各地的药品市场行情，积累了许多人脉资源和销售管理经验。许多知名药品企业纷纷邀请他加盟创业，但他因为内心的那份执着都婉言谢绝了。

每年回家探望父母时，他看见家乡的父老乡亲依旧在为问医求药所苦恼。2005年，一种压抑在他内心多年的创业欲望，终于不可遏制地爆发了出来。当年12月，在身边亲朋好友的支持下，龚银生大胆投资，创办了当时安化县内药品经营规模最大、并以"开架自选、质高价廉"为经营新模式的药品零售店。因为药价让利于顾客，所以普遍较低，药店很快受到老百姓的热烈欢迎。这更让他坚定了要多开零售药店的想法，而且要把交通不便利、购药不方便的乡镇列为开店服务的重点位置。

虽然创业前期因为条件艰苦，人才和药品资源匮乏，但龚银生始终坚持为老百姓解决实际需求与困难的经营信念不变，内部优化自己创建的合伙人模式，重视所有团队合伙人成员的经济收入和学习成长两项指标。经过多年的苦心经营，老百姓对其以"一切以服务便利乡镇，提供质高价廉药品"为导向的经营做法评价越来越高；团队内部也得到了迅速成长，不断培养、涌现了一些企业管理人才。从第一家店到成立省级药店连锁，从走出安化县到走出益阳地区，从每一次确立目标到每一次实现目标，龚银生及他的企业都脚踏实地，初心不变，不经意间已发展到了如今的企业规模。

今后不论行业如何更替变化，龚银生与团队承诺会时刻保持务实、认真、高效的工作作风，承诺坚持专业技能、亲情服务、优质商品、优惠价格、客户体验至上的经营管理理念，以实践"集思广益、健康中国！让天下人都健康起来"的伟大企业使命，自强不息，奋勇前行！

三、李先生的佰益口腔医院

李先生立足于口腔专业，几十年如一日，扎根于口腔临床第一线，从追求稳定工作到自主创业，从在事业单位上班的普通工作者变成沅江佰益口腔医院的法人，无不验证着人生成长道路上抉择的重要性。李先生的先就业再创业的成功经历，充分说明了思路决定出路。

李先生，于20世纪90年代毕业于益阳卫生学校口腔系，毕业时他的理想是自己创业，开一家属于自己的口腔医院，但是由于毕业时经济基础薄弱，家庭经济条件不宽裕，所以没有足够的资本来实现自己的理想，他只能先找工作，解决温饱问题。于是他选择在益阳卫生学校工作，担任教学和临床工作。在长期的教学工作中，李先生立足于教学，对所教的每一门专业课程都深入钻研；作为专业技术人员的他对待自己业务也可谓是精益求精，这一干就是20年。此时的李先生理论水平和专业技能都已经达到了较高的水准，并且被评为副主任医师。对于普通人来说，或许会安于现状，在学校干一辈子，直到退休。但是李先生并非如此，他决定利用自己的本领干一番大事业，他始终坚信"人生能有几回搏，今生不搏待何时"的人生格言，坚持要离开体制内，做有挑战性的工作。经过深思熟虑后，他离开了学校，开创了佰益口腔医院。他首先把医院地点放在益阳沅江市，经过3年的成功经营，又在益阳市的其他地区开办了佰益口腔医院，创业的规模和档次逐年提升。李先生始终不忘心中的梦想，善于分析专业的前景，勇于挑战自我，是医学生中创业成功的典范。

四、李黎：绿野星辰山野菜助推乡村振兴

2008年，怀揣创业梦想的李黎从湖南中医药高等专科学校毕业，经过层层筛选，他成为岳阳临湘羊楼司镇新屋村的一名大学生村官。

新屋村地处湘北门户，青山环抱，溪流清澈。1985年出生的李黎，满怀干事创业之心，来到新屋村后，就想从田地里挖出"土黄金"。2011年，他无意中吃到当地村民的餐桌小菜"黄精苗"，立刻产生了兴趣。这种根茎可入药、嫩苗味美的野菜不正是自己寻找已久的"土黄金"吗？凭着这个想法，李黎借来1万多元启动资金，包下3亩地种起菜来。

作为一名农村创业者，李黎大胆创新，勤奋刻苦，带领村民开辟荒山，种植野菜面积3850亩，勇走创业致富之路。合作社采取"公司＋专业合作社＋农户"模式，发展跑山鸡养殖、水果和蔬菜种植产业。自此，农民变"上班族"，村民变"股民"，荒芜的田地变成了瓜果飘香的绿色菜园和果园。

合作社的发展不仅带动当地村民在家门口就业，李黎推出的"将幼苗送给村民寄养，

回收村民农产品"合作模式,也点燃了贫困户脱贫奔小康的信心。"我在合作社干了8年,养鸡、摘水果、收蔬菜,一年工资有两三万元,2021年加上分红,个人收入就超过了6万元。"作为曾经的贫困户,方依君笑得合不拢嘴。

湖南省绿野星辰山野菜专业合作社成员从当初的5人发展到现在的433人,流转土地面积从3亩到现在的1685亩,社员人均年收入从800元增加到现在的6560元,合作社也由之前的一家默默无闻的合作社发展成为国家级示范合作社。

"这里环境优美,交通便利,特别适合打造成一个劳动研学基地,发展乡村旅游。"临湘市委常委、宣传部部长调研湖南省绿野星辰山野菜专业合作社后,看到合作社环境优美、空气清新、五谷丰盛,指出合作社要开展研学活动,要让学生们感受劳动的乐趣,在劳动中学习,同时也逐步实现第一、二、三产业融合发展,争取为临湘的乡村振兴和乡村旅游打造样板。

课后实践

创业小组组建

请同学们课后想想,如何结合自己的专业进行创业,如果有好的创业想法,可以演讲展示你的创业想法,以组长身份发起组建小组邀请。

要求:

1.每位同学都要进入小组,小组成员4~6人、组长1人。

2.要有小组的名称、口号和手势。

3.要有创业项目的初步想法。

创新产品实践

请采用在任务二中学习的五种创新方法中的一种或多种,结合自己的学习和生活经历,创新(含改进)一种产品,对创新方案进行简短描述,并画出草图,每个团队选一个最好的作品上交。

创业思政小故事

吴孟超用乒乓球制作标本

吴孟超是著名肝胆外科专家,中国科学院院士,中国肝脏外科的开拓者和主要创始人之一,被誉为"中国肝胆外科之父"。他手执柳叶刀,在崎岖的山路上披荆斩棘、不断攀登,以创新之力突破多个"禁区",带领中国肝脏外科迈进世界领先行列,为无数肝病患者带来福音。

1958年,张晓华、胡宏楷和吴孟超一起组成"三人攻关小组",由吴孟超任组长,向肝脏外科发起进攻。攻关的第一步,是要做成肝脏的管道铸型标本。用什么材料做?成为摆在"三人攻关小组"面前的一大难题。他们找来各种塑料颗粒,计划将其溶解灌注到肝脏器官内,凝固后再将肝脏器官完全腐蚀,就可以得到完整的肝脏模型。120多个日日夜夜,吴孟超带领同事反复试验了20多种灌注材料,结果有的被腐蚀液一同腐蚀,有的根本无法成形。有一天,广播里传来了容国团在第25届世界乒乓球锦标赛上夺得男子单打冠军的消息。吴孟超突然想到,能不能用乒乓球作灌注材料呢?于是,他们赶紧买来乒乓球,将其剪碎放入硝酸里浸泡。两个小时后,乒乓球竟然完全溶解了。然后,把这种溶液注射到肝脏血管中,接着用盐酸腐蚀肝脏表面组织,再用刻刀一点点镂空清理,一具美丽的肝脏血管构架如同珊瑚一般呈现在他们眼前。他们历经200多天,终于制作完成我国第一具完整的人体肝脏血管铸型标本!这个标本的制作成功,为帮助人们了解肝脏的血管分布和血流走向起了决定性作用。

杨总教你创业

杨总:杨勇,湖南汉方神农中医馆有限公司创始人,株洲市天元区政协委员。1995年毕业于湖南中医药高等专科学校(原湖南省中医药学校)中药5班。先后创办了贴心人大药房、湖南汉方神农中医馆有限公司等企业。

杨总谈什么是创业

不管是创造新的企业还是新的事业,在我看来,很多人的"创业"不是真正意义上的创业,准确地说是做生意赚钱,真正的创业是找到这个社会的"难点""堵点""痛点""需求点",从而去解决它们。

微软公司的使命是致力于提供使工作、学习、生活更加方便、丰富的个人电脑软件;阿里巴巴志愿让"天下没有难做的生意",搭建供需交易平台;蒙牛乳业的使命是强乳兴农,愿每一个中国人身心健康。纵观伟大的公司,都有一个伟大的"梦想",在企业文化中,这个叫企业使命。

普通人创业,也需要这样的"梦想",这样的梦想源于"问题",这里的"问题"泛指"难点""堵点""痛点""需求点"。

在一次大学生创业交流会上,一个学生提出来,我们学校食堂经常排队,要是我能解决大家排队的"问题",这是不是一个好的创业项目?我给了他我的答案:问题就是机会,看到需求就是看到财富,解决问题就是创业。

后来我读了张磊的《价值》一书,看生意就要看生意的本质,看他解决了客户的哪些本质需求。马斯洛需求层次理论告诉我们,人的需求有生理、安全、归属和爱(社交)、尊重、自我实现五个层次,需求层次越低,越重要。

我们经常逛百货大楼，百货大楼哪个地方人气最旺？生活超市！因为超市是满足人的生理需求的地方，满足需求最旺盛的刚需。

后来我又问那个大学生，你打算怎么解决食堂排队的问题，他说打算安装摄像头，视频上传到萤石云，让大家可以实时看到食堂排队的情况。我们再来看看他的解决方案，他是想通过错峰打饭来解决食堂排队的问题，解决排队消耗学生大量时间的痛点，解决的路径是安装实时监控摄像头。我又问他，你怎么收到钱，他说他想通过萤石云账号收费的方式，一个账号一个月5块钱。我又问他，那你能赚到钱吗？他说，能，收入一个月预估……成本只要摄像设备投入……到这一步就是触及了我们商业模式（含盈利模式）。

我又问他，有没有更好的实现路径。他沉默了，我提醒他，可不可以通过手机信号的大数据，跟现在的百度地图一样，拥堵的路段红色黄色显示，他立马两眼放光。这样，我们的解决方案是不是更科学？是不是成本更低、科技含量更高？这一步就涉及创业的业务架构了，当然还涉及创业者的知识结构。

我又问他，我们在外出吃饭的时候经常遇到选择饭店的困难，生意好的怕排队，生意不好的又怕不好吃，这个解决方案能不能应用到这个问题上面？这是不是一个好的生意呢？这一步我们讲的就是"创新"了。

以上故事，能引发同学们哪些思考？

模块二

创业者与创业团队

模块导学

创业者是天生的吗？研究表明从来没有天生的创业者。但大家公认成功的创业者有着共同的特征，那么这些特征是什么呢？我们通过本模块的学习了解创业者的素质，并进行对照分析。创业团队是新创企业重要的无形资产，决定着创业的成败，通过本模块的学习，我们要掌握如何甄选创业伙伴组建创业团队，了解如何管理创业团队，有意识地提高自己的领导力。

【学习目标】

通过对本模块的学习，了解创业者和创业团队的概念，了解创业者应该具备什么样的素质，掌握创业团队的组建原则和组建程序；能够对照创业者的素质对自己进行科学分析，能正确阐述甄选创业伙伴的基本原则；树立团队意识，增强协作精神。

【案例导入】

陈圆圆和她的"伊人坊"

陈圆圆，湖南中医药高等专科学校2014级美容专业的学生。

2015年10月，大二的陈圆圆跟同班同学做的第一件事是销售韩国护肤品，有一颗爱折腾的心的她想为毕业后工作积累一些经验，顺便为自己赚取学费和生活费，初有小成后便萌发了正式创业的想法。刚开始，她与8个同学一起，做了商业计划书，向学校申请入驻学校的创业孵化基地。团队当时并不成熟，创业计划越做越大，导致计划难以落实到位，生意不见起色。于是，团队相继有人退出，最后只剩下包括陈圆圆在内的3个人。他们三个人经常跑出去找灵感，找投资人，但两个月后依旧不见起色，这次创业以失败告终。

2016年9月是陈圆圆出去实习的第二个月，她看到在公司工作了12年的总监，依然经常出差，每天熬到凌晨两三点写文案，她想这不是她想要的生活。于是辞去实习工作，准备创业。她仍旧选择在学校的孵化基地开启创业计划。因为她还在实习期，也没积蓄，父母对于她的创业想法并不理解，不放心给钱让她创业。在陈圆圆的强烈坚持下，最后父母以"借"的名义给了她5万元，其余资金是由她自己从支付宝贷款而来。

2016年10月，她一个人投资8万元在学校孵化基地建立了"伊人坊"，成立初期在学校没有知名度，发传单也不见效果。为了吸引客源，通过免费修眉、办会员卡消费送礼品等活动，以及在店门口摆放"多肉植物"等方式吸引人群，渐渐地，店里有人气了，路过的顾客也喜欢凑个热闹看一下。因为自己对顾客的用心以及技术的专业，陈圆圆与顾客之间建立了一定的信任关系。不过，这时候她还停留在卖产品的阶段，生意虽然还行，但由于淘宝等线上平台的冲击，她的产品都是薄利多销，所以利润不高。

创业初期，陈圆圆患上了焦虑症，半夜总是惊醒，在挂掉妈妈的电话以后总是一个人偷偷地哭，经历了很长的一段颓废期。但她知道，每一件事都不容易，既然开始了，就要有一个结果，不要自己先放弃。她认为在这个互联网时代，开办实体店要以技术为核心来提高自己的竞争力。2017年3月，她研究了一套独家中药引流祛痘技术，刚开始因为没有案例，没有人愿意相信她。于是，她找到两个有痘痘的学妹免费给她们治痘，同时在给她们治疗的过程中，发现并完善祛痘技术。随后，陈圆圆又为店铺引进了"纹绣""去痣""中医养生"等项目。

目前中医药高专店"伊人坊"已经成功完成从产品到技术的转型，时常会有慕名而来做祛痘的顾客，纹绣、去痣等项目也都在学生当中树立了很好的口碑。因为店铺有定期回访服务，所以抓住了以学生为主的目标客户群体。目前"伊人坊"年营业额达到20余万元。

尽管有一定的起色，但是陈圆圆的创业路仍存在一些问题。一方面，陈圆圆想在"云龙职教城"开设分店，但是分店需要人才，同时对云龙市场的一无所知，她感到迷茫。陈圆圆此时迫切希望找到一个各方面能力都很强、性格还得合得来的人一起创业，于是她意识到建立创业团队的重要性。

除了"伊人坊"的经营外，2019年底，她在希尔顿投资了一家美容养生馆。然而，突如其来的疫情，使店铺几个月都无法营业，导致前期亏损很大。陈圆圆顶着压力运营了几个月，无奈还是跟合伙人商量后决定转让了店铺。"虽然有点小亏，但这也让我成长了不少"，陈圆圆微笑着说。2020年5月，陈圆圆利用自己的专业优势，跟朋友开了直播工作室，"伊人坊"也平稳运行，主业依然是美容。

作为创业者，陈圆圆不断在寻找，寻找创业机会与创业合伙人。她也在不断经历，经历创业中的跌跌撞撞，前进路上的风风雨雨，但她非常享受自己当下的生活状态，一直对生活充满激情，保持乐观自信。"我就是打不死的小强"，她经常跟别人这样形容自己。

讨论：
1.创业者需要什么素质？
2.一个人能创业吗？

任务一 创业者及创业动机

一、什么是创业者？

创业者是企业繁荣发展的核心力量。创业者将个人、创业团队、资本等资源融合在一起，并合理利用创业机会，从而创造社会财富和社会利益。

创业者一词由法国经济学家康蒂永·R于1755年首次引入经济学。1800年，法国经济学家萨伊首次给创业者作了定义，他描述创业者是将经济资源从生产率较低的区域转移到生产率较高区域的人，并认为创业者是经济活动过程中的代理人。著名经济学家熊彼特则认为创业者应当是创新者。

创业者具有以下特点：

（1）是主导劳动方式的人；

（2）是具有使命、荣誉感和责任、能力的人；

（3）是组织、运用服务、技术、器物进行作业的人；

（4）是具有思考、推理和判断能力的人；

（5）是能使人追随并在被追随的过程中获得利益的人；

（6）是具有完全权利能力和行为能力的人。

综上，我们不妨将创业者定义为具有能力发现信息、资源、机会并以一定的方式进行转化，从而创造更多财富和价值的人。根据创业者的定义，创业者有狭义创业者和广义创业者之分。

（一）狭义的创业者

狭义的创业者指创建一个新企业的核心成员，指企业的创始人。

（二）广义的创业者

广义的创业者是指从事创造新事业的人及从事开办新企业的人。

广义的创业者不仅包含从无到有的"企业家"或"创办人"，也泛指具有创新精神和创业行为的领导者和参与人员。如药企的一名员工，开发了一款新药或开辟一款药的新市场，那么这个员工就可以认为是创业者。教师在学校开设一门新课，也可以认为是一个创业者。

二、创业者应具备什么样的素质和能力？

（一）创业者应具备的基本素质

创业者应具备的基本素质包括身体素质、心理素质、知识面及眼界、成功的欲望、竞争意识、冒险精神以及诚信。

1. 身体素质要棒

身体是革命的本钱，健康是1，其他的都是1后面的0。对于创业者来说，身体素质尤其重要。所谓身体素质是指身体健康、体力充沛、精力旺盛、思路敏捷。创业初期，受资金、环境等各方面的限制，许多事情都需要创业者亲力亲为，工作繁忙、工作时间长、压力大，如果身体不好，必然力不从心，难以担当创业重任。

2. 心理素质要好

创业者的心理素质包括如下几个方面。

（1）要乐观自信。创业者必须坚信自己的产品是被需要的，要发现市场机遇然后开拓新市场，在创业过程中还要不断推翻现有的、普遍认可的东西。研究者将创业者的这种特质称为一种源自特殊使命的自信。有了这种信念，就算世界充满风险，创业者也可以做好充分的准备，有足够的信心完成任务，并把风险减到最小。

（2）要不屈不挠。创业是一场距离超长的马拉松赛，过程中充满了不确定性，只有排除艰难险阻才能获得最后的胜利。创业者不会因为比别人有更好的机会而赢得市场，也躲不过一些不可避免的错误。许多人创业都会遭遇多次失败，甚至每周都会遇到好几次。选择创业就要做好面临失败的心理准备，因为创业本身就是有成功有失败的，谁又能保证自己在创业时一定能成功呢？即使财富高达百亿的富豪，也是经历了一次又一次的失败才成功的。当失败发生时，要能够重新开始，不能萎靡不振。

（3）要充满激情。可能有些人会下意识地认为钱是创业者创业的动力。但实际上绝大多数创业者是出于他们对新产品、新服务的热情，或抓住了一些解决难题的机遇。他们这样做不仅可以让消费者买到物美价廉的产品，还能让人们过上更加舒适、安逸的生活。激情是支持创业的内在驱动力，它也是让创业者愿意不断付出的基础。这种激情不能是一时的冲动，而是要经过各种艰难困苦和挫折之后仍能保持的创业热情。

3.创业者知识要全面，眼界要广

创业者的知识素质对创业起着举足轻重的作用。在知识大爆炸、竞争日益激烈的今天，单凭热情、勇气、经验或单一的专业知识，要想成功创业是很困难的。创业者要拥有创造性思维，要作出正确决策，必须学识广博，具有开阔的眼界。具体来说，创业者应该具有以下几方面的知识。了解相关法律、政策，能做到用足、用活政策，依法行事，能用法律维护自己的合法权益；了解科学的经营管理知识和方法，提高管理水平；掌握与本行业本企业相关的科学技术知识，依靠科技进步增强竞争能力；具备市场经济方面的知识，如财务会计、市场营销、国际贸易、国际金融等；具备一些人文素养方面的知识，等等。如果创业者自身知识面广，能够很快找到与客户沟通的话题，拉近与客户的距离。

创业知识的积累可以通过学习获得。既可以在学校创业教育学习，也可以自学；既可以学习理论，也可以积极参与到创业实践，从实践中学习和积累经验。开阔眼界的方法有很多，如读书、交友、外出考察等都是好方法，创业者只有具有开阔的眼界，才能作出科学的决策。

4.创业成功的欲望要强

欲望是创业的最大推动力。创业者的欲望与普通人欲望的不同之处在于，他们的欲望往往超出他们的现实情况，往往需要打破他们现在的立足点，打破眼前的樊笼，才能够实现。创业会遇到很多困难和挫折，创业者一定要有坚强的决心，对成功保持强烈的渴望，才能迎难而上，才会有不到黄河心不死的坚强决心和意志。

5.敢于冒险和拥抱变化

所谓敢于冒险不是要做赌徒盲目地去赌，创业者所冒风险是经过仔细考虑的风险，并事前认真估测该事件的成功率。如果经过论证其成功概率太低，就不要去冒险。创业者在冒险的时候要提前估计失败的后果是否是在自己承受的范围内，如果不能承受失败，也是不能去冒险的。

创业者要能够积极主动地拥抱变化。当今社会日新月异，新的产品、新的需求和新的市场随时涌现，作为创业者不能墨守成规，要主动适应、主动迎击、主动调整，才能使自己的企业跟上时代的步伐。

6.要有竞争意识

随着我国社会主义市场经济的发展，竞争愈来愈激烈。创业者若缺乏竞争意识，实际上就等于放弃了自己的生存权利。创业者只有敢于竞争、善于竞争，才能取得成功。创业者创业之初面临的是一个充满压力的市场，如果创业者缺乏竞争的心理准备，甚至害怕竞争，就只能是一事无成。

7.要讲诚信

诚信与信任是成功创业者创业的基础，也是创业者最为长久的投资。创业缺失了诚信就等于是没有了基石，而没有了基石的创业是无法取得长久成功的。

作为一个创业者，不仅需要表现领导力、创造力、敢于承担风险等个人能力，更需要吸取团队的力量；不仅需要投资创业的个人资本，更需要银行信贷等方面的支持；不仅需要优质的产品与服务，更需要与消费者的良好沟通从而改善并提高企业的影响力和信誉。无论在哪个方面，创业者都需要与不同的人去沟通、打交道，而人与人之间的长期交往，如果缺少了诚信做基础，只有尔虞我诈，投机取巧，这样的创业者是经不起时间的考验的。长期的创业中，顾客是企业永远的上帝，团队是企业存在的核心力量，融资方、合作方等都是创业者长期的合作伙伴，如果相互之间缺乏信任，相互猜忌，不能形成合力，那么企业是难以生存下去的，更不用说发展了。当然创业者与其他人之间的信任应当基于双方的相互了解。

（二）创业者应具备的主要能力

创业能力是一种特殊的能力，这种特殊能力往往影响创业活动的效率和创业的成功率。创业能力包括商业敏感能力、创新能力、经营管理能力、决策能力、沟通协调能力。

1.商业敏感能力

创业者的敏感，是对外界变化的敏感，尤其是对商业机会的快速反应。创业者要能深刻理解经营的本质，快速准确地作出商业判断，捕捉到正确的商业机会，从而实现业绩的增长。良好的商业感觉，是创业者成功的保证。创业者要像狗一样有着灵敏的嗅觉，像鹰一样有着锐利的目光，能够识别和捕捉到一切可行的商业机会。

2.创新能力

创新能力是创业能力素质的重要组成部分。它包括两方面的含义：一是大脑活动的能力，即创造性思维、创造性想象、独立性思维和捕捉灵感的能力；二是创新实践的能力，即在创新活动中完成创新任务的具体工作能力。创业过程中的每个环节，从创业计划到生产到营销，都需要创新，只有与众不同，才会有核心竞争力。创新不一定就是发明和创造，每一个细小的改变都是创新，只要认真观察，勤于思考就能实现创新。

3.经营管理能力

经营管理能力是指对人员、资金等的管理能力。它涉及人员的选择、使用、组合和优化，也涉及资金聚集、核算、分配、使用、流动等。经营管理能力是一种较高层次的综合能力，是运筹性能力。经营管理能力的形成要从学会经营、学会管理、学会用人、学会理财等几个方面去努力。

4.决策能力

决策是一个人综合能力的表现，一个创业者首先要成为一个决策者。创办一个企业，不仅需要处理大量的事务性问题，有时还要在发展的过程中作出科学的战略调整，即便是只有一两个员工的小店铺或家庭企业也不例外。创业初期企业规模虽小，但面临的环境以及经营发展的变化却不小。创业者要能从错综复杂的现象中发现事物的本质，找出存在的真正问题，分析原因，从而正确解决问题。如果创业者遇到新的情况与问题时，犹豫不决或者不能作出正确的决策，很可能导致企业错失良机甚至走入绝境。

5.沟通协调能力

通用电气公司总裁杰克·韦尔奇说："管理就是沟通，沟通再沟通。"创业者要与政府部门、客户、供应商等多方沟通，也要和创业伙伴和下属部门员工沟通。创业者应该做到妥当地处理与外界的关系，尤其要争取政府部门、工商以及税务部门的支持与理解，同时要善于团结一切可以团结的人，团结一切可以团结的力量，求同存异、共同协调地发展，做到不失原则、灵活有度，善于巧妙地将原则性和灵活性结合起来。

沟通协调能力仅靠书本是学不到的，那么要如何提高自己的沟通协调能力呢？一是要努力提升自己的知识水平，很多时候沟通是需要一定的知识储备作为基础的，积累一定的社交礼仪、历史文化等知识非常重要。二是要主动与人交流，通过与人交流，增进了解，了解才能理解，理解才能达成一致，从而获得好的沟通协调效果。三是在日常工作中，注意建立良好的人际关系，人际关系不好，在沟通上肯定会遇到障碍，人际关系好，难办的事也变得好办。四是要做到信心十足，在与人交往中，我们应该有信心，要能够做到自信地与人沟通和交流。

【拓展阅读】
向动物学创业

三、什么是创业动机？

（一）创业动机的含义

创业动机是创业者愿意冒各种风险去创立新的企业的激励因素，是鼓励和引导个体为创业成功而行动的内在力量，是为了实现一定目的而行动的原因。

创业的动机来源于需求，创业者的需求层次及其影响因素的共同作用形成了创业者不同的创业动机，而不同的创业动机导致创业者创业的不同行为过程和不同的结果；创业动机是创业过程的"初心",是开始创业的出发点,因此,分析创业动机非常重要。

(二)创业动机的分类

1. 就业和生存的需要

当前大学生就业形势严峻,就业的"双向选择"政策很好地架起了岗位需求和就业者之间的桥梁,但也出现了部分毕业生高不成、低不就的现象。没有找到自己理想工作的毕业生为了养活自己,迫不得已而创业。创业是一个痛苦无奈的选择,他们一般从小项目开始起步,因为别无选择,只好努力地去做,有些人虽然缺乏某方面的知识和经验,但能吃苦,于是他们中的很多人成功了。很多人甚至会发现,创业原来这么简单,别人能做的事情他们也能做,只要勇敢地去实践。或许我们每个人都有创业的潜质,我们缺少的是发现和挖掘这些潜质。

2. 兴趣驱动需要

兴趣是最好的老师,是大学生创业的重要动机之一。有的大学生天性就喜欢创业,也适合创业,他们有强大的创业激情和冲动,甚至把创业作为一种生活方式,结果如何反而不是很重要,属于主动式创业。他们清楚地意识到自己的长处,也知道自己的人生目标是什么,因此他们毫不犹豫地去做了。这些人是创业者中的极品,成功的可能性最大,他们中很多人可以把事业做得很大。当然,这种人可能不会很多,那么退而求其次,有些人可以没有多少文化、多少经验,可以暂时不知道自己的目标和自己的长处,可以没有创业的初始资源,但是他们有激情、有勇气、有胆魄,敢实践,能吃苦,这就够了,再加一点创业的理性,他们同样能取得很大的成功。

3. 价值实现需要

大学生是创新创业最为活跃的群体,他们思维活跃、创新意识强烈,同时所受到的约束和束缚较少。他们往往更容易接触一些新的发明和学术上新的成果,或者他们中的一部分人本身就拥有具有自主知识产权的科研成果。为了能早日成功,他们中的一部分人改变了自己的就业观念,开始自主创业。另外,大学生是自我意识较强的群体,"希望有一番自己的事业,而不是一辈子给别人打工",这一定程度上代表了当代大学生的真实想法。选择自主创业是为了通过这一途径证明自己的能力,挑战自我,实现自我价值,从而得到社会的认可。

四、影响大学生创业动机的因素有哪些?

影响大学生创业动机主要有个人层面、家庭层面和政策环境层面三个方面的因素。

(一)个人层面

个人层面的影响因素较多。

(1)性格。大学生创业动机与其性格具有相关性,性格外向的大学生更具创业意愿。

(2)专业。大学生研究的学科领域影响其创业动机,如中医药行业中的药学类、针灸、推拿和美容类学生更容易创业。

（3）学历。研究显示，从高职高专到博士，学历越低创业率越高。如我国2017届高职高专毕业生半年后自主创业的比例（3.8%）高于本科毕业生（1.9%）。这可能跟创业机会成本相关。

（4）兴趣。有的大学生不喜欢朝九晚五的生活，喜欢充满不确定性的创业生活方式。

（5）被迫创业。没找到理想的工作，被迫自己创业。

（6）价值实现。有的大学生在校期间就拥有自己的专利技术，为了能实现自身价值和社会价值，开始创业。

个人层面的影响是大学生创业动机的内在原因，也是关键因素。

（二）家庭层面

（1）家庭是否存在相关创业背景对高校大学生是否选择创业存在显著影响。若家庭具有创业背景或业务开创与管理经验，将为大学生营造良好的创业氛围，从而诱导其参与创业活动，并对未来的创业活动提供相应的支持，提高创业的存活率与成功率。

（2）家庭经济状况对创业动机存在不同的影响。研究表明，对于家庭经济条件相对较差的大学生来说，促使其创业的驱动力是追求名利和创造财富，而不是自我实现。家庭条件或者亲属能否提供大学生创业的资金、父母的观念等都是影响大学生创业动机的重要因素。

大学生是否创业不能完全由父母来决定，但一定要征求父母、亲戚、朋友的意见，争取得到他们的理解和帮助，毕竟创业是有风险的。

（三）政策环境层面

（1）国家通过开设创业相关课程对大学生进行创业教育，鼓励学生创业并给予具有针对性、专业性的指导，能有效调动大学生的创业积极性。

（2）政府出台的创业鼓励政策，如提供贷款、减免所得税等，对创业活动的参与度具有明显的影响。

（3）国家或地区的文化或资源的影响。国家提出"大众创业、万众创新"口号，形成浓厚的创业文化，大学校园创业文化和大学生的创业意识明显增强。一个地域的创业文化或资源对创业的影响很大，譬如温州创业现象。温州人创业率非常高，被誉为中国的犹太人。再如快递行业的分布现象，中国快递行业的"三通一达"四个快递企业创始人都来自浙江省桐庐县，这就是受到当地创业文化的影响。一个旅游资源丰富的城市，就会诞生很多小微创业者，他们开旅游公司、饭店、旅馆等，也是受到当地资源的影响。

> **课堂互动**
>
> 1. 请不看答案在3分钟内完成以下两个测试，分析自己的创业性格和创业条件。

测试一：创业者性格测试

创业是一个充满成就感和诱惑力的活动，但并非每一个人都适合走这条路。美国创业协会设计了一份试卷，假如你想对自己多一分了解的话，试试回答下面的问题。

(1) 在急需作出决策的时候，你是否在想，再让我考虑一下吧？
　　A.经常　　　　B.有时　　　　C.很少　　　　D.从来不

(2) 你是否为自己的优柔寡断找借口，认为需要慎重考虑，怎能轻易下结论呢？
　　A.经常　　　　B.有时　　　　C.很少　　　　D.从来不

(3) 你是否为避免冒犯某个或某几个有相当实力的客户而有意回避一些关键性的问题，甚至表现得曲意奉承呢？
　　A.经常　　　　B.有时　　　　C.很少　　　　D.从来不

(4) 你是否无论遇到什么紧急任务，都先处理你自己的日常琐事呢？
　　A.经常　　　　B.有时　　　　C.很少　　　　D.从来不

(5) 你是否非得在巨大的压力下才肯承担重任？
　　A.经常　　　　B.有时　　　　C.很少　　　　D.从来不

(6) 你是否无力抵御或预防妨碍你完成重要任务的干扰和危机？
　　A.经常　　　　B.有时　　　　C.很少　　　　D.从来不

(7) 你在决定重要的行动和计划时，常忽视其后果吗？
　　A.经常　　　　B.有时　　　　C.很少　　　　D.从来不

(8) 当你需要作出很可能不得人心的决策时，是否找借口逃避而不面对？
　　A.经常　　　　B.有时　　　　C.很少　　　　D.从来不

(9) 你是否总是在晚上才发现当天有要紧的事没做？
　　A.经常　　　　B.有时　　　　C.很少　　　　D.从来不

(10) 你是否因不愿承担艰苦任务而寻求各种借口？
　　A.经常　　　　B.有时　　　　C.很少　　　　D.从来不

(11) 你是否常来不及躲避或预防困难情形的发生？
　　A.经常　　　　B.有时　　　　C.很少　　　　D.从来不

(12) 你总是拐弯抹角地宣布可能得罪他人的决定？
　　A.经常　　　　B.有时　　　　C.很少　　　　D.从来不

(13) 你喜欢让别人替你做你自己不愿做而又不得不做的事吗？
　　A.经常　　　　B.有时　　　　C.很少　　　　D.从来不

计分：选A得4分；选B得3分；选C得2分；选D得1分。
现在计算总和。

50分以上：说明你的个人素质与创业者相距甚远。

40～49分：说明你不算勤勉，应彻底改变拖沓、低效率的缺点，否则创业容易走空。

30~39分:说明你在大多数情形下充满自信,但有时犹豫不决,不过没关系,有时候犹豫也是一种成熟、稳重和深思熟虑的表现。

15~29分:说明你是一个高效率的决策者和管理者,更是一个成功的创业者。

测试二:创业者基本条件测试

(1) 你的父母、近亲、好朋友中有没有创业成功的人?
A.是　　　B.否

(2) 在你成长过程中,你家里有没有做买卖的经历或经验?
A.是　　　B.否

(3) 你幼时有没有自食其力,靠打工、摆摊赚钱的经历?
A.是　　　B.否

(4) 你在学校的成绩是不是并不太出色?
A.是　　　B.否

(5) 你在学校里是不是并不太合群?
A.是　　　B.否

(6) 你是否在学校常因行为不合规范而挨批评?
A.是　　　B.否

(7) 你是否会对长期做同一工作感到乏味?
A.是　　　B.否

(8) 你是否认为如果有机会你会比你的上司干得好?
A.是　　　B.否

(9) 你是否宁愿自己打球而不是看球?
A.是　　　B.否

(10) 你看书时是否对非小说类书籍比小说类书籍更感兴趣?
A.是　　　B.否

(11) 你有没有被解雇或被迫辞职的经历?
A.是　　　B.否

(12) 你是否倾向于说干就干,而不是再三盘算计划后再做?
A.是　　　B.否

(13) 你有没有常为工作或个人问题而失眠?
A.是　　　B.否

(14) 你是否认为自己是个有决断力、较实际的人?
A.是　　　B.否

(15) 你是否积极参加集体活动?
A.是　　　B.否

回答"是"得1分,"否"得0分。

现在计算总和:

如果你的分数是12分或以上,而你现在还没有创业的话,那么你的创业倾向是不明显的;

如果你的分数低于12分,而且已创办了自己的企业的话,则你的创业倾向是很明显的。

任务二　创业团队的组建

秋去春来,我们经常看见大雁或呈"一"字形或呈"人"字形编队飞行,大雁为什么要排列这两种队形飞行?其原因是大雁呈"一"字或"人"字编队飞行,领头大雁在前面开路,能够促进空气流动,帮助周边大雁减少飞行阻力。这样编队飞行能比单独飞行多飞70%的路程。大雁迁徙就像大学生创业,需要面临各种复杂而多变的环境,单凭个人一己之力,很难应对各种错综复杂的问题,并很难高效地解决这些问题。因此,组建一个创业团队是十分必要的。

一、创业团队概述

(一)创业团队的定义

创业团队由两个或两个以上的人组成,团队成员拥有共同的创业目标,才能互补、责任共担、相互信赖。

狭义的创业团队是指有着共同目标、共享收益、共担风险成立的营利性组织。它以组织成员的互补才能、相互信任与共同的价值观为基础。创业团队为社会提供产品和服务,提供社会新增价值。广义的创业团队除了狭义创业团队的内涵外,还包括创业过程的利益相关者,如中间商、风险投资商、企业咨询等群体。

不同的学者,从不同的视角对创业团队给出不同的定义。路易斯认为,团队是由一群相互认同并致力于达成共同目标的人所组成的,这一群人相处愉快并乐于一起工作,共同为达成高品质的结果而努力。盖兹贝克和史密斯认为一个团队是由少数具有"技能互补"的人所组成的,他们认同于一个共同的目标和一个能使他们彼此担负责任的程序。

(二)创业团队组建要素

1. 目标

一个成功的团队需要有一个明确的目标和方向,团队成员朝着共同的目标共同努力拼搏。当然,并不是所有的团队目标都能一步到位,制定的目标越大,实现的过程就会越难,随之遇到的艰难险阻也会越多。团队可以将目标适当地分解成阶段性可实现的小目标,小目标应该具有挑战性。当小目标不断被实现时,团队成员的获得感增强,激励团队成员奋力实现最终目标。

2.计划

计划是整个创业团队对未来的发展规划，包含目标和定位，计划的可行性能够促成创业目标的有效实施。计划是对创业实施过程的管控和反馈调整。

3.权力

创业活动的本身是动态变化的，具有复杂性。赋予团队成员与之相匹配的权力，才可以保证创业计划的顺利执行。在权责分配的过程中，应该明确每位成员的权利和义务，权责不能交叉重叠，也不能空缺。

4.定位

定位是每一位团队成员在团队中所扮演的角色，即团队成员的任务分工。

5.成员

团队成员相互协作，共同完成团队目标任务。在完成任务过程中，需要团队成员发挥团队精神，群策群力，优势互补。创业团队是创业成功的关键，创业者要充分考虑团队成员的性格、能力、特长，甚至包括家庭等方面因素以优化团队。一般可以将成员按角色分成以下8种类型，如表2-1所示。

表2-1 创业成员角色类型

序号	角色类型	角色
1	核心领导	意志坚定，做事果断，能够准确作出决断并恰当授权他人，同时应是一个好的咨询者
2	策划者	具有创新意识，知识丰富，思维跳跃，属于团队的"点子人才"
3	协调者	具有一定的号召力，帮助核心领导树立影响力，协调团队内部分歧和争执，引导团队成员团结一致，向着共同的目标努力奋斗
4	信息者	帮助团队获得正确、及时的有效信息，是创业发展的重要因素之一
5	创新者	拥有较高的创造力，思想开放，观念领先，是团队生产、发展的源泉
6	执行者	好的创意需要有效的执行去实现，执行者计划性强，有很好的自控力和纪律性，是创业事业发展的基石
7	推进者	是创业团队前进的"助推器"，自发性强，目的明确，能很好地解决问题，推进团队前行
8	监管者	担任创业团队发展的"鞭策者"，对工作计划、执行情况、结果实行监督管理

（三）创业团队模式

根据成员相互之间的决策权及决策方式，可将创业团队模式分为星状创业团队、网状创业团队、虚拟星状创业团队三种模式。

1.星状创业团队

星状创业团队，也称核心领导的创业团队。一般由具有较好的商业创意或者核心技术的人担任领导者的角色。在创业团队建立之前，核心领导寻找志同道合的团队成员，共同建立创业团队。核心领导在创业团队中拥有绝对的话语权，其他团队成员一般充当支持者或者执行官的角色。加入团队的成员可能是核心领导的同学、亲人、朋友，也可以是陌生人，通过沟通，双向选择后加入团队。

优点：团队向心力强，组织结构紧密。核心领导的行为会对其他个体产生榜样和标杆作用。核心领导拥有较高的话语权，能使决策流程变得相对简单，提升团队工作效率。

缺点：权力集中制，容易加大决策失误的风险。当核心领导与其他成员发生冲突时，核心领导的权威容易使团队成员处于弱势，从而使成员选择离开团队，影响团队正常运转。

2.网状创业团队

网状创业团队，是由经验、友谊、共同兴趣的关系，相互认识并就创业达成共识，共同协商组成的团队。创业团队的成员根据各自拥有的特长，和谐地进行组织角色分工，使创办企业能够正常运转。在网状创业团队中，每个团队成员都有平等的话语权，决策经过大家共同协商通过。

优点：由于团队成员地位平等，沟通交流顺畅，关系密切，在组织决策上很容易达成共识，有利于团队团结，成员稳定性较高。

缺点：组织结构较松懈，决策效率比较低，决策时间长。容易形成多组织内部结构，导致团队整体涣散，多头领导各自为政，甚至会造成团队分裂。

3.虚拟星状创业团队

虚拟星状创业团队是星状创业团队和网状创业团队模式的混合，该团队由核心领导和团队成员组成。与另两类模式不同的是，其核心领导由团队成员协商选出。从某种意义上来说，核心领导是团队的代言人，大部分决策需考虑其他团队成员意见，主要发挥联络和沟通作用。

优点：核心领导有一定的威信，但大部分决策是集思广益，团队成员共同商讨决策。团队权力不会过于集中，团队结构也不会过于分散。

缺点：当核心领导由于思想、行为发生改变，不能合理接纳其他成员意见时，或者核心领导缺乏凝聚力，不能集中成员智慧时，核心领导很难得到团队成员认可，团队内部容易出现不同意见而加剧冲突，导致决策效率低下。

【拓展阅读】
腾讯五虎将创业团队

三种创业团队模式特点见表2-2。

表 2-2　创业团队模式特点

团队类型	话语权	决策速度	决策失败概率	解决冲突方式
星状创业团队	核心领导	快	较大	核心领导主导
网状创业团队	团队成员	慢	小	协商解决
虚拟星状创业团队	团队成员	较快	小	核心领导考虑大家意见

二、甄选创业伙伴的原则

在组建创业团队过程中，要认真甄选创业伙伴，了解彼此的价值观、性格、背景等多个层面。只有价值观一致，创业团队才有共同的精神追求和未来的发展方向，才能化解创业过程中的各种矛盾，避免出现创业危机。一般来说，甄选创业伙伴要做到以下几点。

（一）确定核心创业者

团队组建的原则之一是要有核心人物，即核心创业者，他是创业理念的创造者、实践者以及创业团队的组织者。核心创业者要确定企业的战略方向，为企业的发展指明方向；要评估创业战略，组建创业团队；要组织企业发展所需的核心资源等。这些事情只靠民主决策是难以完成的，必须要有核心创业者担此重任，果断决策。

（二）共同的创业理念

共同的创业理念是组建团队的首要原则，创业理念决定创业团队的性质、目标和行为准则，是创业成功的关键因素。优秀的创业团队的杰出理念虽各有不同，但却具备一些共同点，如凝聚力、合作精神、完整性、长远目标、价值创造观、平等中的不平等、公正性和分享性等。基于共同理念的创业团队才能相互信任、相互配合，形成团队战斗力。

（三）注重创业伙伴的素养

创业是一个系统工程，需要创业者具有较高的素质，创业者甄选创业伙伴时，也要注重创业伙伴各方面的素养。一般情况下，可以从性格、兴趣、过往经历、对待事业的态度、消费态度、家庭道德、文化修养等多方面进行综合评价、仔细甄选。

（四）成员之间优势互补

建立优势互补的创业团队是保持创业团队稳定性的关键，也是规避和降低创业风险的有效手段。在团队创建初期，人数不宜过多，满足基本要求即可。在成员选择上，要综合考虑成员在能力和技术上的互补性，基本保证具备理想团队所需的8种角色（见表2-1）。而且，成员的能力和技术应该处于同一等级，不宜差异过大。如果团队成员在对项目的理解能力、表达能力、执行能力和思维创新能力等方面存在较大的差异，就会产生严重的沟通和执行障碍。

三、创业团队的组建过程

创业团队的组建过程复杂，创业项目不同，所需组建的团队不一样，但基本过程是相同的。创业团队组建流程如图2-1所示。

图 2-1 创业团队组建流程图

（一）确定创业目标

一个振奋人心的目标的确定，是企业成功的开端。创业目标是创业团队在面对任务时，成员相互之间达成的默契和共同的协议。每个成员对未来拥有共同愿景，朝着共同的目标勇往直前，通过团队合作，完成创业阶段的市场、技术、规划、组织、管理等项目，逐步使企业从无到有，日渐成熟，走向正轨。

（二）制订创业计划

确定创业目标后，紧接着就要研究如何一步步实现目标。为了提高总目标实现的可行性，将总目标分解成若干个分目标。创业计划就是对分目标及总目标如何周密实施的构想说明书，是在对创业目标进行分解的基础上，从创业团队整体综合考虑的计划。确定创业阶段的不同时期所需完成的任务，逐步实现分目标，进而最终实现创业总目标。

（三）组建团队成员

成员是创业团队的关键，所以在组建团队时，一定要考虑以下三个方面。一是成员是否志同道合，团队成员合作的前提就是志同道合、目标一致。只有目标、价值观、经营理念等方面一致，成员才能拧成一股绳。二是优势互补，团队成员在知识、技能、性格、专长等方面互补，互补的形成有利于团队成员之间的合作和队伍的强化。一般企业最少需要技术、营销、管理三个方面的人才，这三个方面的人才形成良好的沟通协作关系后，就会出现团队的"铁三角"，以保证企业的稳定运转。三是规模适度，创业团队的人数一般在2~12人，人数太少则无法发挥团队功能和优势，而太多则会导致交流低效或者障碍，易使团队分裂，若团队分裂成多个小团体，会弱化团队整体战斗力。

（四）成员职权分配

为了工作的顺利开展，有效执行创业计划，必须在团队内部进行职权划分。根据创业计划以及成员的优势，具体确定每个团队成员所承担的职责和权限。为了团队所有工作均有人负责，避免有些工作无人承担而出现工作失误和疏漏，需要明确成员之间的职权划分。既避免职权交叉、重叠所造成的资源浪费,也避免工作上的疏漏无人负责。另外,创业初期,创业人员所面对的创业环境复杂多变,团队成员因此会发生改变,所以创业团队成员职权也需要相应作出调整。

(五) 构建制度体系

创业团队想要健康、稳步地发展,就需要一个公平、公开、公正的环境。创业团队制度既体现团队对成员的约束,又体现团队对成员的激励。一方面,创业团队通过制定的制度,如企业制度、财务制度、工作制度、保密条例等,约束和规范团队成员,维持团队内部秩序,避免团队成员做出不利于团队发展的行为。另一方面,创业团队需要不断激励成员,实现企业的高速运作。主要通过制定如效益分配方案、奖惩制度、考核标准、激励措施、薪酬标准等制度,充分调动员工积极性,最大限度发挥工作能动性。正确判断团队成员的利益需求,是有效实现激励措施的前提。不同类型人员对于利益的需求不同,利益需求可以是金钱、荣誉、晋升机会、家庭照顾等。因此,创业团队领导者要加强与团队成员的沟通交流,才能针对各成员的需求制定合理的激励措施。

(六) 团队磨合调整

人们常说:"没有完美的个人,只有完美的团队。"一个完美的团队也并不是创业一开始就能建立的,需要伴随着企业的发展逐步磨合、调整慢慢形成。团队工作的不合理之处,会因为团队各方面工作的开展,而逐渐暴露,这需要团队各部门之间、各成员之间相互磨合,并作出合理的调整。团队的磨合与调整不是一个阶段性的过程,是一个动态持续的过程,出现问题就需要调整,直至能够满足需要为止。需要注意的是,创业团队磨合调整时,团队成员之间应当保持及时有效的沟通。

【拓展阅读】
拼图的故事——携程创业团队

> **课堂互动**

头脑风暴

"羊群效应"是指一群羊中只要有一只头羊动起来,其他的羊也会不假思索地一哄而上的现象,羊群效应也叫"从众效应"。那么你认为这样的羊群是一个好的团队吗?

任务三 创业团队的管理

杰克·韦尔奇被称作"企业管理之神",他曾经说过:"优秀的领导者是教练,训练自己的员工,带领自己的团队,为他们创造机会去实现梦想。"企业的成功就是人才的成功，创业者能否实现创业成功，不仅取决于创业者自身，还依赖于创业团队的整体素质。创业成功的重要因素之一，就是组建优秀的创业团队并进行有效管理。

一、创业团队常见的分裂原因

创业初期阶段，组织的创立者将所有的精力都投入到生产和市场的各项活动中，以求得在市场中生存，大家为了生存而奋斗，不太计较个人的得失。随着企业从不规范过渡到正常经营管理状态，创业团队中的很多矛盾暴露出来，而这些矛盾正是创业团队分裂的主要原因。

（一）思想不一致，认知有差异

创业通常是在摸索中前进，充满着未知和不确定性。在创业过程中，团队成员经常会在经营理念、发展方向、管理方式、营销手段、商业模式等方面出现分歧。很多创业团队成员不能做到求同存异、继续共同打拼，创业团队也就以解散收场。有些成员不认可企业的目标和策略，价值观产生冲突，导致创业团队解散，这种情况是非常普遍的。

（二）个性差异，难以磨合

个性是一个人区别于他人的、在不同环境中显现出来的、相对稳定的行为表现，包括需要、动机、兴趣、理想、信念、能力、气质和性格等。群体性的创业团队是由一些私交很好而一同创业的成员组成，这样，团队成员性格上的差异和处理问题的不同态度就容易被关系掩盖。有些团队表面上看，大家都在努力工作，但真正全身心投入者可能只有一两个人，同时团队内又缺乏真正的沟通，个性差异不能被调解，导致创业活动难以正常开展，甚至使创业团队解散。

（三）利润分配不明确

在整个创业过程中，团队成员都希望自己的贡献与得到的回报相匹配，希望利益分配公平。创业之初，创业团队成员通常能够为了共同的理想和目标一起奋斗，很少计较个人得失。但是，随着事业的发展，他们越来越关心个人所获得的回报。许多创业团队的散伙往往就是因为在创业初期没有制定明确的利润分配方案，从而导致日后在利润分配时出现争议，无法调解，直至不欢而散。

（四）失去信任，相互猜疑

互信是形成团队的基础，但互信往往要经过长期合作才能形成。虽然创业合作伙伴大多数是同学、朋友等"熟人"，但在企业新建初期，团队并没有经过真正的考验，建立起真正的信任。缺少信任可能导致相互猜疑，相互埋怨，一旦企业遇到真正的困难时，团队成员就可能各奔东西。

（五）缺乏真诚沟通

创业团队成员间的沟通非常重要，成员之间的人际关系融洽有利于作出能被广泛理解和接受的决定，并形成合力来完成共同的任务，最终有利于提高团队绩效。相反，创业团队成员之间因缺乏真诚沟通，则会导致情感冲突和人际关系冲突。在创业过程中，由于缺乏完善的沟通渠道，特别是很多创业者都存在"家长制作风"，沟通不善往往会为团队分裂埋下种子。

二、创业团队管理的策略和技巧

有效的管理是保持新企业生命力、保持团队士气的关键。由于创业团队本身的动态特征，团队管理是贯穿于创业团队整个生命周期的工作。创业团队管理的重点就是在维持团队稳定的前提下，发挥团队的多样性优势。

（一）创业文化的引领

所谓创业文化并不是单纯的文化，而是具有可认知性的，体现知、情、意相统一的文化精神。一般来说，积极的创业文化内涵包括创新、开拓和冒险。具体来说就是，鼓励技术创新、管理创新和文化创新；具有开拓进取、积极向上的激情；具有容许失败和勇敢面对失败的勇气；拥有和弘扬团队精神；注重学习培训，把知识经济时代的学习精神与创业精神相融合等。可见创业文化是在创业及成长过程中逐渐形成的，具有指导、激励、凝聚、规范、导向、约束等作用。

首先，创业领导人开展"整心运动"，形成核心价值观。通过沟通掌握创业团队的共同意识与决心，归纳整理成企业的核心价值观，采用立体化手段反复宣传和传播，让创业团队成员虚心接受、真心付出、用心工作。

其次，创业领导应身体力行，带头实践企业文化内容。作为企业文化的创立者、推动者和践行者三位一体的代言人，创业领导在确定了价值观体系之后，必须通过象征性行为、语言、故事等方式表达自己对价值观的关注，从而促使全体创业者共同关注价值观的实现，领导者必须行胜于言。

最后，确保创业文化只能被吸收，不能被稀释。创业型企业势必面临规模的扩大和人员的变动，保存企业文化的精髓是重中之重。可以通过仪式化的宣传、不间断的培训、老员工的示范、新人选择原则和标准的确立等途径，保持创业文化被认可和发扬，避免企业文化被稀释的风险。

（二）创业团队的激励

激励是团队管理中极为重要的内容，美国著名学者詹姆士在多年的心理研究中发现，一个人平时的能力表现和经过激励后的能力表现之间的差距是60%，即平时的工作效率是40%，经过激励后的工作效率就是100%。由此引出一个公式：工作绩效＝能力×动力激发。这就是说，在一个人能力不变的情况下，工作成绩的大小取决于激励程度的高低。激励手段运用得当，就能激发员工的工作动力，迸发他们的工作激情和创造力，有效提高工作质量和工作效率。激励机制运用不当，可能产生反作用，甚至严重影响目标的实现。

有效的团队激励方案能激发员工的工作热情，提升工作效率，也是团队高效运行的基础。有效的激励就是给予创业团队成员以合理的"利益补偿"，利益补偿可以包括两种形式，即物质补偿和精神补偿。

物质补偿包括薪酬、期权、工作环境等，其中薪酬是实现有效激励最主要的手段，毕竟收益是创业成功的重要表征。期权激励是一种长期激励，使受奖励人和企业紧密联系在一起，容易激发他的工作潜能。通常，把传统的以现金为代表的短期经济激励和以期权为代表的长期经济激励结合起来，体现人力资源的价值。

精神补偿包括职位的升迁、权力的扩大、进修和学习培训、尊重和认同等。通常，创业者具有极强的进取精神，努力不仅仅为追求经济利益，也为了得到成就感以及权力和地位上的满足。随着企业的发展，创业团队管理者将创业成员的工作成效和职业生涯发展、地位提升有效地结合起来，可以使团队成员之间相互尊重和信任。

（三）加强沟通交流

工作中，沟通的重要性不言而喻。对于创业团队而言，在创业过程中，沟通是有效管理团队的最重要的内容之一。可以说，没有沟通就没有成功的企业。创业团队内部良好的沟通交流可以使团队提高工作效率，同时还可以增强团队凝聚力和竞争力。沟通不仅可以使信息保持畅通，实现信息共享，避免因为信息缺失而出现错误的决策与行为；还可以化解矛盾，增强团队成员彼此之间的信任。在长期合作共事的过程中，成员之间难免有矛盾，缺少沟通会导致相互猜疑，相互埋怨，矛盾会随时间的推移越来越大，最后导致团队的分裂。此外，沟通可以有效解决认知性冲突，提高团队决策的质量，促进决策方案的执行。

（四）加强核心创业者自身管理

正人先正己，做事先做人。创业团队的管理者要想管好下属必须以身作则，并勇于替下属承担责任，而且要事事为先、严格要求自己，做到"己所不欲，勿施于人"。所谓"火车跑得快，全靠车头带"。一头狮子带领一群绵羊和一只绵羊带领一群狮子的结果绝对不一样。一个平庸的领导只会将所管理的团队成员全部变为平庸者。所以，团队领导人的管理艺术、技巧、专业技能、性格、人格魅力是一个团队是否有战斗力的关键。

三、创业团队的股权划分

创业团队的管理，除了对团队成员进行职权分配，还有一个关键问题，那就是决定成员的股权分配。职权的分配是对团队成员工作内容以及职责的界定，在一定时间内保持创业过程的有序性；而股权分配是对团队成员创业的利益分配，好的股权分配方案有利于团队的长期稳定和企业的稳步发展。股权的划分一般按照创建企业的出资比例，或者其他形式参股进行划分，股权的划分是股东参与企业管理的权利和获取经济利益的指标。创业者在股权分配上应注意以下四点。

（一）重视合约签订

在创业初期，创业者就需要把股权分配方案以企业章程的形式制定出来，与团队成员签订合约，明确利益分配形式及内容，从而维持创业团队的长期稳定。

（二）科学地分配股权

一般根据出资比例进行股权分配，也有以其他形式入股的，如设备、土地使用权、知识产权等资源，需要参照商业价值来进行股权份额划分。大学生创业，一般没有资金积累，可以考虑从知识产权形式入股，但应注意正确判断知识产权的商业价值。股权结构设计要注意以下三点。

（1）平均股权是最糟糕的股权结构。平均股权会导致各方都无法单独有效地控制企业，可能使企业长时间陷入停滞或者瘫痪状态。"真功夫"股权之争、"当当网"股权之争和"西少爷"肉夹馍股权之争都说明了这一点。

（2）"一个老大带若干小弟"模式是最好的股权结构。有个老大，企业才有主心骨，企业股权结构的设计尽量做到领导和民主的完美结合。如腾讯创业初期马化腾的股份占47.5%，其他股东加起来占52.5%，马化腾为公司的主心骨，但他的股份没有超过50%，能够防止专断。

（3）可以同股不同权，有利于维持创始人的控制权。《公司法》第四十二条规定，股东会会议由股东按照出资比例行使表决权，但是，公司章程另有规定的除外。京东双层股权结构、阿里合伙人制度、华为的工会持股制度都确保了创始人的控制权。

（三）为公司的股权激励留出空间

创业如同漫长的马拉松，短期很难有结果，同时创业又像是一场接力赛，需要新鲜的血液注入一波又一波的动力，需要各领域、行业的人才为企业不断创造新的价值。可以说，创业就是以百米冲刺的速度，跑一场接力的马拉松。最早期的一批创业团队，开了一个局，是企业的"1"，没有这个"1"，后来者做出多少"0"都没有意义，但是企业能够做多大，需要后来人接过接力棒，保证企业不会在冲刺马拉松之中累吐血甚至直接被淘汰。

因此作为创业企业，要始终留出一部分股权，来吸引专业人才、行业人才的加盟，这种长效的、形成机制的激励，也能够保证新老团队的磨合不出现问题。否则，最早进入企业的一批人把自己看成元老，担心新人替代自己的地位，而新人们认为自己的能力更强，不服元老理所应当地享受股份，双方将会产生强烈的排斥情绪，那么创业企业的冲刺马拉松赛永远都不可能跑到终点。

（四）设计好合伙人的退出方式

为了避免出现"兄弟式合伙，仇人式散伙"的局面，创业之初就要把合伙人的退出方式设计好。合伙人的退出方式有两类，一类是法定退出，另一类是约定退出。法定退出要注意以下几点。一是根据《公司法》，原则上禁止资本直接退出，要保证企业资本稳定、确定、充足；二是股权转让是最主要的间接退出方式；三是不得开除股东，未出资或抽逃出资的除外；四是可以通过回购、破产、减资、解散、合并等方式退出。约定合伙人退出机制中最主要的退出方式，是指在法律允许的范围内，在发起人协议、股东协议（公司章程）、融资协议或有限合伙协议中对退出条件和退出股份价格做好约定。只有事先设置好退出方式，才能做到好聚好散，否则就会不欢而散。

【拓展阅读】
唐僧团队

课堂互动

想一想：如何分粥

有7个人组成了一个小团体，其中每个人都是平凡而且平等的，但人不免自私自利，他们想通过制定制度来解决每天的吃饭问题。这天，他们要分食一锅粥，但并没有称量用具。那么怎么分才公平有效呢？

课后实践

人脉拓展

请思考，从现在开始，你如何开发你的创业人脉？做一个个人人脉资源开发计划和行动方案，并在课堂上分享。

创业思政小故事

奋斗的青春最美丽

每年7月毕业季，多数刚走出校门的大学毕业生尚在规划着自己的职业生涯，益阳医学高等专科学校2014届药学3班毕业生何晓勇却已成功地掘到了"第一桶金"，并为自己的创业梦想继续努力着。

2013年6月，学校组织何晓勇和同学一起到广东佛山实习。实习过程中，在班上担任班长、一向表现优异的他却迷茫了，"一般来说，药学专业的毕业生

【拓展阅读】
（1）李彦宏和他的百度
（2）乔布斯和他的苹果

工资在2000元左右，要租房，要生活，还有什么结余呢?"这位1991年出生的小伙子迫切地想要改善家庭经济状况，让父母早一天卸下生活重担。一个偶然的机会，他在报纸上看到一则创业故事，国外一位年轻人靠网络平台销售水果，月收入上百万元，这让他看到了希望。当年9月，他放弃实习机会只身来到长沙寻找商机。起初一个月，何晓勇一方面上网查询各类水果资讯，并结合专业所学，将各类水果的药用功效转发到微信朋友圈；另一方面，他常骑着一辆二手电动车在各小区转悠，和水果摊贩聊天，学习挑选水果的技巧，并通过微信的搜索功能在小区附近寻找网络客户。一个月后，他收到了第一笔网络订单，赚到了20元。

此后，何晓勇的小生意做得风生水起。他坚持诚信经营，购入优质水果进行销售，不少秤、不乱价，贴心服务，送货上门只收取3元路费。一辆小电动摩托车，加上3个载物箱，他一次最多能送货五六十千克。很快，他在长沙的10多个小区以及高校共积累了100余名固定客户。生意好时，一个月的利润有1.5万元左右。

"有时候下了单，送过去客户却不要了。一周总免不了要几次碰一鼻子灰。"尽管如此，何晓勇还是坚持了下来，"放下面子，沉下身子，我相信自己总会成功的。"不到一年，小伙子账户上有了6位数的存款，而从实习至今，他未向家里要一分钱。2014年5月，他和同学在越南考察后，各投入4.5万元在广西南宁开了一家越南特产销售店。

小小年纪做起了多种生意，何晓勇在创业路上的成功让不少同龄人羡慕。他却不以为然地说："这是为另一个梦想所做的准备，等有条件了，我要开一家中药萃取工厂，让专业知识得以运用。"

原来，何晓勇的家乡永州盛产青蒿，这种药材有清透虚热、凉血除蒸、解暑、截疟的功效。一直以来，当地村民多是将青蒿直接卖出，收益极少。在医专学习期间，他学习到中药萃取的技术，就联想到可以将家乡的青蒿萃取，加工成中药成品售出，这样既能增加产品的附加值，又能带领村民致富。为了将这一想法付诸实践，何晓勇多次和专业老师探讨，并想方设法到相关药厂学习取经，掌握技术要领。他希望等积累了一定资金时，在益阳开公司，与学校合作开发这一业务。

"吃得苦中苦，方为人上人，坚持梦想，走适合自己的路。"何晓勇一直牢记着班主任唐敏的话。他也坚信，奋斗的青春最美丽。

杨总教你创业

我眼中的创业者

成功的创业者往往身上具备某种特质，就像别人眼里的湖南人，吃得苦、霸得蛮。这种特质既包含某些能力，也包含某些特殊的性格、气质和特征。比方说，改革开放初期，创业成功的人往往都是胆子大的人，比方说温州人，有一种敢为人先的气质等。

创业对创业者的要求很高，比如说要看懂趋势从而懂得顺势而为，要有胆识、合作理念、专业能力等（见表2-3）。在笔者看来，创业者的特质有两条是特别重要的，那就是强烈的成就导向和超强的学习力。

一、成就导向

成就导向表现为个人积极主动、强烈的企图心、清晰的目标感，关注结果、追求效率、高标准和勇于创新，并追求改进产品或服务，在组织中力求资源使用最优化。

（1）成就动机。追求自认为重要的有价值的工作，并使之达到完美状态的动机，即一种以高标准要求自己力求取得活动成功为目标的动机。成就动机也叫价值驱动、创业精神、企业家精神。

（2）结果导向。站在结果的角度思考问题，并养成一种思维习惯，经营管理和日常工作中表现出来的能力、态度均要符合结果的要求，否则没有价值和意义。为了结果的实现，会认为更多努力、付出和牺牲都是必须的。

（3）效率导向。表现为永不满足，超越自我，精益求精的行事风格。

（4）高标准。表现为设定挑战性目标、专注改善、不满足现状等特质。

（5）勇于创新。表现为敢于挑战，敢于冒险，尝试新的思路、方法、工具、流程，等等。

二、学习力

具有较强的好奇心，希望深入地了解事物，善于利用一切可能的机会获取对工作有帮助的信息，并对其进行加工和理解，从而不断更新知识结构、提高工作技能。

（1）学习热情。表现为愿意克服困难，花更多时间、精力学习，保持强烈的好奇心、求知欲和钻研精神。

（2）习惯坚持。有良好的学习习惯并坚持下去，能力的提升在于不断的积累。

（3）学以致用。从某个角度来说，单纯的学习是没有用的，只有将学习到的知识运用到实际工作中才有用，只有达到了某种目标、创造了效益才有用。把学到的东西进行内化，运用到工作生活中是我们学习的追求。

（4）灵性领悟。既包含悟性，也包括在日常生活中进行观察学习的灵性。身边总是有些人，一看就会，一学就懂，很容易就学到核心本质要领。更重要的是，有些人很善于在日常的工作生活中学习，比方说，逛一次街，很多人就领悟到今年流行的衣服款式、颜色，哪些行业比较火爆，收集了一些店面布置的技巧，吸收客流的方法，甚至洞悉了一些商业模式、底层逻辑。

表 2-3 能力素质模型

个人特质		专业素养		态度和品质		管理能力		专业能力：财务为例	
	成就导向		建设性意见		团队合作		战略规划		财务核算
	学习力		沟通能力		组织承诺		变革管理		财务分析
	资源获取		客户服务导向		责任心		培养他人		财务建议
	人际理解力		组织认知		正直诚信		决策		投资与融资
	冲击与影响		关系建立				果断力/直接		思维导图
	自信		执行力/IQ				谈判协商		Excel
	关注细节		思维能力				团队建设管理能力		
	AQ/EQ（心态/胸怀）		分析性思考						
	弹性								

我眼中的创业团队

一、人合

创业团队非常讲究人合，尤其是学生初创型团队。合伙创业是学生创业的一种重要选择，合伙一般指"资合"，但一般学生创业不光是"资合"，还一起组建团队，一起参与生产经营管理，所以还很讲求"人合"。

我们经常讲有限责任公司为"人资两合"公司，其实合伙企业更是如此。在大量的实践中，我们发现，"人合"比"资合"更重要，所以，有这么一句话："合伙，合的不是钱，而是人品、格局和规则！"在这方面，我是有血的教训的。

2011年，神农中医馆创业之初，我们成立了湖南汉方国药咨询管理有限公司。公司四个股东，另外三个人都是我在医药公司的老同事，关系都非常好，前期都下海开药店，有一定的经济实力，都很优秀。成立之初，我们聘请了律师，带领大家学习《公司法》，建立合作的规则，签订了合作协议，商议起草了《公司章程》。资金到位后，2012年，我们开始筹备神农中医馆，这期间我作为公司的董事长和总经理，定期召开公司股东会、董事会、监事会，小心翼翼地维系着创业团队的"人合"。最开始我们预算投资800万元，后来发现钱不够，又追加到1200万元、1600万元。2013年1月，神农中医馆第一家馆总算开业了，但由于业务没有达到预期，费用居高，尤其是筹备期消耗了大量的费用。所以2013年底公司亏损487万元时，我们的资金又不够了，这样，又要向四个股东追加投资到2000万元。但这一次的股东会开得异常艰难，有的股东已经拿不出钱投资了，而且我们的分歧开始拉大，很多事情都无法执行下去，吵得不可开交，最终我们走向了"散伙"。

事后，我一直在反省，是什么导致我们"散伙"，表面看，是资金，但其实原因很复杂，最根本的原因是创业的目的不一样，预期不一样。有的人创业就是为了赚钱，有的人真的是当成一份事业来做。还有一个很重要的原因是，大家在一起合作，在股东会大家都是股东，但在日常经营层面，大家又是总经理经营团队的成员，很多时候，大家很难在这两个层面的身份进行互换，四个人的意见又很难统一。所以，执行力大打折扣，摩擦不断，久而久之，彼此之间失去了信任。

"散伙"以后，我和其中一位股东"坚持"了下来，收购了其他两位股东的股份，大家总算和平"散伙"，但随之而来的是，那两个股东将他们的骨干人员带走了，很多业务领域出现断档，这对公司的伤害是非常非常大的。

二、互补

作为创业团队，互补是很重要的，包括能力的互补、性格的互补、资源的互补等。这里需要强调的是互补型团队每一个人的知识结构、能力、性格、习惯等许多特质往往都是不一样的，每一个创业者都要意识到这一点，并允许这种差异性的存在，不要理所当然地认为对方"应该"是"什么样子的"，一旦对方没有符合预期就生气，这样很容易产生矛盾，以至于最后分道扬镳。解决这个问题最好的方法是欣赏和赞美，要时刻看到对方的优点。

三、学习

创业团队在长期的合作过程中，要想合作愉快、"永葆青春"，最好的方法是大家经常一起学习。这样大家的认知同频、思想同频、理念相通，是保持创业团队"人合"的好方法。值得注意的是，对于合作相关规则方面的认知，团队一定要一起学习。

四、良好的沟通

良好的沟通也是保持创业团队"人合"的重要手段。要设计各个层级、各种形式的沟通方法。比方说，经营分析会、经营复盘会、工作计划（总结）会、头脑风暴会、合伙人会议（股东会）、务虚会、家庭会等，在不同的会议中要时刻注意身份的转换。

五、创业团队要有绝对核心

创业团队，如果人数是多个人，一般均分股份，这是很容易发生问题的。均分股份无法产生一个绝对的核心，往往出现决策成本高、"你不管我也不管""你干初一我干十五"式的赌气等问题，不利于团队团结。

模块三

创业机会与商业模式

模块导学

当我们有了创业的冲动,梦想着能实现财务自由,实现人生更多的价值时,我们该如何发现创业机会,如何识别和评估创业机会呢?通过本模块的学习,我们可以了解识别创业机会的一般步骤,分析创业机会的风险,并借鉴本章案例中成功人士的创业经验,学会发现创业机会,抓住创业机会,提高创业成功率。

【学习目标】

通过本模块的学习，了解创业机会的概念、类型、来源及影响创业机会识别的因素；掌握创业机会的评价标准和方法，学会分析创业风险和设计商业模式；培养创新意识和开拓精神，培养宏观思维和市场意识，对新事物保持接纳态度和一定的敏锐性。

【案例导入】

从IT老兵到当归中医创始人

李永明，2000年进入互联网行业后，创业之路一直顺风顺水。但是由于长期的高强度工作，他的身体健康状况开始走下坡路。从2008年开始，他时常感到容易疲劳、失眠盗汗、偶尔心悸心慌等，各种症状开始严重困扰着他，甚至导致他不能正常工作。2009年2月，他只能停下手头所有的工作，频繁奔波于北京各大医院找专家做各种检查，他去过北京协和医院检查心脏，去过首都医科大学附属北京友谊医院检查肝脏，甚至还做了肿瘤排查……检查结果均显示，他的身体有多项指标不太正常，但也查不出具体的器质性问题，医生建议不必进行治疗。

然而，不适症状却一直影响着他的生活和工作。疾病持续了两年多，他在朋友的建议下，抱着试试看的心理，找到北京厚朴中医徐文兵大夫问诊。经过两次治疗后，不适症状竟然奇迹般地消除了很多，他整个人从身体到心理都感受到了全新的解放。

这件事令他太震撼了！为解开心中疑惑，他开始每天早上花两个小时"恶补"中医知识，还专门跑到西单图书大厦，搜罗各种中医书籍。他说自己仿佛一下子打开了另一道认知生命和世界的大门。随着他对中医认识的不断加深，一个想法越来越清晰，他说，我们学习了大量的知识和技能，却唯独没有一门课教我们如何正确认识自己、认识健康、认识生命，中医应该是一门这样的健康医学课，或者叫生命哲学课！

在中医学习的路上，他对中医有了更全面的认知。于是，他决定改行做中医的教育和文化传播，另辟一条创业之路。他先从妈妈学习中医育儿这个课程做起，逐步成立当归中医学堂。"当归"，不仅是一味中药材，还有回归之意，寓意回归生命、回归健康、回归传统文化。

自创办当归中医学堂起到现在，李永明改行从事中医文化传播和医疗服务，已有十多年了。期间，他还创办了行知堂中医诊所、网络学堂、健康产品的开发和电商，实现了中医文化教育、中医医疗服务和健康产品三位一体，所有服务都是线上和线下融合一体，真正实现了多方位的中医＋互联网。

讨论：
1. 如何发现创业机会？
2. 影响创业机会识别的因素有哪些？

任务一　识别创业机会

一、创意与创业机会

所谓机会，又称机遇，是每个人在各种经济和社会活动中遇到的有利情况。法国作家大仲马曾这样给"机会"释义：谁若是有一刹那的胆怯，也许就放走了幸运在这一刹那间对他伸出来的香饵。而创业机会是这些机会中的一种。纽约大学柯兹纳教授认为，机会就是未明确的市场需求或者未充分使用的资源或能力。机会具有很强的时效性，甚至瞬间即逝，一旦被别人把握住也就不存在了。而机会又总是存在的，一种需求得到满足，另一种需求又会产生；一类机会消失了，另一类机会又会产生。大多数机会都不是显而易见的，需要去发现和挖掘。如果机会显而易见，总会有人开发，有利因素很快就不存在了。

对机会的识别源自创意的产生。所谓创意，是指具有创业指向，同时具有创新性的想法。在创意没有产生之前，机会的存在与否意义并不大。

创意具有以下基本特征。

（1）独特、新颖，难以模仿。创业的本质是创新，创意的新颖性可以是新的技术和新的解决方案，可以是差异化的解决办法，也可以是更好的措施。另外，新颖性还意味着一定程度的领先性。不少创业者在选择创业时，关注国家政策优先支持的领域，这就是在寻找具有领先性的项目。不具有新颖性的想法不仅不会吸引投资者和消费者，对创业者本人也不会有激励作用。此外，新颖性还可以加大模仿的难度。

（2）客观、真实、可以操作。有价值的创意绝对不会是空想，而一定是有现实意义的，具有实用价值的。简单判断创意是否为空想的标准是，是否能够开发出可以把握机会的产品或服务，而且市场上存在对该产品或服务的真实需求，或可以找到让潜在消费者接受该产品或服务的方法。

（3）具备对用户的价值与对创业者的价值。创意的价值特征是根本，好的创意要能给消费者带来真正的价值。创意的价值要靠市场检验，好的创意需要进行市场测试。同时，好的创意必须给创业者带来价值，这是创业动机产生的前提。

创业过程开始于创业机会。创业机会，又称为商业机会或市场机会，是指有吸引力的、较为持久和适时的一种商务活动的空间，并最终体现在能够为顾客创造价值或增加价值的产品或服务中。创业机会需要发掘，在偌大的市场经济中要想寻找到合适的创业机会，很大程度上依赖于创业者的素质和能力。看到机会、产生创意并发展成清晰的商业概念，意味着创业者识别到了创业机会，至于发展出的商业概念是否值得投入资源开发、是否能成为有价值的创业机会，还需要认真论证。

二、创业机会的来源

(一) 找到市场痛点,在问题中把握机会

所谓问题,就是现实与理想的差距。顾客需求在没有得到满足之前就是市场问题,而设法满足这一需求,就抓住了市场机会。以 IVD(体外诊断产品)行业[①]为例,以往 IVD 行业的主要商业模式存在诸多问题,如分散管理效率低下等形成的不足,急需改进,这就是市场孕育巨大的机会。在医疗改革大潮到来之时,"集约化"服务模式开始出现。有眼光的创业者发现了问题的存在,熟悉 IVD 行业的演变,窥见其变化的动因及规律,迅速找到新的市场痛点,于是把握机会,改进商业模式,从而抢占创业商机。"历史难有真相,只给出一个道理",从市场问题中或可揭示出医疗"集约化"服务模式成功的关键所在。

(二) 在不断变化的环境中找寻机会

环境的变化会给各行各业带来良机,人们通过这些变化发现新的前景。变化包括:产业结构的变化;科技进步,通信革新;政府放松管制;经济信息化、服务化;价值观与生活形态变化;人口结构变化等。以人口因素变化为例,可以发现以下一些机会,如:为老年人提供健康保障用品和服务;为二胎家庭提供服务的业务项目、为孕产妇提供的医疗卫生服务;为年轻女性和上班女性提供的医疗卫生用品;为家庭提供的文化娱乐用品等。

再比如,随着私人汽车拥有量的不断增加,汽车销售、修理、配件、清洁、装潢、二手车交易和代驾等诸多创业机会逐步产生。再比如疫情改变了人们的生活,疫情后的旅游业、大健康行业均出现很多新的商机。任何变化都能激发新的创业机会,需要创业者凭着自己敏锐的嗅觉去发现和创造。许多绝佳的商业机会并不是突然出现的,而是对"先知先觉者"的一种回报。聪明的创业者往往选择在最佳时机进入市场,当市场需求爆发时,他已经做好准备等着接单。

(三) 将新技术与新发明进行成果转化

高科技领域是时下热门的课题,以越来越广泛的人工智能应用为例,人工智能已经不是一门遥不可及的技术,其中,人工智能应用于教育是一个不断发展的科技类创业项目。许多公司正在开发人工智能教育解决方案,通过机器学习、深度学习等技术改善学习体验,提高学习效率和学习效果。

---

① IVD:in vitro diagnostic products,指医疗器械、体外诊断试剂以及药品,IVD 作为医疗器械的分支,有特有的界定和法规监管。

（四）在竞争中找到细分市场机会

机会不能从全部顾客身上去找，因为共同需求容易被识别，基本上已很难再找到突破口。但是随着经济的发展，人们对美好物质文化生活的要求提高了，每个人的实际需求都是有差异的，如果我们时常关注某些特定人群的日常生活和工作，就会从中发现某些机会。因此，在寻找创业机会时，创业者应善于把顾客分类，如政府职员、菜农、教师、快递员、小学生、单身女性、退休职工……认真研究各类人员的需求特点，观察他们的生活习惯，创业机会自然显现。例如对双职工家庭来说，教育就是痛点难点，父母没有时间接小孩放学，于是有了对托管中心的需求，没有时间买菜，就产生了对菜蔬配送公司的需求。

三、创业机会的类型

好的创业机会必然具有特定的市场定位，专注于满足顾客需求，同时能为顾客带来增值的效果。创业需要机会，机会要靠发现。创业难，发掘创业机会更难。创业者应识别或辨别以下不同类型的创业机会。

（一）现有市场机会与潜在市场机会

现有市场中那些明显已被满足的市场需求称为现有市场机会，那些隐藏在现有需求背后的、未被满足的市场需求称为潜在市场机会。现有市场机会表现明显，往往发现者多，进入者也多，竞争势必激烈。潜在市场机会不易被发现，识别难度大，往往蕴藏着极大的商机。

（二）行业市场机会与边缘市场机会

行业市场机会是指某一个行业内的市场机会，边缘市场机会是指在不同行业之间的交叉结合部分的市场机会。一般而言，人们对行业市场机会比较重视，因为发现、寻找和识别的难度系数较小，但成熟行业内往往竞争激烈，创业成功的概率也较低。而在行业与行业之间的"夹缝"真空地带，往往无人涉足或难以发现，需要有丰富的想象力和大胆的开拓精神，一旦成功开发，创业成功的概率就较高。比如，露营的流行使得露营相关的产品市场需求量大，车载推车就是其中一个子行业。

（三）目前市场机会与未来市场机会

那些在目前环境中出现的市场机会称为目前市场机会，而通过市场研究和预测分析将在未来某一时期内实现的市场机会称为未来市场机会。如果创业者提前预测到某种机会的出现，就可以在这种市场机会到来前早做准备，从而获得领先优势。

（四）全面市场机会与局部市场机会

全面市场机会是指在大范围市场出现的未满足的需求，如在国际市场或全国市场出现的市场机会，这要求创业者着重拓展市场的宽度和广度。而局部市场机会则是在一个局部范围或细分市场出现的未满足的需求。在大市场中寻找和发掘局部或细分市场机会，见缝插针，创业者就可以集中优势资源投入目标市场，这样有利于增强主动性，减少盲目性，增加成功的可能。

四、创业机会识别的影响因素

影响创业机会识别最重要的因素，应当是创业者的个人因素，因为，从本质上说，机会识别是一种主观色彩相当浓厚的行为。现有的研究中提到了一些创业者与机会识别相关的个人特性，包括以下几点。

（一）警觉性

研究表明，警觉性影响创业机会的识别。对信息高度警觉有利于机会识别，这一状态被称为创业意识，创业意识可定义为"对有关事物、时间和环境内行为模式信息的关注与警觉倾向"。警觉很大程度上是一种习得性的技能，拥有某个领域知识的人，倾向于比其他人对该领域内的机会更警觉。经济学家夏皮罗等研究者认为，个人特征和环境互相作用，会产生提升创业意识的条件。20世纪90年代初，人们通过检验发现，创业者比一般的经理人更加渴望信息，更倾向于为其花更多的时间，搜索信息的方式也与经理人有所不同。

（二）个人特质

有研究表明，个人特质的确与成功机会的感知有关。首先，企业家的乐观精神与机会识别有较强的关系，研究显示,企业家的乐观精神与自我效能感相关。其次是创新，成功的企业家可以发现其他人看不到的机会。温斯洛和索罗莫甚至将创新和企业家精神等同，指出创新在创业决策时扮演了重要角色。希尔等研究者发现，他们90%的调查对象都认为创新对机会识别非常重要。

（三）已有的知识

人们倾向于关注与他们已知信息相关的信息，沙恩认为创业者更加关注与他们已经拥有的信息、知识相关的机会。在其所提出的三阶段机会识别过程理论中检验，并验证了大量假设，如：任何给定的创业机会并不是对所有企业家都是显而易见的；每一个体异质性的先前知识建立了一种"知识走廊"；三类先前知识对创业机会的发现极为重要，即先前市场知识、先前服务市场方式知识与先前顾客问题知识。斯格特在她的定性研究中概括了创业机会感知过程的概念图式。她假定有两类与这一感知相关的先前知识。第一类是企业家特殊兴趣领域的知识（领域1）；第二类是多年从事某一特定工作所积累的知识（领域2），通常与兴趣爱好无关。企业家在某一行业或领域内，工作多年之后会将这两种知识合二为一。两个领域知识的综合能帮助企业家识别新机会、新市场或解决顾客问题的新途径。

（四）社会网络

创业者的社会网络对机会识别相当重要，有学者通过实证检验，发现拥有大量社会网络的创业者与单独行动的创业者在机会识别上有显著的差异。企业家借助广泛人际网络，通过三种认知活动（信息收集、交谈思考、资源评价）来开发市场机会。

（五）偶然发现与系统调查

以前大部分创业研究隐含一个假定，即创业机会的识别来源于系统调查。近年来，一些研究者向这个假设提出了质疑，认为创业者并非通过系统的调查来识别创业机会，而是偶然地发现了蕴涵价值的新信息。柯兹纳的解释更为合理，他认为偶然发现与系统调查的区别在于，前者往往是发现被其他人忽略的客观存在物。科勒认为大量创业者都是感知创业机会而不是寻求机会，基于偶然机会的新创企业往往比那些源于系统调查后的新创企业表现出更快的成长速度。

五、识别创业机会的一般过程

创业机会的发现是创业机会识别过程中最重要的一步，它意味着创业者发现存在着的创业机会并使之形成被自己所理解、认识的创业机会。

（一）形成创意

一个企业创业成功的开始可能来源于一个经适当评价的新产品或服务的较完美的创意，而创意往往来源于对市场机会、技术机会和政策机会的感觉和把握，具体来源于顾客、现有企业、企业的分销渠道、政府机构及企业的研发活动等。

1. 顾客

创业者可以通过正规或非正规的方式，接触有关新产品或服务的创意的最终焦点，即潜在顾客，了解顾客的需求或潜在需求，从而形成创意。

2. 现有企业

主要是对市场竞争者的产品或服务进行追踪、分析和评价，找出现有产品或服务存在的缺陷，有针对性地提出改进的方法，形成创意，并开发有巨大潜力的新产品或服务，进行创业。

3. 分销渠道

由于分销商是直接面向市场的，他们不仅可以提供顾客所需的产品改进和新产品类型等方面的广泛信息，而且能对全新的产品提出建议并帮助推广新产品。因此，与分销商保持沟通，是形成创意的一条有效途径。

4. 政府机构

一方面，专利局的文档中蕴含着大量的新产品创意，尽管其专利本身可能对新产品的引进形成法律制约,但这也可能对其他具有市场潜力的创意带来有益的启发。另一方面,创意可能来源于对政府有关法规的反应。

5.研发活动

企业本身的研发活动通常装备精良,有能力为企业成功地开发新产品,它是创意的主要来源。

创意主要可以通过以下几种方法产生。

(1)根据经验分析。对创业者而言,创意是创建企业的基础,在创建成功企业的过程中不可缺少。就这方面而言,根据经验审视创意显得至关重要。有经验的创业者往往在模式和机会还在形成的过程中,就表现出了快速识别它们和形成创意的能力。

(2)创造性思维。创造性思维在形成创意的过程中是很有价值的,而且在创业的其他方面也是如此。创造性思维可以通过学习和培训等来提升。

(3)激发创造力。激发创造力的方法有很多,如头脑风暴法、自由联想法、灵感激励法等。

(4)依靠团队创造力。当人们组成团队时,往往可以产生单个人不会出现的创造力。而且小组成员集体交换意见所产生的问题解决方案和其他方式相比,可能更好,或者相当。据统计,约47%的创意来源于工作团队的活动。

(二)创业机会信息的收集

创业机会信息的收集是使创意变为现实的创业机会的基础工作。

首先,根据创意,明确研究的目的或目标。例如,创业者可能认为他们的产品或服务存在市场潜力,但他们不能确信产品或服务的最终客户群体。这样,信息收集的目标之一便是向人们询问,他们如何看待该产品或服务,是否愿意购买,并了解有关人口统计的背景资料和消费者个人的态度。当然,还有其他目标,如了解多少潜在顾客愿意购买该产品或服务,潜在的顾客愿意在哪里购买,以及预期会在哪里听说或了解该产品或服务等。

其次,从已有数据或第二手资料中收集信息。这些信息主要来自商贸杂志、图书馆、政府机构、大学或专门的咨询机构,以及互联网等。一般可以找到一些关于行业、竞争者、顾客偏好趋向、产品创新等方面的信息。该种信息的获得一般是免费的或成本较低,创业者应尽可能全面地利用这些信息。

最后,从第一手资料中收集信息。收集第一手资料包括一个完整的数据收集过程,如观察、上网、访谈、集中小组试验及问卷等。该种信息的获得一般来说成本都比较高,但却能够获得更有意义的信息,可以更好地识别创业机会。

(三)创业环境分析

环境在创业过程中扮演着非常重要的角色,因此,创业者准备创业计划之前,首先有必要对创业环境进行研究分析,主要包括技术环境分析、市场环境分析和政策环境分析。

1. 技术环境分析

技术的进步难以预测,从某种意义上说,技术是变化最为剧烈的环境因素。因为技术的进步可以极大地影响企业的产品、服务、市场、供应商、分销商、竞争者、用户、制造工艺、营销方法及竞争地位等。技术进步可以创造新的市场,产生大量新型的和改进的产品,改变创业企业在产业中的相对成本及竞争位置,也可以使现有产品及服务过时。技术的变革可以减少或消除企业间的成本壁垒,缩短产品的生命周期,并改变雇员、管理者和用户的价值观与预期,还可以带来比现有竞争优势更为强大的新的竞争优势。因此,创业者应对所涉及行业的技术变化趋势有所了解和把握,应考虑因政府投入可能带来的技术发展。

2. 市场环境分析

市场环境分析可以从宏观、中观和微观三个层次来进行。在宏观上,主要是对经济因素、文化因素的分析。一方面,一个新创企业成功与否,在很大程度上取决于整个经济运行情况,如整个国民经济的发展状况、产业结构的构成与发展、消费和积累基金的构成及其变化、失业状况、消费者可支配收入等,具体体现在GDP、人均GDP、可支配收入等指标上,这些因素反映了市场的需求状况,从而对新创企业有一定的影响。另一方面,文化环境,如人们生活态度的变化、价值观念的变化、道德观的变化等,也会对市场需求产生影响,那些与健康或环境质量等有密切关系的产品或服务更是如此。

在中观上,主要是对行业需求的分析,如市场是增长的还是衰退的、新的竞争者的数量及消费者需求可能的变化等重要问题,创业者必须认真考虑,以便确定创建企业所能获得的潜在市场的规模。

在微观上,根据波特提出的竞争五力模型,新进入者、行业内现有竞争者、替代品、购买者和供应者、其他利益相关者等是主要的竞争力量。①新进入者的威胁。新进入者是行业的重要竞争力量,虽然创业者本身往往是一个行业的新进入者,但他同时也会面临着其他意识到同样创业机会的创业者或模仿者新进入的威胁,他们会给创业的成功与收益带来威胁,其大小主要取决于市场进入门槛和本企业的可反击力度。其影响因素主要包括规模经济、产品差别优势、资金需求、转换成本、销售渠道等。②现有竞争者的抗衡。创业者在进入某一个行业时,会遇到来自行业内现有企业的压力与竞争,其程度是由一些结构性因素决定的。每个行业的进入和退出机制不同,便形成不同的组合。③替代品的竞争压力。科技的发展将导致替代品的不断增多,因此,创业者在制定战略时,必须识别替代品的威胁及程度。对顺应时代潮流,采用最新技术、最新材料的产品,或对从能获得高额利润部门生产出来的替代品,尤应注意。④购买者和供应者的讨价还价能力。任何行业的购买者和供应者都会在各种交易条件上尽力迫使交易对方让步,使自己获得更多的收益,其中讨价还价能力起着重要作用。⑤其他利益相关者。主要包括股东、员工、政府、社区、借贷人等,各自对企业的影响大小不同。创业者从创业初始就应适当考虑与利益相关者的价值均衡问题及他们对创业的影响。

3. 政策环境分析

政府的政策规章、法律法规等都可能直接或间接地影响创业活动。例如：我国推进新农村建设，鼓励创业者围绕促进乡镇企业发展的领域创业，鼓励副业创新，对媒体广告的约束法规（如禁止香烟广告），影响产品及其包装的安全条例等，这些法规都将对新创企业的产品开发和市场营销等产生影响。另外，政府对市场的规制也是一个值得重视的方面，如美国政府在20世纪80年代对电信和航空业进入限制的放松就导致了大量新公司的组建。

【拓展阅读】
把梳子卖给和尚

> **课堂互动**
>
> 通过本节的学习，结合时代大趋势及身边人的需求，与同学分享一个你发现的创业机会。

任务二　评估创业机会

尽管发现了创业机会，但这并不意味着能创业，更不意味着成功就在眼前。创业活动是创业者与创业机会的结合，并非所有的创业机会都有足够大的价值潜力来填补为把握机会所付出的成本，而且并非所有机会都适合每个人。尽管在整个创业过程中，评价创业机会的时间非常短暂，但它非常重要，是创业者发现创业机会之后作出是否创业决策的重要依据。

一、有价值的创业机会的特质

一个有价值的创业机会应该具备以下五个特质。

（一）吸引性

创业机会应该有较强的吸引力，吸引顾客来，并愿意掏钱购买产品。如在推出小米手机之前，小米就已经建成了小米社区，并且有大量"米粉"。在设计小米手机时，进行了精准的产品吸引力调查，从手机设计到定价都是贴合"米粉"需求的，因而小米手机一经推出，便得到大量"米粉"的支持。在小米社区就可以看到，用户购买前会仔细阅读产品特性，搜索对比和评测，甚至连产品拆解都会阅读。每个用户都是专家，甚至比企业还了解竞品的特点。他们既成了小米手机的粉丝，也成了最好的宣传者。所以雷军说，"因为米粉，所以小米"。再如《罗辑思维》是罗振宇的个人知识型脱口秀节目内容，现已转化为"得到"APP。在2015年B轮融资《罗辑思维》估值已经是13.2亿元。其口号是"有种、有趣、有料"，处处体现产品的吸引性。

（二）时效性

同一件事物在不同的时间段具有很大的性质差异。创业机会必须在机会窗口存续时间内被发现并加以利用。一旦发现好的创业机会，就要迅速出击，抢占先机。比如：20世纪80年代投资钢铁企业有很好的收益，但现在钢铁产能过剩，投资钢铁就不是好的选择了；20世纪90年代开网吧、做网站、录像厅都是不错的创业机会，那时的校园周围开几家、十几家网吧都是生意爆棚，但如今校园周围的网吧已经寥寥无几了，这就是因为这个创业机会窗口已经在慢慢关闭了。20年前互联网开始普及时，淘宝店铺是创业风口，很多初代淘宝店主生意火爆，但现在淘宝店铺内卷严重，趋于饱和。现在更多的创业机会是在互联网＋环境下，许多创业者转向其他自媒体平台。

（三）可行性

好的想法不一定就是好的商业机会，据调查，超过80%的新产品都是失败的。为什么？就是因为缺乏可行性。一个好的创业机会，首先需要行得通。所以创业机会在写计划书时就要对项目进行SWOT（优势strengths、劣势weaknesses、机会opportunities及威胁threats）分析，将与研究对象密切相关的各种主要内部优势、劣势和外部的机会及威胁等，通过调查列举出来，用系统分析的思想，把各种因素相互匹配起来加以分析，从中得出一系列相应的结论，而结论通常带有一定的决策性。可行性分析可以从以下四个因素去评估。

（1）行业分析。需要知道创业的产品或者提供的服务所在行业领域的发展状况。

（2）外部因素分析。需要了解国家政策、税收等优惠政策。

（3）竞争对手或竞品分析。知己知彼，找出自己的核心竞争力。

（4）内部因素分析，包括创业目标、团队建设、资金预算、产品服务、商业模式、技术实现、市场切入等。

（四）持续性

创业机会持续时间有多长？是一锤子买卖还是能够持续给企业带来利润？一个好的创业机会应该是能持续给企业带来利润的。比如无人机在民用领域的应用将会非常广阔，3D打印是未来的发展趋势，具有较长的持续性，且利润空间很大。而奥运经济下，待拆迁的商铺的持续时间就不长或不确定。

（五）匹配性

有些创业机会同时会有很多人看到，但不是人人都可以去做且能做成功的。创业机会还要和自身能力和条件相匹配。

1. 经济状况的匹配

创业往往需要一笔不小的启动资金。你的经济状况是否能够满足创业资金需求？很多人因为缺少启动资金而错失了好的创业机会。还有些人会为了一个自认为有价值的创业机会而卖房卖车拿出所有家当，甚至大量贷款来创业，最后创业失败而导致生活难以为继。所以大学生选择项目时，一定要根据自己的资金实力来决定，有多大脚就穿多大鞋，千万不要好高骛远、不切实际。经过周密调查和深思熟虑确实是好的创业项目时，如果自己资金实力不够，可以借助其他人的闲散资金入股。

2. 社会网络的匹配

有些创业机会是需要一定的社会网络来支撑的，如果自己不具备，创业机会就无法实现。比如王利芬在创办优米网之前，供职于中央电视台，曾在《东方时空》《焦点访谈》《新闻调查》栏目中任记者和编导。在她的《赢在中国》等多个节目中，她曾经采访过很多国内外知名的企业家，因此，创办优米网时，她早已积累了一定的基础和人脉。这种社会网络恰好是"优米网"这个创业机会必不可少的资源。

3. 个人经验的匹配

创业就像买彩票，中大奖概率太小。可以预言的是，不管你多么有创业热情和激情，创业不会因为激情提高而提升成功率，创业永远是一个九死一生的事情。我们会看到一些所谓在校大学生创业成功的例子，但它们是小概率事件。要知道，我们看到的每一家成功企业，在它荣耀的背后，一定躺了100家不成功的企业。而且这些不成功的企业，他们的创始人，也许和成功的企业家一样勤奋、一样聪明、一样刻苦。所以同学们如果真的想创业，那么从今天开始，就要为创业做一些准备。如何做准备呢？很简单，一句话：你觉得自己缺少什么，就去补什么。比如360公司的周鸿祎在上大学时就梦想有一天要创办自己的电脑公司，于是他就先学编程，选择就读西安交通大学的计算机专业。后来读研究生时，又选择管理专业。因为他觉得将来要创办企业，必须要拥有管理知识。所以，同学们在大学期间就要学会为你将要进行的创业做经验积累，比如参加各种校园干部竞选、任职，锻炼组织、管理能力；参加各种兼职锻炼人际沟通能力等，同时要学习将来准备创业的领域的相关专业知识。

二、创业机会的评价标准

如何评价一个创业机会是否是有价值，可以从其产品、市场、团队、收益四个方面来评价。

（一）产品好不好

回答产品好不好，可以从产品或服务吸引力、市场需求满足度来看。具体从以下几个方面来考虑，即：顾客是否有"哇"的感觉（wow! perfect!）；是否符合发展趋势（如在线听书、APP、短视频是现在的趋势）；是否占领空白市场（如传音手机、快乐老人报）；产品推出时间是否合适；产品是否有明显的漏洞等。

（二）市场对不对

创业是基于机会的市场驱动行为，创业机会实际上是一种亟待满足的市场需求。因此评价创业机会好不好，很重要的一点还需要看它的市场定位对不对。传音手机最成功之处就是选对了市场。现在世界上一共有三个10亿级以上的消费市场，分别是中国、非洲和印度。非洲拥有12.86亿人口，其高达2.5%的人口自然增长率和年轻增长型的人口结构表明，每年都有数以千万计的年轻人成长为对手机有刚需的劳动人口。因此，非洲市场潜力巨大。传音手机为了瞄准非洲市场，专门研究解决了黑人手机拍照面部不清的问题，赢得非洲人的喜爱，强势进入非洲市场。后来发现印度人喜欢手抓饭，他们又专门研究油腻手指的指纹识别问题，进入印度市场。

【拓展阅读】
传音手机的出海传奇

（三）团队配不配

绝大多数创业团队的核心成员都很少，一般是3~4人，多则不过十来人，创业团队虽小，但应"五脏俱全"。创业团队成员不能是清一色的技术成员，也不能全部是搞终端销售的，优秀的创业团队成员各有各的长处，大家结合在一起，正好相互补充、相得益彰。优秀创业团队具有的基本要素有：一个胜任的团队带头人，这个人可以决定公司未来发展方向，相当于公司战略决策者；彼此十分熟悉，能够相互配合的团队成员；创业所必需的足够的相关技能。无论是百度七剑客、腾讯五虎将，还是阿里十八罗汉，他们都具有优秀创业团队的基本要素。

（四）产品赚不赚

不管是大老板还是小创业者，都希望有一个只赚不赔的创业项目，让自己能够长期盈利。有价值的创业机会，提供的产品能给别人带来实际的好处和用处，因而顾客愿意花钱去买，顾客付的价钱从而可以使企业得到利润。没人要的东西肯定不是创业机会，有人要不给钱或者给的钱不能令企业有利润也不是有价值的创业机会。

在评估创业机会时，考虑产品赚不赚，需要大致估计三个问题：①什么时候产生第一笔销售收入？②何时达到盈亏平衡？③何时能收回成本？

俗话说得好，女怕嫁错郎，男怕入错行。其实不管男女，只要自主创业、经商，都怕入错行。经常看到街上有店开张、有店关张，其实店面、工厂转让95%是因为入错了行，抉择时因为认知高度不对、分析不透彻而失策，选择了没有价值或不适合的创业机会。因此，在创业前需要对创业机会进行理性、有效的分析与评估。

三、创业机会的评价方法

面对这个纷繁复杂的多变世界，面对铺天盖地的各种信息，面对越来越激烈的竞争环境，创业者究竟应该如何去选择面对的各种机会呢？创业机会的评价方法有如下几种。

（一）阶段性决策方法

阶段性决策方法是可以应对很多情况的一种评价方法。这一方法明确要求创业者在机会开发的每个阶段都要进行机会评价。一个机会是否能够通过每个阶段预先设置的

"通过门槛"，在很大程度上取决于创业者经常面对的约束或限制，如创业者的目标回报率、风险偏好、金融资源、个人责任心和个人目标等。虽然某个创业者可能会因为某个准则而放弃某机会，但它又会引起其他个人或团队的注意。

一项不能成功通过某一阶段的评价门槛进入下一阶段的机会，将被修订甚至放弃。因此，通过循环反复的"识别—评价—开发"步骤，一个最初的商业概念或创意就会逐步完善起来。同时，评价过程使创业者在开发过程中的每一阶段都要放弃一些机会，因为我们认识到的社会需求和未利用资源的数量，远远超过成功企业的数量。

（二）蒂蒙斯法

著名的创业学家蒂蒙斯总结概括了一个评价创业机会的框架（见表3-1），其中涉及8类53项指标。尽管蒂蒙斯也承认，现实中有成千上万适合创业者的特定机会，未必能与这个评价框架相契合，但他的这个框架是目前包含评价指标比较全面的一个体系。

表3-1 蒂蒙斯创业机会评价框架

一级指标	二级指标
（1）行业与市场	市场容易识别，可以带来持续收入 顾客可以接受产品或服务，愿意为此付费 产品的附加值高 产品对市场的影响力大 将要开发的产品生命长久 项目所在的行业是新兴行业，竞争不饱和 市场规模大，销售潜力达到 1000 万～10 亿元 市场成长率在 30%～50% 甚至更高 现有厂商的生产能力几乎饱和 在 5 年内能占据市场的领导地位，市场占有率达到 20% 以上 拥有低成本的供货商，具有成本优势
（2）经济因素	达到盈亏平衡点所需要的时间为 1.5～2 年或以下 盈亏平衡点不会逐渐提高 投资回报率在 25% 以上 项目对资金的要求不是很大，能够获得融资 销售额的年增长率高于 15% 有良好的现金流量，能占到销售额的 20%～30% 能获得持久的毛利，毛利率达到 40% 以上 能获得持久的税后利润，税后利润率超过 10% 资产集中程度低 运营资金不多，需求量是逐渐增加的 研究开发工作对资金的要求不高
（3）收获条件	项目带来的附加价值具有较高的战略意义 存在现有的或可预料的退出方式 资本市场环境有利，可以实现资本的流动

续表

一级指标	二级指标
（4）竞争优势	固定成本和可变成本低 对成本、价格和销售的控制较强 已经获得或可以获得对专利所有权的保护 竞争对手尚未觉醒，竞争较弱 拥有专利或具有某种独占性技术 拥有发展良好的网络关系，容易获得合同
（5）管理团队	拥有杰出的关键人员和管理团队 创业者团队是一个优秀管理者的组合 行业和技术经验达到了本行业的最高水平 管理团队的正直廉洁程度达到最高水准 管理团队知道自己缺乏哪方面的知识
（6）致命缺陷	不存在任何的致命缺陷
（7）创业者的个人标准	个人目标与创业活动相符合 创业者可以做到在有限的风险下实现成功 创业者能接受薪水减少等损失 创业者渴望进行创业这种生活方式，而不只是为了赚大钱 创业者可以承受适当的风险 创业者在压力下状态依然良好
（8）理想与现实的战略性差异	理想与现实情况相吻合 管理团队已经是最好的 在客户服务管理方面有很好的服务理念 所创办的事业顺应时代潮流 所采取的技术具有突破性，不存在许多替代品或竞争对手 具有灵活的适应能力，能快速地进行取舍 始终在寻找新的机会 定价与市场领先者几乎持平 能够获得销售渠道或已经拥有现成的销售网络 能够允许失败

我国学者姜彦福、邱琼采用对中国企业中高级管理者发放调查问卷的方法，将蒂蒙斯的创业机会评价框架进行了在中国的实证研究。在这个框架下提出了适合中国创业者进行非正式评价或投资人在进行尽职调查前快速评估创业机会的关键指标序列。

该研究结果指出，从指标大类的评价结果看，资深创业者对这些指标的认识更为全面，蒂蒙斯机会评价框架更适用于创业者。在8类指标中，资深创业者凭借其创业活动的经验对机会是否存在致命缺陷更为重视，这反映资深创业者与一般管理者的重要差异。在创业者的个人标准这一类指标上，两者表现出比较一致的认识，说明资深创业者与一般管理者都要求创业活动能与个人目标相吻合。

从单项指标序列的具体内容来看，资深创业者比管理者更重视创业团队的组成、经验和创业者个人承担压力的情况，更重视机会的经济价值（包括利润和成本情况）和战略意义，更重视机会不能存在任何致命的缺陷。尽管两者在行业与市场的大类因素上重视程度有差异，但对顾客的强调和重视程度还是比较一致的。

从研究分析的结果来看，中国创业者在进行机会评价时最重视人的因素。可以从以下五个方面去综合分析人的因素：创业者团队是否是一个优秀管理者的结合；是否拥有优秀的员工和管理团队；创业者在承担压力的状态下心态是否良好；行业和技术经验是否达到本行业内的最高水平；个人目标与创业活动是否相符合。机会本身的市场因素（顾客是否愿意接受该产品或服务）和经济因素（机会带来的/创业机会的选择原则附加价值具有较高的战略意义，能获得持久的税后利润，税后利润率要超过10%，固定成本和可变成本低）也很重要，而且机会本身不能存在任何致命的缺陷。

【拓展阅读】
创业项目的选择原则

四、创业机会评价的影响因素

目前，并没有绝对权威的创业机会评价标准。创业机会能否从最初的市场需求和未利用资源的形态发展成为新企业，不仅涉及机会本身，还要求机会能与创建新企业的其他力量（创业团队、投资人等）相协调。国外的创业机会评价指标体系简单的只有两三项指标，复杂的可达到数百项指标。但这些指标是否完全可以放到中国来使用？对中国的创业者而言，哪些评价指标是比较重要的？还需要实证的检验。

影响创业机会评价标准有以下三个重要因素：

（一）创业经历

研究表明，创业者和管理者的个性特征有差异。而且，有研究认为，创业者和管理者在信息处理方式上存在显著差异。所以，在创业机会评价标准的经验分析上，有创业经历的管理者的意见比没有创业经历的管理者的意见更值得重视。

（二）工作年限

蒂蒙斯在研究中指出，企业工作经验对创业者能否作出正确判断有重要影响作用，他认为"具有至少10年或10年以上的企业经验的创业者，才能识别各种商业行为，并获得创造性的预见能力和捕捉商机的能力"。因此，在创业机会评价标准的经验分析上，企业工作年限超过10年的创业者的意见比工作年限较短的创业者和管理者的意见更值得重视。

（三）管理经验

在进行创业机会识别和评价时，创业者的事前知识结构起重要的影响作用。担任高级管理职务，意味着其可以掌握更多的决策经验和资源控制能力。因此，在创业机会评价标准的经验分析上，担任企业高层管理职务的创业者的意见比担任中层管理职务的创业者的意见更值得重视。

课堂活动

小钟是一名在校大学生，父母是工薪阶层，家庭年收入10多万元，大三的小钟看到大家都在创业，也耐不住寂寞，他想以后创业从事餐饮业。以下是摆在他面前的一些机会，要是你是小钟的话，你会怎么选择呢？

(1) 去麦当劳打工。

(2) 做进口食品的表姐邀请他投资1万～2万元在自己大学所在的城市代理进口食品。

(3) 美食APP招聘营销推广，小钟有幸应聘上了。

(4) 他的小学同学小朱想开餐馆，邀请小钟出5万元入股。

(5) 隔壁寝室编程王子邀请小钟投资3万元做美食APP。

分组讨论，然后分享观点，请老师点评。

任务三　分析创业风险

一、树立创业风险意识

用最简单的语言描述创业，就是创办自己的事业，以此获得成功的活动。创业的过程，光有努力和坚持，并不能成功。创业能给我们带来巨大的经济利益和名誉地位，同时也存在着风险。据统计，发达国家中小高新技术企业创业失败率为70%，也就是说20%～30%的企业能获得成功，而其他企业则以失败作为代价。在中国，四年内只有不到50%的新创企业能存活，很多新公司迅速失败，也有很多新产品昙花一现。特别是服务行业开店创业失败率在五年内高达95%，因此创业并不是一帆风顺。国外有句谚语："除了死亡、税收外，没有什么是确定的。"

新创企业有千万种原因失败，成功者却屈指可数，但成功者的光辉依然激励和鼓舞着怀揣梦想的人们加入创业的队伍，每年仅在北京中关村新创立的科技公司就有3000～4000家。成功真的遥不可及吗？幸运的是虽然失败者层出不穷，但成功者依然异军突起，有很多的例子表明失败后仍然可以成功。这意味着创业是一种管理，也是可以学习的，创业的风险也可以通过管理加以控制和规避。

(一) 创业风险的内涵

创业风险是什么？国际标准化组织ISO在《风险管理——原则与指南》中将风险定

义为"不确定性对目标的影响"。该影响具备双重意义，可以表示机会或威胁。该定义改变了长期以来人们对风险的负面认知。

不同的学者对风险的解释也不同，但大多数人认为风险就是不确定性。不确定性有三种含义。一是指风险事件发生的不确定性，可能会发生，也可能幸运地不会发生。二是指创业结果的不确定性，可能会获得成功，也可能会一败涂地。三是指时间发生的不确定性，可能早可能晚，比如拓展阅读中的三株公司，风险不早不晚地发生在公司生产经营的高速发展期，给公司带来沉重一击。由此可见，企业在经营活动中的收益与损失之间存在不确定性。总之，创业风险是指创业活动中的不确定性导致的创业与预期目标偏差的可能性及后果。

（二）创业风险的特征

1.客观性

创业风险是客观存在的，并不会随人的意志而改变。无论创业企业处于何种时期，初创期、发展期、成功期，还是创业企业规模大小（大型企业、小型企业等）、性质（独资企业、合资企业等），企业虽然能在一定范围内通过改变经营过程以规避风险，但仍然无法彻底回避风险的存在与发生。所以我们需要正确认识创业风险，积极研究创业风险，尽量减少风险给企业带来的各种损失。

2.不确定性

风险的发生不可回避，风险发生的时间、地点、内容、损失程度等，同样有着不确定性。企业的生产和经营过程中会经历不同类型的风险，就如自然灾害一般，没有人能准确预估风险所带来的损失。这也给我们研究风险带来了困难，同时也鼓励人们更进一步研究风险。

3.可测性

风险存在一定的不确定性，但风险的发生也有一定的规律可循。结合随机发生的概率，通过分析研究，我们对于一定时期内某些风险发生的概率及其损失，是可以找寻规律进行预估的。所以，人们可以运用科学手段对风险进行统计分析，认知风险并进行科学合理的防范和管理。

4.正负随机性

创业的风险并不都是负面的，也有可能是正面影响。同样的风险，不同的创业者会产生不一样的影响，损益结果也会不一样。由于创业者策略与抉择不同，风险带来的影响可能是正面的也可能是负面的，风险结果也不一样。

（三）树立风险意识

中国有句古话："天有不测风云，人有旦夕祸福。"风险意识是人们对各种风险现象的观念和态度。风险意识贯穿我们的工作、生活各方面，缺乏风险意识的企业，无疑是在"走钢索",不知道哪一天会忽然跌落。创业者风险意识的高低,对企业的经营至关重要。这种现象是新创企业的典型特征,我们可以把风险意识淡薄的表现归纳为以下5种类型,如表3-2所示。

表3-2 风险意识淡薄的5种主要表现

类别	主要表现
盲目型	主要表现为鱼吞饵式,只要抛出吸引人的利润诱饵,就会让创业者忽视预购存在的风险。 典型:盲目进行多元化经营,盲目地扩大市场,不计成本地低价扩张
运气型	主要表现为心存侥幸,在能预见风险的前提下,过分相信自己能够避免风险,相信自己运气好而轻视风险的后果。 典型:面对风险内心后悔,风险一旦过去,又会忘记风险的存在
自大型	主要表现为轻敌麻痹,被暂时的成功冲昏了头脑,忽略了风险一直潜伏在周围,直到风险降临才后悔不迭。 典型:轻敌麻痹,没有重视风险,也没有做好风险的精神、物质和组织准备
漠视型	主要表现为松散管理,缺乏严格的责任到人制度约束,所有人都无视错误、无视风险。 典型:因为无所谓的风险意识,产生漠视风险的现象
乐观型	主要表现为自我暗示,凡事都朝好的方面想,对于过去的风险欣然接受。 典型:对事情不往坏处想,也不做防范准备

二、了解和识别创业风险

(一)创业风险的识别

新创企业除了要树立风险意识外,还需做好风险识别。在风险降临前,科学地去识别风险。新创企业往往因为"不识庐山真面目"对风险没有做出适当的防范,成为许多企业成功的最大障碍。

很多创业大咖对创业风险的识别非常重视,硅谷投资人Semil Shah曾说过:"创业风险不是什么新鲜事,也没有发射火箭那么高深。可是,如果你不努力了解它,问题就会随之而来。"我国资深创业服务律师柯立坤也曾说过:"创业是有风险的,但要认识到公司的风险和股东个人的风险,保证即使创业失败,股东也可以继续发展。"

要识别创业风险,首先要找到创业风险的根源。创业环境的不确定性,使创业机会和商业模式变得复杂,创业团队、投资者的能力和创业者本身的能力都有局限性,这就是新创企业的风险根本来源。把风险来源进行归纳,可以总结以下几个问题(见图3-1)。

1.创业者问题

创业者个人是新创企业最大的风险源,创业者的知识、经验、管理能力、营销能力等与市场需求出现错位时,很可能导致创业失败。例如:刚毕业的大学生,仅凭在药店的一年实习经历,就决定去开一家药店,由于对行业知识、技能和经验都比较缺乏,又不能及时提升相关能力,最后只能眼睁睁看着药店倒闭,创业最终走向终结。

图 3-1　创业风险来源

2.资金问题

创意或者创新可以是概念的创新也可以将概念转化为市场产品,没有资金的创意或者创新,只能停留在概念上,大部分创意或创新都没有足够资金将其转化为现实商品。因为大多数创业者没有资金来支持学术和商业运转,往往需要通过各种方式去融资。我们将融资分成两种途径。一是研究基金,通常来自个人、政府机构或公司研究机构,它既支持概念的创建,还支持概念可行性的最初证实;二是投资基金,则将概念转化为有市场的产品原型(这种产品原型有令人满意的性能,创业者对其生产成本有足够的了解,并且能够识别其是否有足够的市场)。创业者往往有可行性的构想,却没有足够的资金实现商品化,从而给创业带来一定的风险。通常,只有极少数基金愿意鼓励创业者跨越这个缺口,如富有的个人专门进行早期项目的风险投资,以及政府资助计划等。

3.市场问题

创业者最初的发现和想法,通过转化变成商品,但不代表所有转化商品都能被市场接受,创意也可能停留在自我的满意与论证程度上。在市场优胜劣汰中生存下来,需要大量复杂的调查和论证工作,这暗含着创业风险。

4.信息和信任问题

信息和信任缺口存在于技术专家和管理者(投资者)之间。也就是说,在创业中,存在两种不同类型的人,一是技术专家,二是管理者(投资者)。这两类人因性格、受教育程度、能力等方面不同,在创业的预期、信息来源和表达方式上各自不同。

技术专家:解决和判断技术层面的可行性,哪些内容可行和无法实现,技术专家要承担的风险一般表现在学术上、声誉上,以及金钱上。

管理者(投资者):通常比较了解将新产品引进市场的程序,但当涉及具体项目的技术部分时,他们不得不相信技术专家,可以说管理者(投资者)是在拿别人的钱冒险。

如果技术专家和管理者(投资者)不能充分信任对方,或者不能够进行有效的交流,那么信任缺口将会变得更大,带来更大的风险。

5.资源问题

资源与创业者之间的关系就如颜料和画笔与艺术家之间的关系。没有了颜料和画笔，艺术家即使有了构思也无从实现，创业亦是如此。创业者没有资源，创业就是一句空谈，创业者也将一筹莫展。然而现实中，大多数创业者都不能拥有全部所需资源，因此形成资源缺口。如果创业者没有能力弥补相应的资源缺口，要么创业无法起步，要么在创业中受制于人。

6.管理问题

管理问题是指并非所有创业者都是完美的企业家，他们可能有好的想法，但缺乏企业的管理能力。所以创业活动主要有两种：一是创业者利用某一新技术进行创业，他在技术方面能力十足，却不一定具备管理能力，从而形成管理缺口；二是创业者往往有某种奇思妙想，可能是新的商业点子，但在战略规划上不具备出色的才能，或不擅长管理具体的事务，从而形成管理缺口。

（二）创业风险的类型

创业在企业的成长中，存在着各种不确定性，这种不确定性是风险的源头。不同风险有着不同的性质和特点，想要有效管理风险，就要针对不同的风险进行管理，所以我们把风险分成六种类型。

1.项目选择风险

万事开头难，一个成功的创业需要有一个好的创业项目，这也是最难的一步。到目前为止，没有通用的方法能告诉你，如何选择一个合适的创业项目。创业者只能通过已有的案例进行深入研究，探索风险发生轨迹。项目的本身就是要了解市场需求，满足消费者，并以此获得利益。所以在项目选择上，优先选择有资源和自身优势的项目，所选项目最好是国家支持的。

2.信誉风险

信誉是企业的立足之本，就像电商卖家，非常珍视买家的评价，以此获得好的信誉度和美誉度。一个信誉不好的企业，即使产品价格再低、服务再好，也很难获得消费者的信任，这使企业发展存在诸多不确定性。企业在管理过程中，对企业信誉管理不当或者操作不当，会导致企业在市场上、社会上失去信誉，给企业经营造成不利影响与风险。

3.创业融资风险

创业企业大多会面临资金问题，很多时候资金将决定企业的生死存亡。创业企业融资的渠道很多，创业者可以进行多方面尝试，但任何方式都会有风险。创业者在创业融资过程中，往往会出现以下几种典型风险类型：

（1）融资战略布局不合理；

（2）融资活动成本过高；

（3）融资对象选择不当；

（4）企业过分依赖专家。

4.资金链断裂风险

创业企业往往有因为资金不足，而发生资金链断裂的风险。主要原因可能是自身资本结构不合理，也有可能是企业发展战略不当造成流动资金不足。企业的资金循环主要为采购、生产、销售、分配等环节，无论哪个环节的资金出现问题，都会导致资金链断裂。

5.人力资源风险

人力资源风险存在于企业发展的全过程，人力资源风险主要有创业者风险、创业团队风险、核心员工流动风险。创业团队成员的能力和素质，对创业初期的创业活动影响十分重要，关系创业活动能否顺利进行。创业团队要朝着共同的目标，团结一致。如果团队内部出现分歧和冲突，不能同心协力共同完成目标，将会造成创业团队人力资源风险。

6.技术风险

当今社会，是科技发展的时代，独有的科学技术能让企业遥遥领先，也是企业的生命线。因此，要加强对核心技术重点保护，避免技术开发风险，应注意知识产品的原创性保护。另外在科技成果转化以及制造与工艺上都存在技术风险。

三、创业风险评估

（一）创业风险评估的方法

风险评估是通过测评，评估风险事件或事物带来的影响和损失程度。评估的时间分为风险事件发生前和风险事件发生后到结束前，评估包括风险给人们造成的生命、财产、生活等各方面影响和损失的可能性。

大学生创业由于经验不足，缺乏风险识别能力，可以通过以下几种方法进行风险评估：SWOT分析法、ATA事故树分析法、模糊综合评价法、层次分析法等。

1.SWOT分析法

SWOT分析法是指企业有可能会面对各种风险，将这些风险与创业活动联系起来分析，发现潜在危险。通过分析将风险的优势、劣势、机会、威胁等内容罗列出来（见表3-3），发挥优势、把握机会、降低劣势、避免威胁。

表3-3　SWOT分析表

优势（微观）	机会（宏观）
劣势（微观）	威胁（宏观）

2.ATA事故树分析法

事故树分析法（accident tree analysis，简称ATA）起源于故障树分析法（简称FTA），是安全系统工程的重要分析方法之一。它能对各种系统的危险性进行辨识和评价,不仅能分析事故的直接原因,而且能深入地揭示事故的潜在原因。用它描述事故的因果关系直观、明了,思路清晰,逻辑性强,既可定性分析,又可定量分析。

3.模糊综合评价法

创业过程中,随机事件的发生存在不确定性。模糊综合评价法是在这种不确定状态下,基于模糊数学的综合评价方法。该综合评价法根据模糊数学的隶属度理论把定性评价转化为定量评价,即用模糊数学对受到多种因素制约的事物或对象作出一个总体的评价。它具有结果清晰、系统性强的特点,能较好地解决模糊的、难以量化的问题,适合各种非确定性问题的评估。

4.层次分析法

层次分析法是将与决策总是有关的元素分解成目标、准则、方案等层次,在此基础之上进行定性和定量分析的决策方法。该方法首先确定总体目标,经过调查、访问、实地考察等方式决定规划所涉及的范围、采取措施与政策等,建立一个多层次的结构,按目标的不同和实现功能的差异,将决策分为几个层次结构。然后,确定结构中相邻元素之间的关联程度。

通过构建判断矩阵及矩阵运算的数学方法,确定各层所有因素相对于上一层次因素的重要权重,然后通过计算排序,确定各种因素的重要程度,最终作出决策,提出可选择方案及确定处理风险的方法和行动方案,避免损失时间、精力和资源。

(二)创业风险的防范

企业的快速发展过程中,风险也不断增加,如何科学合理地对创业风险进行防范,可以运用下列方法。

1.允许试错

通过试错的客户开发形式,可以更好地让顾客参与到产品创造中来,及时发现产品缺陷,根据顾客需求、市场需求及时作出调整。它不同于以往的先生产再销售模式,试错的重点在于让消费者的体验和反馈完善产品。

成功的商业模式在建立过程中,应不断考虑下列几个问题:

(1)谁来买,卖给谁?
(2)顾客买的是什么?
(3)支付方式是什么?
(4)销售渠道是什么?
(5)产品如何生产?
(6)产品成本是多少?

2.摸索中前行

新创企业不能完全参照传统的商业计划与预期会成功的战略构建上,经营不确定性是新创企业的本质特质。新创企业是在不确定中寻找可行的商业模式,客户开发和技术创新都采取"摸着石头过河"的前进方式。在摸索中进行客户开发，通过不断完善和调整技术，把顾客体验融入产品改进和价值创造中，以此降低创业风险。

充分发挥国家政策和资金的支持作用，分散创业风险。许多新发明创造，在前期研发阶段需要大量的时间和金钱，不计成本和回报的前期投入，是新创企业难以负担的。新创企业可以了解并利用政府资助、项目扶持、政策支持以及风险投资合作，尽可能地降低创新风险。

3.增强法律意识

新创企业一定要培养将企业经营法制化的理念，强化法律风险意识，但凡重大决定一定咨询律师，合法经营。创业者要制定具体预案，建立专门针对刑事、民事和金融管理的法律风险防范机制。

> **课堂互动**

课堂活动

1.主题：创业风险评估。

2.活动形式：头脑风暴、游戏、角色扮演等。

3.目标：通过课堂实训了解创业风险评估的方法。

4.建议时间：30分钟。

5.材料准备：白纸、彩笔。

6.活动步骤：

第一步，分析团队的项目存在哪些风险，完成项目风险清单及防控方案表（见表3-4）；

第二步，以组为单位，制作海报，分团队上台介绍；

第三步，教师打分并点评。

评分标准：

1.制作海报内容清晰明确（25分）；

2.分析内容逻辑合理，内容丰富（40分）；

3.演讲声音洪亮，语言流畅（20分）；

4.讨论期间团队表现（15分）。

表3-4 项目风险清单及防控方案表

表格编号：			
项目名称		项目编码	
项目风险评估			
评估内容	风险程度		可采取的措施

续表

表格编号：		低		中		高
		1	2	3	4	5
一、×××						
1	×××					
2	×××					
3	×××					
4	×××					
二、×××						
1	×××					
2	×××					
3	×××					
4	×××					
项目是否有条件建设为精品项目		可以□		一般□		可能性小□
综合性说明：						
编写		审核		批准		
时间		时间		时间		

任务四 商业模式设计

一、商业模式的解读

（一）商业模式的内涵

商业模式一词最早出现在1957年，作为一个独立领域引起研究者广泛关注是在1999年以后。2003年之后，商业模式一词成为曝光率最高的热门术语之一，商业模式研究也逐渐呈上升趋势，国内外学者纷纷提出各种商业模式的定义和构成体系。

1. 国外学者的定义

泰莫斯定义的商业模式：是指一个完整的产品、服务和信息流体系，包括每一个参与者及其所起的作用，以及每一个参与者的潜在利益和相应的收益来源和方式。在分析商业模式过程中，主要关注企业在市场中与用户、供应商、其他合作方的关系，尤其是彼此间的物流、信息流和资金流。

2.国内学者的定义

清华大学雷家骕教授概括出的商业模式定义：一个企业如何利用自身资源，在一个特定的包含了物流、信息流和资金流的商业流程中，将最终的商品和服务提供给客户，收回投资并获取利润的解决方案。

3.通俗的定义

较为通俗的定义：商业模式就是描述企业如何通过运作来实现其生存和发展的"故事"。简单地讲，就是企业的动态盈利战略组合，所以也有人直白地说"赚了钱才是商业模式。"

（二）商业模式的3V特点

研究者采用的归纳法不同，考察商业模式的深度和广度不同，对商业模式定义和构成体系描述也不同。但是有一点共识，即商业模式本质是创造价值。在商业模式的构建中，"价值"（value）是一个重要的模块。企业通过其产品或服务所能向消费者提供的价值，被称为价值主张。企业必须围绕价值主张构建价值传递的网络，使价值得以实现。所以，价值传递必须有效（validity），以实现商业模式的成功（victory）。

商业模式的核心是"价值主张、价值传递及价值实现"，其对应的依次是"value（价值）—validity（有效）—victory（成功）"。析易国际商业模式研究院将其称为3V模型。

二、商业模式的种类

（一）商业模式画布

如果要画一幅画，首先要勾勒出草图。在创业活动中，商业模式画布就如同创业的实施草图。画布是用来描述、评估商业模式以及改变商业模式的通用可视化语言。

瑞士学者亚历山大·奥斯特瓦德在《商业模式新生代》一书中提出了一款工具，叫商业模式画布（见图3-2），该工具通过9个模块来帮助创业者或企业家从不同的角度思考构建商业模式的合理性和可行性。

商业模式画布是会议和头脑风暴常用的工具，也是在设计、分析商业模式时会用到的一个工具，它通常通过一面白板、一张白纸或者一面墙来展现，它可以给决策者呈现出一种简约而又高效的内容，从而更有效地帮助设计者进行商业模式的设计。

商业模式画布按照一定的顺序被分成九个方格，其内容如下。

（1）客户细分：我们正在为谁创造价值？谁是我们最重要的客户？可以按照地理、年龄、性别、职业、收入、教育程度、生活方式等对社会人群进行客户细分。

（2）价值主张：客户需要的产品或服务，商业上的痛点，我们正在帮助我们的客户解决哪一类难题？我们正在提供给客户细分群里哪些系列产品或服务？如表3-5所示。

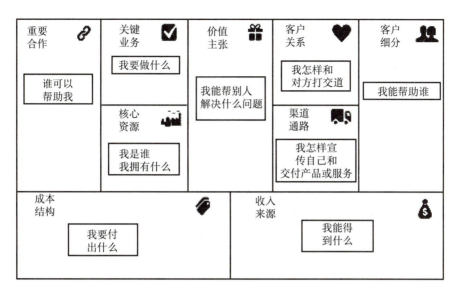

图 3-2 商业模式画布九个模块

表 3-5 商业模式的价值主张

价值主张	解决的需求
新颖性	产品或服务满足客户从未感受和体验过的全新需求
便利性/实用性	使事情更方便,或使产品更易于使用,可以创造可观的价值
性能优化	改善产品或服务性能,在传统意义上创造了更多的价值
价格	提供同质化的价值,价格却更便宜,满足价格敏感客户细分群体
个性化定制	满足客户细分群体的特定需求或个别客户的需求
管家型助手	可通过帮客户把某些事情做好而简单地创造价值
设计	产品因优秀的设计脱颖而出
品牌/身份地位	客户可以通过使用和显示某一特定品牌而彰显价值
成本削减	帮助客户削减成本是创造价值的重要方法
风险抑制	帮助客户抑制风险也可以创造客户价值
可达性	把产品或服务提供给以前接触不到的客户

(3) 渠道通路:我们和客户如何产生联系,不管是我们找到他们还是他们找到我们,

比如实体店、网店、中介等。

(4) 客户关系：客户接触到我们的产品后，我们同客户之间应建立怎样的关系，一锤子买卖抑或长期合作？客户关系类型有自助化服务、个人助理、社区（群）、共同创作、VIP卡、优惠券等。

(5) 收入来源：我们怎样从我们提供的产品或服务中取得收益？

(6) 核心资源：为了提供并销售这些产品或服务，我们必须拥有的资源，如资金、技术、人才等。

(7) 关键业务：商业运作中必须要从事的具体业务，如生产、销售等。

(8) 重要合作：哪些人或机构可以给予战略支持。

(9) 成本结构：我们需要在哪些方面付出成本。

（二）常见的商业模式

1.长尾商业模式

长尾理论是网络时代兴起的一种新理论。基于成本和效率边际效应，当商品储存、流通、展示的场地和渠道足够宽广时，商品生产成本急剧下降，商品的销售成本亦急剧降低，当个人都可以进行生产时，几乎任何以前看似需求极低的产品，只要有人卖，都会有人买。这些需求和销量不高的产品所占据的共同市场份额，可以与主流产品的市场份额相当，甚至更大。以母婴店为例，当母婴店只专注于20%左右的产品品种的销售时，母婴店的利润固定在长尾模型的前部，但是随着产品品种的不断增加，长尾模型得以延伸，母婴店的利润因为余下的产品品种增加而增加，母婴店的经营模式就从最开始依赖于少数的几种产品，转变到多样少量，使母婴店的利润来源多样化。这个例子描述了企业从向大量用户销售少数特有产品，到销售特殊客户需求的庞大数量的产品的转变，而每种产品都只产生较少的销售量，简单而言就是多样少量。长尾商业模式就是为多个不同市场提供大量不同产品，每种产品相对而言卖得较少，但销售总量可以与传统的模式相媲美。

1) 百度的商业模式

在传统广告行业，高额的广告费用只有部分大型客户才有能力支付，如果按照这种传统的模式，百度的收入可能就只能依赖于几家重要的客户商。然而，百度公司也为一些中小型企业提供了门槛非常低的广告平台。通过赚取这些多笔少量的收益，来获取更多的利益，这就是一个长尾式商业模式的应用。

当百度只关注前20%的广告客户时，广告业务的利润非常受限，而在扩大余下80%的广告客户数量时，利润就像长尾模型一样不断延伸。这里的广告客户数量就是前面母婴店例子中的产品品种，通过众多的客户数量，看似来自每个客户的收益非常低，却可以形成巨大的利润区（见图3-3）。

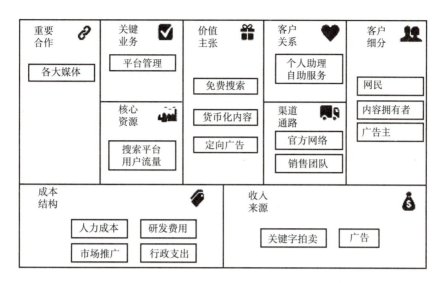

图 3-3　百度的商业模式画布

2）长尾商业模式的特点

结合百度长尾商业模式画布，可以对这种商业模式有更深一层的理解。在长尾商业模式中，市场上有着不同产品需求的客户群体，企业正好专注于这些有特殊需求的客户群体，为他们提供宽泛的非拳头产品，而这些产品同时也可以和拳头产品共存。

2. 多边平台商业模式

1）淘宝的 C2C 模式

在互联网时代，商业模式的较量愈演愈烈。互联网减少了信息收集和传播的成本，扩大了市场范围，卖家与买家的配对更容易实现，交易成本随之下降。淘宝是互联网环境催生的典型电商代表。淘宝网（taobao.com）是阿里巴巴旗下的 C2C 电商平台，也是在我国深受欢迎的网购零售平台。据 Trust Data《2021年中国移动互联网行业发展分析报告》统计数据，2021年淘宝网月活跃用户逼近9亿，领跑整个电商行业。淘宝的商业模式是 C2C（Consumer to Consumer），即在生产商、中间商和消费者之间提供一个交易服务平台，其本身并不负责产品的配送和售后，客户可以把东西放在网上进行交易，自由买卖。淘宝 C2C 模式成功主要归因于其对消费者心理和消费习惯的准确分析与把握。

第一，针对个人开店成本高这一问题，淘宝先提出免费开店战略，使得商家成本降低，可压低产品价格。这迎合了广大消费者求廉的心理，快速集聚了平台人气，使淘宝迅速占领了电商市场。

第二，网上交易存在较大风险，卖家和买家之间缺乏信任，淘宝巧妙地引入第三方支付平台支付宝作为中间人，要求买卖双方实名注册，实行买家先付款到支付宝，网站通知卖家发货，买家收货后再通知支付宝放款给卖家的程序，解决了交易安全问题及用户的信任问题。

第三，针对网上购物存在的信息不对称的风险，淘宝开发了旺旺即时沟通工具，在买家和卖家之间搭建了有效沟通的桥梁，使双方可以针对商品价格、质量及功能等各方面进行协商，提高交易的透明度和成交率。

2）多边平台商业模式特点

淘宝运用多边平台商业模式来获取巨额的利润，不难看出，多边平台商业模式的重点是它的价值主张和客户细分，只有当一个平台能使多方群体受益，才能使相关客户群体的关系更加紧密，让企业获得更多利润。知乎、淘宝、起点中文、抖音等企业，也都采用多边平台商业模式。

3. 免费增收商业模式

免费增收商业模式，就是大量的基础用户受益于没有任何附加条件的免费产品或服务，而企业通过另外的增值服务来收费。

1）腾讯QQ的商业模式

在这个科技发达的时代，社交早已不再是面对面交谈这么简单，腾讯公司多年前看到了社交软件这一市场前景，开发出我国第一款社交软件QQ。这款软件通过社交平台的免费化，让软件的受众扩大到大众群体。但在刚开始运营的时候，QQ大部分的利润是通过优质账号号码付费来获取，但这种收入来源是有限的，无法帮助企业持续创造价值。渐渐地，腾讯公司看到了自己发展的瓶颈。通过平台的发展、网络的普及和借鉴其他国家的做法，腾讯陆续推出了多种虚拟个性化产品，例如个性化皮肤的设定、"帽子""衣服"的个性装扮，这些虚拟产品当中的大部分是付费产品。由于软件本身是免费使用的，吸引了数量庞大的用户群体，部分群体由于个性化的需求，购买了付费产品，使得腾讯公司长足盈利（见图3-4）。而对于产品本身而言，增加付费产品的边际成本几乎为零。

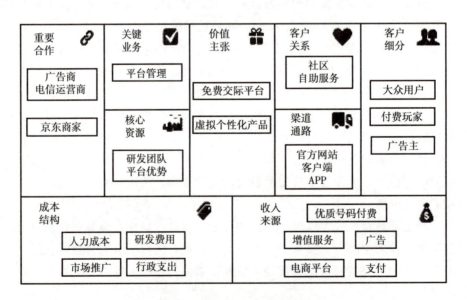

图3-4　腾讯的商业模式画布

随着电商行业的发展,腾讯公司后来又推出了微信,这一软件也成为人们生活的重要部分。回顾QQ的发展过程,不难发现,腾讯公司所用商业模式的关键是将大量的免费用户转变为部分付费用户,这就是免费增收商业模式。

2) 免费增收商业模式特点

腾讯的商业模式已经影响了许多国内互联网公司的商业模式,它不仅仅是做一个产品或一个项目,更重要的是去经营用户,有了大量用户就有更多的潜在客户购买公司的增值产品。通过对腾讯增收商业模式画布的分析,可以加深对这种商业模式的理解。在这个模式当中,有三个关键模块,即客户细分、价值主张、核心资源。这个商业模式必须要有大量的用户群体,而且能为用户提供免费的服务,提供给用户的核心资源平台是吸引用户的前提。关键是用户从免费到付费的转换率,一个产品,若拥有高达几亿的用户,即使转换率只有10%,其收入也是十分可观的。

4. 免费平台商业模式

免费平台商业模式,就是平台的一边被设计成以免费的内容、产品或服务来吸引用户,平台的另一边通过销售广告位来产生收入。

1) 中青看点的免费模式

随着移动阅读的普及,手机看新闻赚钱已经被越来越多的人所接受,中青看点就是这样一款软件。中青看点是中国青年网整合众多专业媒体机构聚合而成的热门头条、资讯阅读平台。用户免费安装后,可以通过便捷的微信一键登录,省去注册的时间,为用户带来了更好的软件体验。登录后平台会给用户奖励红包,同时采取推广优惠活动,每推荐一位好友安装此APP,推荐人可享受一定红包奖励。在中青看点,读者可以通过阅读新闻看资讯来赚钱,阅读新闻可通过计时的方式来领取相应的青豆奖励,看满30秒就可以得到5个青豆奖励。此外,签到、分享、评论等用户使用行为,均可获得相应青豆,而1000个青豆可以兑换1元现金,并可以通过微信直接提现。那么,中青看点靠什么赚钱?答案是广告主掏钱,中青看点是典型的免费平台式商业模式。

2) 免费平台式商业模式的特点

中青看点这种免费平台的商业模式,使得企业本身、用户、广告商三方受益。免费平台商业模式中的重点是价值主张、客户细分和收入来源之间的联系。客户细分是广大的免费客户,企业为他们提供免费的产品或服务,积累了大量的客户之后,企业就为广告主提供了巨大的流量平台,也能向广告主收取广告费,从而产生了稳定的收入。

5. 诱导商业模式

诱导商业模式指的是通过廉价、有吸引力的甚至是免费的初始产品或服务,来促进未来重复购买相关产品或服务的商业模式。

1) 惠普打印机低价的秘密

惠普是一家著名的办公用品公司,它所生产的打印机享誉全球,以技术含量高、打印质量好著称于业界,但惠普打印机的售价却比其他品牌同性能的打印机要低,这是为什么?其中的奥秘便是打印机的一个至关重要的部件——墨盒。墨盒是打印机里的一种耗材,它有一定的容量,用完后,必须要更换墨盒才能重新使打印机正常运行,这是惠普打印机商业模式的真正核心。若人们在惠普打印机上使用其他厂商的墨盒,使用者就会发现,打印出来的成品质量大大降低。只有用惠普公司的原装墨盒才能发挥打印机的最大性能。因此,使用惠普打印机的客户,大部分为了打印质量宁愿购买高价的专属墨盒而不去使用廉价的墨盒。这种商业模式就是诱导式商业模式,类似的还有吉列剃须刀的商业模式。

2) 诱导式商业模式的特点

诱导式商业模式有以下特点:低价或免费的初始产品或服务、需要重复购买后续产品或服务、用户转换成本高。简单来说,一个廉价的商品,若买家使用它到一定的期限,那买家就必须重复购买这个商品或者它的相关部件才能继续发挥这个商品的作用。这种模式的关键是"锁定"模式,即将主商品的相关商品锁定为同一企业所生产的产品,这要求企业拥有优于竞争企业的技术,这种技术是取得利润的关键。

6.常见商业模式的比较

本节介绍了五种常见的商业模式,分别是长尾式商业模式、多边平台商业模式、免费增收商业模式、免费平台商业模式和诱导式商业模式。为了便于对这五种商业模式的学习,对这五种商业模式进行了梳理,并对关键点进行了分析,如表3-6所示。

表3-6 常见商业模式的比较

常见商业模式	比较
长尾式商业模式	以多样少量为核心,为多个细分市场提供多样产品
多边平台商业模式	在两个或多个客户群体之间搭建平台
免费增收商业模式	提供免费的商品,通过增值业务盈利
免费平台商业模式	提供免费大众化平台,通过平台获得客户流量和广告费
诱导式商业模式	提供价格低廉或免费的商品,消费者使用该商品必须购买同类的配套耗材,通过与之相关的配套耗材盈利

(三)商业模式设计方法

商业模式的3V核心,分别是价值创造、价值传递、价值实现。明确了这三者及其联系,创业者需要步步为营、逐级细化,才能更好地设计出客观可行的商业模式。由顶层设计到具体设计,是一个循序渐进的过程。每一个企业管理者都想为企业设计一个具有开创性且难以复制的商业模式,从而在竞争中脱颖而出,颠覆行业内现有的企业。所以,如何设计符合自身发展的商业模式是备受企业管理者关注的问题。

通常情况下,商业模式设计有以下三种方法:一类是照搬照抄,全盘复制;第二类是学习借鉴,不断调整;第三类是思想革命,自我创造。

1. 照搬照抄,全盘复制

全盘复制,即对成功企业的商业模式进行直接复制,全部照抄照搬这一类方法主要适用于行业内的企业或完全不同的行业。如果企业选择全盘复制,需要注意以下三点:一是必须快速捕捉到商业模式的关键信息,谁先复制就有可能具备先发优势;二是要学会甄别,并掌握真实有效的信息;三是要提高对全盘复制带来的风险的管控能力。

2. 学习借鉴,不断调整

学习借鉴即企业通过学习和研究优秀企业的商业模式,根据企业自身发展方向和细分市场进行适应性调整,对商业模式中的核心内容进行总结提炼,在此基础上进行部分引用。站在巨人的肩膀上,才能看得更远。在借鉴提升的过程中,要注意在原有的商业模式基础上进行延伸扩展。延伸扩展可以进一步针对细分市场进行优化调整,寻找新的发展机会,同时在借鉴中形成优势互补。在互利共赢的竞争中,拥有不同商业模式的企业也能成为价值创造的合作伙伴,实现共同进步或相互促进的良性循环,实现协同效应。

3. 思想革命,自我创造

再强大的竞争对手都不可能无懈可击。乔布斯用实践告诉我们,产品、技术、服务PK,只是常规战争,能从商业模式上完成逆袭、颠覆,才叫"核爆"。当今很多企业的成功,是源于他们开创了一种全新的商业模式。例如,京东商城的B2C模式提供了家电产品与消费者定制需求直接对话,让国美、苏宁这些传统家电零售大佬如芒刺在背。在河南长葛,做着最古老的"杀猪卖肉"行业的众品,从"中国冷鲜肉专家"变为"中国温控供应链服务商",在物流业早已分土裂疆的"四通一达一顺丰"环境下,轻松地打了一个"劫"。

三、商业模式的创新

21世纪,谁拥有更好的商业模式,谁就拥有更多的市场机会和资源。因此,商业模式的创新是提升企业竞争力的关键要素。在风云变幻的市场发展中,如何让自己的商业团队保持稳定、立于不败之地,这是对企业的一项重大挑战。商业模式的创新可以帮助企业在原有商业模式基础上,以新方式、新角度为客户创造新的价值。

(一)商业模式创新的方法

常用的六种商业模式创新方法:客户洞察、创意构思、可视化思考、原型制作、故事讲述和情景推测,能够帮助创业者设计更好、更具创意的商业模式。

1. 客户洞察

客户洞察，是先通过调查，获得客户需求数据，再对所获得的数据进行分析，得出商业模式改进方案，最后根据方案对销售手段进行改善，以满足客户消费需求的过程。消费者的消费趋势就像"指挥棒"一样指挥着企业站队的方向，企业必须从意识层面就开始重视自己的消费者。对一个消费需求和趋势的洞察，除了要了解客户自身的需求，更重要的是要了解谁在影响客户的购买决策。詹志方教授在《营销思维脑扫描》一书中提出"客户是被包围着的"。我们分析客户的时候，分析客户是被哪些人包围更为重要。许多家长选择去麦当劳消费，很大程度上是受孩子的影响。曾经有一家生产酱油的企业就因此获得了成功。该企业在酱油瓶盖上做了一个设计，只要摇一摇便会发出响声。这样的产品设计深受孩子喜欢，从而影响了家庭主妇的购买决策，得到了家庭主妇的青睐，从而获得了丰厚收益。

2. 创意构思

绘制一个已经存在的商业模式是一回事，设计一个新的商业模式是另一回事。设计新的商业模式需要产生大量商业模式创意，并筛选出最好的创意，这是一个富有创造性的过程。这个收集和筛选创意的过程被称作创意构思。当设计新的商业模式时，我们所面对的挑战是忽略现状和忽视对运营问题的关注，这样我们才能得到真正的全新创意。

3. 可视化思考

所谓的可视化思考，是指使用诸如图片、草图、表格和便利贴等视觉化工具来思考和讨论事情。因为商业模式是由各种构造块及其相互关系所组成的复杂概念，不直观地描绘出来将很难真正理解为一个模式。事实上，通过可视化商业模式描绘，人们可以把其中的隐形假设转变为明确的信息，这使得商业模式明确而有形，并且使讨论和改变起来也更清晰。

4. 原型制作

对于开发新的商业模式来说，原型制作与可视化思考一样，可以让概念变得更形象具体，并能促进新创意的产生。我们把原型看成未来潜在的商业模式实例（原型作为用于帮助讨论、调查或验证概念目标的工具）。商业模式原型可以用商业模式画布简单描绘成经过深思熟虑的概念形式，也可以表现为模拟新业务财务运作的电子表格形式。重要的是我们要明白，不必把商业模式原型看成是某个真正商业模式的草图；相反，原型是一个思维工具，可以帮助我们探索不同的方向。

5. 故事讲述

形容一个全新的、未经考验的商业模式就如同只用单薄的文字去描述一幅画作一样。用故事表述这个商业模式是如何创造价值的，就如同用色彩来装饰画布。故事讲述使新概念变得有形，而不再抽象。讲故事的目的，是要把一种新的商业模式以形象具体的方式呈现出来。故事的内容一定要简单易懂，主人公也只需要一位。结合观众的实际情况，可以从不同的视角塑造一位不同的主人公。

6.情景推测

在新商业模型的设计和原有模型的创新上，情景推测能把抽象的概念变成具体的模型。它的主要作用就是通过细化设计环境，帮助我们熟悉商业模型设计流程。通常有两种类型的情景推测。第一种描述的是不同的客户背景，客户是如何使用产品和服务的，什么类型的客户在使用它们，客户的顾虑、愿望和目的分别是什么；第二种描述的是新商业模式可能会参与竞争的未来场景。

（二）商业模式创新的途径

利用以上商业模式创新方法，结合商业模式画布，将商业模式9个要素以具体的形态表现出来，并相互作用构成有机的整体，形成企业商业模式的具体形态。任何一个要素的变化，都可能引起商业模式的变化和创新。

1.目标客户创新

目标消费者是企业价值创造的对象和利润获取的来源。每一个创业者在创业之前都会明确定位自己的目标消费者。然而随着外部环境的变化，客户的需求也在不断变化，这就要求企业做好顾客研究工作，根据市场的变化重新细分市场和选择新的目标消费者。这样可以帮助创业者发现新的商机，获取潜在的利润，从根本上创新企业商业模式。

例如，随着互联网发展，"懒人经济"在年轻人中成为常态，人们借助手机和互联网能做到生活起居足不出户。传统洗衣业中的荣昌洗衣自1999年实施特许经营模式以来，一直引导着中国洗染业的潮流。而在移动互联网大发展背景下，荣昌洗衣深知不能再以传统模式经营，开始大胆尝试传统服务与移动互联网结合，以线下到线上的战略路径，实现传统服务业O2O的模式再造和平台战略。荣昌洗衣2013年与腾讯合作推出了互联网洗衣产品"荣昌e袋洗"，将服务标准化，顾客可按袋支付清洗费用，使用微信预约，可享上门取送等私人洗衣服务，荣昌此款产品解决了顾客到干洗店洗衣停车难、送洗衣物交接繁琐、店面营业时间不能满足顾客取送时间等系列洗衣痛点。至今，e袋洗业务已经拓展到洗衣、洗鞋、洗家纺、洗窗帘、奢侈品养护、高端成衣家纺洗护等多个品类。

2.客户价值创新

商业模式的关键点是产品和服务。然而，竞争者往往仿效所在行业的领军企业，而忽略了商业模式应建立在自身特有的核心竞争力基础上。建立新商业模式的有效方法应着眼于客户对现有商业产品或服务的不满之处，以此为契机来设计、完善、创新现有商业模式。

客户价值是指基于客户的需求降低客户获取产品或服务的成本、提高获得产品和服务的便利性或满足客户一定的需求，提高客户的满意度。以拼多多为例，这是一款手机购物APP，从2015年9月正式上线到2018年7月26日在纳斯达克挂牌上市，拼多多只用了近三年时间。用户通过发起和朋友、家人、邻居等的拼团，以更低的价格拼团购买商品，旨在凝聚更多人的力量，用更低的价格买到更好的商品，体会更多的实惠和乐趣。

"拼的多，省的多"的营销点正好满足客户降低获取成本的需求。

以海尔为例，在"家电下乡"的政策机遇中，海尔针对农村消费者的特殊需求，入乡随俗，与顾客零距离接触，提供顾客需要的产品。农民在"3·15"投诉时反映，海尔洗衣机质量不好。不好在哪里呢？你看，农民们不仅拿它洗衣服，还用它洗土豆、地瓜。结果发现泥巴糊糊将下水管堵死了。海尔集团总裁张瑞敏听说后，果断拍板，开发一种出水管粗大的洗衣机，既可洗衣服，又可洗土豆和地瓜。最后，这款洗衣机深受农民喜欢，成为大卖品。

3. 渠道通路创新

渠道通路包含了将产品与用户联系在一起的所有手段。虽然电子商务在近年来成为主导力量，但实体店等传统渠道仍然很重要，特别是在创造身临其境的体验方面。这方面的创新老手常常能够发掘出多种方式将他们的产品或服务呈现给客户，海底捞火锅是其中的典型案例。海底捞极致的用户体验服务，能使一个产品或服务更容易被试用和享用，也更有利于稳定用户的黏性。

例如，随着移动互联网的快速发展，互联网共享单车、电动车应运而生。共享车之所以能在较短的时间内掀起一股浪潮，不仅因为它为顾客创造了新的价值，满足低碳环保、减少对空气的污染、缓解交通拥堵的需求，方便了"最后一公里"的出行；同时，它的方便、快捷（手机上操作完成）的自助化服务，整合了更加精细的自动化过程，可以识别不同客户及其特点，并提供与客户订单或交易相关的服务，提高用户感受。

4. 资源整合创新

商业模式的核心是资源要素的整合。成功的商业模式应当能使企业运行的内外资源要素创新性地整合起来，形成高效率的、具有独特核心竞争力的持续盈利的优势，这尤其表现在资源的跨行业整合方面。成功企业往往在商业模式上同竞争对手形成差异性，即为企业制订了新的竞争规则，区别于传统的竞争对手，为企业的成长创造了宝贵的空间和时间。

例如，2013年9月2日微软宣布，以71亿美元的价格收购诺基亚旗下的大部分手机业务及诺基亚的专利许可证。微软收购诺基亚，扩大了微软手机市场份额，提升手机业务利润；借力智能手机发展形势，为用户创造微软手机的顶级体验。

5. 产业链协同创新

一个企业作为产业链上的某个环节，如果能和其他环节尤其是关键环节有效整合，则必然会使整个产业链实现协同创新，从而实现价值链整体效益的倍增。我国大部分企业一直处于价值链低端的生产环节，这一环节是利润最低的部分，只占整个产业利润的10%左右。制造行业的价值链除了加工制造，还包括产品设计、原料采购、物流运输、订单处置、批发销售、终端零售等。在这7个环节中，加工制造环节价值最低，其他6个环节则是整条产业链中更有价值、更能赚钱的部分。

麦当劳前总裁克罗克曾明确表示麦当劳是做房地产的。他说："如果我不做房地产，仅仅做快餐,麦当劳早就关门倒闭了。"奥妙在于,麦当劳的房地产不是独立的经营项目,而与快餐紧密结合。麦当劳在西方采取特许经营的方式,首先把一个精心考察过的店铺租下来,租期20年,跟房东谈好20年租金不变,然后吸引加盟商,把这个店铺再租给加盟商,并向每个加盟商加收20%的租金,以后根据该地区地价升降情况,进行相应的调整。所以,克罗克认为他赚的是房地产的钱,而不是快餐的钱。

6. 财务驱动创新

财务驱动是指由收入来源定价机制或成本结构驱动,推动整个商业模式的改变、创新。

例如,360杀毒软件中,360安全卫士作为杀毒领域里第一个免费的软件,获得了巨额的用户和流量。而在互联网和移动互联网时代,流量就代表着可以变现的钱,有了流量就可以通过更多的方式来赚钱。免费的核心其实是为了更好的收费,包括各种增值、广告等。360卫士用户在2017年6月突破了四亿,几乎占据了我国一半的网民,庞大的用户群帮助360公司衍生出360旗下的各种产品,包括360手机助手,360浏览器,360搜索等,而这些产品的盈利手段就很多了,包括和百度一样的竞价排名、广告收入等。

美国耐克公司是服装业虚拟经营的典范。耐克公司把精力主要放在设计上,具体生产则承包给劳动力成本低廉的国家和地区的厂家,以此降低生产成本。这种降低成本的虚拟制造模式使耐克得以迅速在全球拓展市场。

7. 核心资源创新

每个企业都有自己的核心资源,有些核心资源可能需要从外部获取,也有些是自带核心资源。核心资源模块的变动,也可以引发创新。比如我们熟悉的曾经风靡一时的诺基亚公司,虽然诺基亚手机在2013年就停产了,但不生产手机的诺基亚公司,由于之前的积累,手握大量核心技术专利。诺基亚没有将这些专利闲置,而是形成专利池,为公司带来源源不断的收益。诺基亚每年靠将内部闲置的专利授权给外部,可以从苹果、三星、微软等公司中至少获得5亿欧元专利收入。

8. 合作伙伴创新

企业在成长过程中,总是少不了合作伙伴,有时候合作伙伴的加入,既可以弥补自身不足,也可以是强强联合,让企业更强大。2018年,我国电商巨头京东以14.3亿美元的价格收购了沃尔玛在中国的在线业务。京东与沃尔玛开始实施用户互通、门店互通与库存互通的"三通"战略,借助京东到家的消费数据,结合沃尔玛的供应链能力,推出了零售商超行业的首个仓配一体化"沃尔玛云仓",在深圳、上海和成都建立了十余家云仓,这些云仓可以为消费者提供1小时送达服务。这一交易加强了京东在中国零售市场的地位,并为京东的业务扩张提供了更多机会。比如在第二届京东&沃尔玛"8.8购物节"中,线上及线下全国180多个城市的400多家沃尔玛门店全面互动,实现了各项销售数据暴增。活动当天,京东平台沃尔玛官方旗舰店、沃尔玛全球购官方旗舰店销售额比当年日最高纪录增长800%,京东到家平台沃尔玛销售额同比增长500%。

9.多中心驱动引发的创新

多中心驱动是指商业模式画布9个模块中，多个点同时变动并相互作用，显著地影响商业模式的其他要素，从而形成新的商业模式。

例如：拼多多是一家中国专注于C2M拼团购物的第三方社交电商平台，成立于2015年9月，以团购模式为基础，通过社交网络和移动应用程序向消费者销售各种商品。拼多多通过"拼团"构筑了多中心驱动的商业模式。

价值主张驱动：拼多多的价值主张是提供物美价廉的商品和服务，满足消费者的价格需求。通过与制造商和供应商直接合作，拼多多能够降低成本并把价格降到最低。

渠道和客户关系驱动：拼多多主要通过移动应用程序和社交网络进行推广，吸引消费者。消费者通过分享砍价链接，与亲朋好友一起参与能够实现购买砍价、返现等。拼多多与制造商和供应商建立合作关系，确保商品的供应和质量。同时，拼多多还通过用户评价和反馈来改善产品和服务。

财务驱动：拼多多的收入来源主要是商品销售收入、广告收入和推广费用等。通过提供物美价廉的商品和吸引更多的消费者，拼多多能够实现盈利。

战略合作伙伴驱动：拼多多的战略合作伙伴包括制造商、供应商、物流公司等，它们共同降低成本并提供更好的产品和服务给消费者。

近些年，商业模式创新在我国引起前所未有的重视，不仅商业界重视，学术机构及一些政府部门也重视。创新创业是我国未来数十年经济社会发展的主旋律之一，商业模式创新是其高端形态，也是改变产业竞争格局的重要力量。商业模式创新，不仅仅是传统以盈利为主要目的企业所需，也是社会企业、非政府组织和政府部门所需要的。总之，商业模式创新在我国地位将越来越重要。

课堂互动

课堂活动1

1. 主题：创业模拟实践。
2. 活动形式：头脑风暴。
3. 目标：通过头脑风暴讨论，让学生体会商业模式的重要性。商业模式不同，最后收益完全不同。
4. 建议时间：5分钟。
5. 材料准备：每组学生都有一箱苹果20斤（按市价5元一斤计算），你将拿这箱苹果怎样创业？能收益多少？
6. 活动步骤：

第一步：教师发布题目；

第二步：各组头脑风暴讨论怎样卖这一箱苹果，并计算成本、利润；

第三步：每组派一名代表阐述观点。

课堂活动2

结合商业模式画布的9个模块，请每一组学生用一句话概括自己项目的商业模式。

课堂活动3

请学生根据小组项目，制作商业模式画布（10分钟），并派一名代表去其他组交叉演讲，向其他组成员解说自己的项目，并请他们为商业模式画布打分（15分钟）。

课堂实践

1. 用一句话说清你手中项目的商业模式。
2. 各小组根据自己的项目，制作商业模式画布。

创业思政小故事

潘检根的先看病后付费

潘检门诊部从一家只有一名员工、一间小门面的小诊所，在18年的时间内，变为现有营业面积1600余平方米、20名员工，年接诊患者近2万名的专科门诊部，享誉湘赣边界。这样的成就不仅需要潘检根个人的勤奋，也离不开社会各界，特别是他母校的大力支持。

在潘检根14岁时，他的父亲去世，母亲独自抚养他兄妹两人，生活异常艰难。为了谋生，潘检根投奔远在湘潭花石龙口的外公，跟随外公学习祖传医术，在外公悉心教导下，顺利出师。在医院的实习过程中，潘检根发现传统中医的局限性，在医院前辈的建议下，于2003年进入湖南中医药高等专科学校进行系统学习，2006年6月以优异成绩毕业。潘检根毕业后开始自主创业，在醴陵市白兔潭镇尖山村创办了"康福诊所"，用祖辈传承的中医秘方和学到的现代医学知识，救治患病的乡亲，得到广大乡亲的认可。

2012年因工作成就突出，获得了湖南中医药高等专科学校郭争鸣校长亲自颁发的优秀校友奖，被评为创业明星，为学弟学妹们树立了好榜样。2014年，他担任南华附二醴陵兆和医院康复理疗科主任。2015年，潘检根在白兔潭镇玄武大道兴建了7层的"醴陵市潘检门诊部"大楼，2019—2021年担任醴陵医院副院长，连任醴陵市十四、十五届政协委员，并于2020年获得中西医结合主治医师资格证。18年来，潘检根一直扎根基层，心系百姓，在他的诊所或医院里都是先看病后付费，遇到经济困难的患者，治疗费用能免则免，能少则少，获得了老百姓的好口碑，得到了患者一致好评。为了解决老百姓看病难看病贵的问题，潘检根一直扎根基层，致力打造祖传医术与现代医学相结合的一流专科，让更多的老百姓获得健康。

杨总教你创业

在趋势和需求中寻找创业机会

1996年，我国出现保健品热，三株口服液、红桃K等保健品广告在各大媒体铺天盖地。1997年初，我开始人生的第一次创业，开了一家保健品店，批零兼营。我清楚地记得，这一年我20岁，参加工作才两年，当时我的单位是株洲市医药公司保健品分公司，我在公司担任开票员、出纳、商品记账员，一人身兼多职。因为工作的关系，我对保健品的业务很熟悉。当时，医药还是统购统销，株洲市的零售药店有30多家，基本上都是我们医药公司的，属于国营。当时，这些药店保健品采购都是由我们保健品分公司供应，保健品热销，有的时候甚至出现抢货的情况。我觉得这是一个不错的创业生意，因为当时的工资不高，又特别想在株洲"安家"，因为我当时谈了女朋友（现在的老婆，也是我中药5班同学），所以我们就商量，让她辞掉长沙药厂的工作，开一家保健品店，由她来看店，我负责采购和渠道业务。就这样，我们的保健品店开起来了，业务不错。尽管当年我们能力不强，资源也有限，但第一次创业还算成功。现在回头看，当年就是因为看懂了趋势，把握住了创业机会。

一、看懂趋势

看懂趋势，对于一个创业者来说十分重要，创业要懂得顺势而为。1998年6月，我开始了我的第二次创业，开办了现在的汉方国药贴心人店。2000年，药品零售全面放开，老百姓大药房第一家店湘雅路店开业，打出了"比医院便宜45%"的口号，迎来了零售药店行业发展的黄金二十年，成就了老百姓大药房、益丰大药房等很多家药品零售的上市公司，我的药房业务也是节节攀升，越来越好，我的原始积累是在这里实现的。用现在的话来说，"找准了风口，猪也能起飞"，其实风口就是趋势。

改革开放的前20年，创业的机会很多，这得益于中国庞大的市场。当年，只要胆子大，下海早的，大部分都成功了，我身边这样的故事比比皆是。芦淞市场很多做服装的大老板都是从摆地摊开始的，现在很多上市企业都是从小作坊、乡镇企业开始的。回头来分析，很多人都是赚的趋势的钱，所以有句话是这么说的，"没有马云的时代，只有时代的马云"，讲的就是抓住了时代机遇的个人才有可能发挥出最大的潜力，我们不要盲目崇拜个人，而是要看到时代的机遇。

二、站在一个更高的位置看待创业的机遇

20世纪90年代的国企改制，很多中小国有企业改为私营企业，成就了一大批成功的企业。海尔、联想、TCL都是国企改制而来。改革开放以来，大量人口涌入城市，迎来了2000年开始的房地产热潮，中国的城镇化改造，成就了万科等一大批房地产企业。1994年开始的互联网热潮，诞生了百度、搜狐、网易等一大批互联网企业。

三、从市场竞争格局看创业机遇

如果说改革开放初期，只要胆子大就能创业，现在很多行业的创业都进入了"深水区"，绝大部分行业都有人赚钱有人亏本，本质是很多市场开始饱和了。创业比拼的是能力、是实力、是技术、是资源、是赛道、是创新……20世纪90年代，个体诊所很火，而现在很多社区医院很火，因为能报销，这比拼的是资源。现在还有个别个体诊所仍然很火，这比拼的是技术。实体店被电商"干掉"了，现在传统电商又被短视频带货严重冲击，是赛道变了，这是创新的结果。看懂这些市场竞争格局的变化对创业者很重要，而这一切的底层逻辑又是什么呢？

在笔者看来是需求，推动这一切变化的根本是需求的变化和需求满足的变化。实体店被电商"干掉"，是因为消费者的需求升级了，过去只要能买到，价格合适就行了，现在生活节奏越来越快，生存压力很大，所以消费者需要花更少时间、更少的钱买到自己最想要的东西，而电商可以比价格、比款式，可以配送到家，可以更好地满足消费者的需求，但未来实体店一定会消失吗？肯定不会，因为消费者也会需要更好的消费体验，就如外卖和堂食的体验是不一样的。

四、找准需求就是抓住创业机会

中国人越来越富裕，生活需求已经从基本的温饱需求，升级到了生活更幸福、更多彩多姿、更丰富的需求。老百姓有钱了，希望有自己的汽车，所以这些年，汽车消费市场很火；希望有更好的精神文化生活，所以旅游越来越火。还有哪些需求未被挖掘出来，需求里又隐藏着哪些创业机会呢？

马斯洛的需求层次理论把人的需求分为生理需求、安全需求、社交需求、尊重需求和自我实现。社会在进步，人的需求也在不断升级，需求领域也在不断细分。除了人的需求，整个社会、组织、国家都有自己的需求，找准需求就是找准了创业机会。比方说，老百姓越来越富有了，私人理财师诞生了，未来会不会有私人理财公司？会不会有各种领域各种特色的私人理财公司？比方说现在人工智能（AI）越来越成熟，未来会将AI应用到哪些领域满足哪些需求呢？

怎么找到需求？在笔者看来，痛点即需求。作为创业者需要找到一种视角、培养一种特殊的能力，那就是找痛点、找需求的视角与能力。现代人的生

活痛点很多，比方说工作很忙还要照顾老人，孩子教育的问题；这个社会的痛点很多，比方说，城市交通拥堵，停车难等。

解决痛点、满足需求就是创造价值，就是好的创业机会，解决更大的更广泛的痛点能成就更大的创业项目。

五、医学生的创业机遇

随着社会发展，老百姓健康的需求会越来越旺盛，需求的层次也会越来越高，从过去的有病希望得到治疗，升级到希望有健康的体魄，从而获得更高的生活质量。健康医疗领域也会越来越广，这种趋势不会变，健康产业是永远的朝阳产业，找到每一个痛点、堵点，每一个痛点、堵点都隐藏着创业机遇。

小思考：你找到了健康领域的哪些痛点？

杨总谈商业模式

关于商业模式，我想先给大家讲几个小故事。

故事一：

一个大学校园书店，刚开始的时候，卖书生意不错，后来，由于互联网冲击，利润越来越薄，书店生意做不下去了。于是，老板请教了高人，把买书的模式转变为租书的模式，生意又重新好了起来。过了几年，旁边的租书店越来越多，生意又变得很惨淡，老板又请教了高人，把书店变成了免费借书模式，只要缴纳500元保证金，4年借书全免费。一下子，老板的生意又好了起来，每天客流如潮，老板在店里搞了一个饮品柜，生意火爆，还联合培训机构办起了培训班，生意走向巅峰。

故事二：

有一位白领女性，其丈夫在国内大企业派驻印尼工作，刚结婚不久就跟随丈夫来到印尼准备备孕生孩子。她无意中接触到燕窝，准确地来说是她因备孕想买一些燕窝吃，同时，印尼的生活让她觉得很无聊，于是就想做燕窝生意。经过周密的策划，她选择了做燕窝代购，经常混迹于各种孕妈群，拍一些短视频，发发抖音、朋友圈，她的燕窝代购与其他人不同的是，她的主要销售对象是孕妈，在代购的同时，她还赠送价值16800元的孕妈课程，拉了很多孕妈群，经常在群内分享互动孕妈关心的话题，生意做得非常火爆。

故事三：

有一个做大健康产品的企业，开始按照传统的渠道分销模式经营，企业常规发展。2010年后，因为市场竞争日益加剧，生意急剧下滑。2013年，老板转型做线上生意，在各大电商平台开店，但因为经营不占优势，京东店、淘宝店相继失败。2019年，他又开始在抖音直播带货，同样的原因，业绩一直没有起色，直到有一天，他接触到一个直播带货的大V团队，他成为了这个大V的供货商，产品销售火爆。后来，因为大V团队自身对大健康品类的供应链管理不够专业，他又成为了这个大V团队的健康品类供货商，不仅提供自己的产品，还提供行业其他优秀的产品，后来他还服务了其他多个大V团队，成了健康产品的供应链巨头。

故事四：

一群羽毛球球友，经常在羽毛球馆打球，于是就相互认识了，其中有一个人提出，大家都经常掏钱打球，不如众筹办一个羽毛球馆，每人出资3000元，一年内大家来打羽毛球都免费，一年以后3000元钱都退给大家，有红利，大家一起分，不愿意退钱的，还可以继续投资。球友们想着投资资金也不多，于是很快就凑齐了20多万资金，顺利开起了羽毛球馆。球友还经常带人来打羽毛球，生意十分火爆。

以上几个小故事，讲的是不同的"生意经"，但实则是不同的商业模式，是不同的商业逻辑。

商业模式有多重要？管理大师彼得德鲁克曾经说过：当今企业间的竞争，不是产品之间的竞争，而是商业模式之间的竞争。

从传统的书店到租书店，再到免费书店，在我们看来，是商业模式的创新。日本的茑屋书店，把传统的书店打造成为生活中心，让日本的一半人口都成了旗下会员，这也是商业模式的创新。

商业模式到底是什么？这是一个比较难以表述的概念，想深入了解可以读一读由哈佛大学教授约翰逊、克里斯坦森和SAP公司的CEO孔翰宁共同撰写的《商业模式创新白皮书》，国内类似书籍还有《发现商业模式》《创新中国：发现中国新兴商业模式》《重构商业模式》《重新定义中国商业模式》等。任何一个商业模式都是一个由客户价值、企业资源和能力、盈利方式构成的三维立体模式。简单来说，商业模式就是商业要素组合模式。通俗一点来说，商业模式解决的是如何赚钱和如何增加收益的问题。

大家都很熟悉这么一句话："羊毛出在狗身上，猪来买单"。这是经典互联网商业模式，如百度向用户（狗）提供免费的搜索服务，积累大量的用户，其他公司（猪）需要获取大量的曝光，便会借助百度提供的广告服务，而这是需要向百度支付费用的。在这一过程中，百度的利润（羊毛）出在用户（狗）身上，由其他公司（猪）来买单。

大学生创业，我们比较熟悉的就只有开店卖商品赚差价，如便利店、药店；还有卖服务赚取服务费，如开诊所。但其实，这里面的学问很大。很多年前，我碰到一个人，在淘宝开了很多家店，他的店生意并不算好，但他赚了很多钱。后来，我才明白，他是把店开起来以后再卖掉，这样，赚钱的方式就不一样了，用他自己的话来说，他就是帮助更多不会开店的人开店来赚钱。

资本市场里的很多上市公司喜欢收购高科技、大健康概念的资产，表面看来，收购的资产也不怎么赚钱，但实际上，通过注入新的概念，上市企业的股票上涨，赚钱的逻辑是"让钱更值钱了"。

近年很火的抖音，本质是把一个新兴的社交短视频媒体平台变成了一个社交电商平台，这也是一种商业模式的创新。

大学生创业，商业模式创新是十分重要的，而这个板块往往是我们的认知盲区，或者理解不深刻的地方。我们需要不断地学习各个成功创业案例的商业模式，甚至要创新商业模式。

在我经营神农中医馆过程中，我发现医生是非常重要的，但有些医生往往保持打工者的心态，很少能想企业之所想。而一些年轻医生一旦成长起来，很容易出去开店单干。我就想，如果神农中医馆和淘宝天猫一样，是一个平台，而医生和核心管理人员是经营主体，会不会焕发出更大的经营活力呢？于是，我们设计了员工内部创业模式，让更多优秀的有创业想法的医生加入新店合伙人计划，让不想开店的优秀医生和核心管理人员加入自主经营团队计划。

模块四

整合创业资源

模块导学

创业资源是创业三要素之一，创业成功离不开创业资源的支持。本模块要学习了解创业需要哪些资源，结合自己团队的项目，学习如何整合创业资源，测算和筹措创业资金。要深刻理解"不求所有，但求所用"的道理，学会运用杠杆、资源共享等资源整合的原则和方法。

【学习目标】

通过本模块的学习，了解创业资源的内涵、分类，掌握创业资金的测算和创业融资的方法；能够结合项目，科学地进行创业资金测算，选取正确的融资渠道和方式；正确理解创业资源对创业的意义，树立科学利用资源和节约资源的意识。

【案例导入】

何招军，湖南中医药高等专科学校针灸推拿专业2010届毕业生。

2010年毕业后，何招军在一家规模较大的中医养生馆工作，由于肯学、技术好，深受老板的器重，对店里大小事务都有接触，对养生馆的日常运营和管理相当熟练。在一次大学同学聚会中与同学罗某聊天时，了解到他想找人合伙开一家养生馆，何招军认为自己通过这几年在养生馆的工作，积累了经营养生馆的不少经验，完全有能力去创办和经营好这样一家养生馆。于是两人一拍即合，说干就干。经过前期的规划调研，测算出开办这样一家养生馆大致需要资金30万元（盈亏平衡点10个月），他们二人自有积蓄合计18万元，离开业还差12万元。

讨论：

1.创业需要哪些资源？

2.如果你是何招军，你准备怎样筹措缺口的12万元？

任务一 识别创业资源

一、创业资源的内涵

创业资源是指新创企业在创造价值的过程中需要的特定资产，包括有形与无形资产，它是新创企业创立和运营的必要条件，主要包括创业人才、创业资本、创业机会、创业技术和创业管理等。

资源是创业者在创业过程中尤为重要的一项指标。没有必需的创业资源，所有的创业活动都是空中楼阁、虚无缥缈。而创业机会在本质上来说就是创业者能够整合特定资源，并运用特定资源生产、复制，使之创造新的价值。创业者需要在创业中不断寻找新的资源，并整合资源，资源整合是创业成功的一条重要路径。

二、创业资源的分类

根据不同的标准，可以将创业资源分为以下几类。

(一)内部资源与外部资源

创业资源以其来源可以分为内部资源与外部资源。

1. 内部资源

内部资源也被称为自有资源,是创业者本身所拥有的有利于创业的资源,如创业者本身所拥有可进行创业的物质资源,对创业有帮助的技术、才能、信息等。内部资源是创业的初始动力,甚至能影响整个创业的成败。所以,知识、技术、才能、信息是创业者成功的关键。

2. 外部资源

外部资源是创业者借助外力获取的有助于创业的资源。包括与创业者、创业活动有关联的朋友、伙伴或其他投资者,或与创业活动相关的社会团体或政府资助的扶持计划等。新创企业在开始时都会面临一个或多个重要的问题。首先,企业在初创时期要耗费大量资源进行研发或宣传;其次,新创企业自身实力弱小,在实现价值创造的过程中非常艰辛。因此,创业者必须尽可能地获得足够的外部资源,以实现新创企业的快速成长。

(二)有形资源与无形资源

创业资源按其存在形式可以分为有形资源与无形资源。

1. 有形资源

有形资源是具有肉眼可分辨的或可用货币计算的资源,如创业时需要的场地、设备、材料等。

2. 无形资源

无形资源是不具备实体,难以精确分辨但又能对创业者创业活动提供帮助的资源,如专利、技术或与创业有关联的信息、相关政策等。

(三)核心资源与非核心资源

创业资源按其重要程度可以分为核心资源与非核心资源。

新创企业在价值创造过程中,最能影响价值创造的资源称为核心资源。核心资源主要包括人力资源及技术资源,是新创企业有别于其他企业的核心竞争力。创业活动是以核心资源为主线,扩展新创企业发展外延。

人力资源,又被称为第一资源,是一切资源中最宝贵的资源,它包括数量和质量两个方面。创业者的素质、知识、技能都深深地影响人力资源的可用性、特质性。当然,人力资源也包括所有团队智慧、判断力及团队所拥有的人际关系网络等。

技术资源,技术是人类用以改造自然、提高生产力所创造的一种方法、手段。它直接影响新创企业产品的可复制性。如果技术含量低,产品将很快被其他企业模仿,造成供过于求；如果技术含量高，提高了市场准入的门槛，对新创企业的生产经营有莫大的帮助。

人力资源和技术资源是创业的核心资源。创业所需的资金、场地、环境资源都可归纳于非核心资源。资金资源是有效地保证资金周转、实现盈利目的一项创业资源。场地资源是指新创企业用于生产、经营或研究的场所。优良的场地资源能降低新创企业运营成本，积累客户及供应商，提供优良的生产环境，以一种外围资源的形式影响新创企业发展。

（四）直接资源与间接资源

清华大学林强、林嵩、姜彦福等人根据对企业战略规划过程的研究，认为创业资源可以分为直接资源与间接资源。

直接资源是直接参与企业战略规划的资源，财务资源、管理资源、市场资源及人力资源等都属于直接资源。它关系着创业过程的所有环节。例如创业者是否拥有足够的资金启动创业项目？因为产品有被客户认可的过程，在产品被客户认可之前，启动资金是否可以支持亏损？此类问题的答案属于财务资源范畴。怎样寻找客户？怎样应对客户的需求？怎样按照创业者的思路进行运营？怎样运营能够节约成本？此类问题的答案属于管理资源范畴。怎样建立商业圈中的人脉关系？怎样盈利？新创企业进入市场的环境如何？竞争能力如何？销售途径有哪些？此类问题答案属于市场资源范畴。新创企业进入市场时，是否有专业的研究团队、专业的运营人员？其人员的素质与能力是否能够保证创业活动的正常进行？此类问题答案属于人力资源范畴。

其他如政策资源、科技资源、信息资源等资源对于创业活动来说，提供的是一种支持与便利，因此我们称之为间接资源。如创业者的创业项目是否可以进入政府的"孵化器"助推创业？国家或地方是否有优惠或鼓励政策刺激客户消费？此类政策称为政策资源。如政府的政策刺激信息如何获取？此类信息称为信息资源。如创业者生产的产品科技含量如何？现有的科技条件是否会影响创业项目的开展？此类科学技术称为科技资源。

三、创业资源与一般商业资源的异同

商业资源是指包括个人在内的具有商业价值的各类有形和无形的资产和其组合。从创业资源的定义可知，创业资源是一种商业资源，但不是所有的商业资源都是创业资源。两者的关系有一定的共同点，但也具有各自不同的属性。

（一）创业资源与一般商业资源的共同点

首先，创业资源与一般商业资源都属于商业资源的范畴，创业资源作为商业资源的一部分，拥有商业资源所具有的稀缺性，对于商业活动和创业活动来说，资源都是稀缺的。当然，这种稀缺性，不是指资源的不可再生，也不是指资源存续的绝对量，而是指与资源的需求相比，其供给量相对不足。

其次，创业资源与一般商业资源所包含的内容大致相同，如财务资源、人力资源、信息资源、科技资源等，所有的资源组成了商业活动或创业活动开展的支撑要素或生产要素。如果创业者要从事商业活动，那么必须要具备一定的资源，而资源的齐备与否，是活动成功与否的关键。

（二）创业资源与一般商业资源的不同点

首先，与一般商业资源相比，创业资源具有表现范围及规模更小的特点。虽然两者所指涉的内容基本相近，但只有能够被创业者使用及拥有的资源才能视为创业资源。创业资源在创业过程中有着举足轻重的作用，它贯穿于整个创业过程，与创业机会相匹配，形成良性的创业行为。否则，创业者会因无可支配的创业资源而丢失大好的创业机会，导致创业活动失败。

其次，两者的主导方式有差异。众多新创企业都有一个明显特质，就是创业初期，往往是创业者主导着一切资源，创业者的主导地位渗透在创业过程的方方面面。而一般商业资源往往并非由企业者主导，而是将所有权与经营权分离，企业者以管理为主，模糊了创业者的亲力亲为的主导作用。

此外，有专家认为，创业资源是运用拥有的资源创造更多的资源，是从无到有的过程；而一般商业资源则是运用拥有的资源复制更多的资源，是从一到无穷的过程。也有专家认为，创业资源更多表现为无形资源，一般商业资源则更多表现为有形资源。创业资源的独特性更强，创业者的个人能力和社会网络资源是其中最为关键的资源；而一般商业资源中，规范的管理和制度才是企业成功的基础资源。

【拓展阅读】
创业资源
——牛根生的运作

四、资源在创业中的作用

创业者在创业过程中运用不同的资源进行资源整合，使创业活动得以正常运行。

（一）社会资本在创业中的作用

社会资本是指社会主体（包括个人、群体、社会甚至国家）间紧密联系的状态及其特征，它是有别于经济资本和人力资本的概念，其表现形式有社会网络、信任、规范、行动、权威的共识以及社会道德等方面。它无形地存在于社会大框架之中，是人与人之间合作从而提高社会效率和整合度的一种资本。它的作用主要体现在促进创业者创业资源的合理利用。如在创业者新创企业时需要的资源里，一种是无形资源，如信息、人气、政策、文化等。另一种是有形资源，如资金、人力、设备等。社会资本能够将有形资源与无形资源整合而被创业者有效利用。

其次，社会资本能够帮助创业者实现创业资源有效整合。

【拓展阅读】
白礼西：两个药方起家，打造百亿中药集团

从创业活动来说，创业活动是由创业主体、客体及中介、创业条件组成。创业主体是创业者，客体是生产的产品或服务，中介是政府、市场或技术、学校、社会支持等，其中每个环节都会对创业活动产生至关重要的影响。而社会资本可以对创业活动各环节进行有效整合，其作用不仅体现在生产价值上，也体现在对共同体的维持和促进上。

（二）资金在创业中的作用

创业者在创业活动中需要一定的资金。创业之初需要启动资金，生产、销售活动需要资金，创业团队的工资薪水也需要资金。没有良好的现金流，企业的经营会出现严重问题。据国外文献报道，有85%企业的倒闭原因是因为没有好的现金流，即使这些倒闭的企业拥有非常好的盈利空间。所以资金对企业尤其是对新创企业有着至关重要的作用。

（三）技术在创业中的作用

技术是人类为了满足自身需求，改造自然的一种技巧与手段。创业者在创业过程中的核心技术，对创业成功有着极大的作用。核心技术就是核心资源，是一种其他创业者无法复制或短期内无法复制的核心竞争力，能够使创业者在初创时期迅速占领市场，促使创业成功。

（四）专业人才在创业中的作用

创业者是创业的主体，在创业过程中起着决定性的主导作用。创业者能力与素质决定创业项目，创业者及团队的技能、经验、知识均影响创业的成败。拥有创业项目相关的专业人才，能够增强企业的竞争力。这要求创业者组建一流的创业团队，尤其对于一些拥有科技资源丰富的创业项目来说，专业人才的作用更加突出。

创业资源自画像

1. 主题：寻找自己的资源。
2. 活动形式：自画像。
3. 目标：通过自画像，寻找自己拥有的资源。
4. 建议时间：6分钟。
5. 材料准备：笔、纸。
6. 步骤：

（1）在自己的心脏部位写上自己的爱好、特质、能力（代表你无与伦比的优势）；

（2）在头部写上自己受过的教育、培训以及经验（代表你的专长）；

（3）在自画像的外部写上你认识谁（代表你的私人交际网络）；

（4）整理你的"闲置"资源。

7. 各小组派代表介绍。

任务二　获取创业资源

创业者的创业历程，是一个从无到有的过程。创业者是在创业资源相对匮乏的情况下开始创业的，通过创业者的能力、知识及智慧，极大地激发创业团队的潜力，团队的进步反过来使创业者的能力不断提升，最后成为企业家。

一、创业资源获取的影响因素

获取创业资源是创业成功与否的关键，资源获取的程度决定由创意向创业转化的完成程度，影响创业资源获取的主要因素有创业导向、创业者的资源禀赋、创业者的资源整合能力、创业团队及外部环境条件和政府政策支持等。

（一）创业导向

创业导向是创业者在创业过程中对面临的问题所采取的行动或态度、意愿。创业导向是创业精神的表现过程。拥有创业导向的企业能够自主行动，具备创新和风险承担的能力，面对竞争对手时能积极应战，面临市场机会时能超前行动。企业追求机会所表现出的创业导向，驱使企业寻求资源与整合资源，并创造财富。

（二）创业者的资源禀赋

创业者的资源禀赋是创业者具有的与创业活动相关的特长、素质及关系等，它是能让新创企业活动按创业者的意愿成长与生存的有价值的资源。其主要包括创业者的经济、社会、人力等资本。创业者的资源禀赋对于创业活动的作用，已被大量的文献论述，一般认为创业者的资源禀赋是创业活动中的关键资源，甚至在一定程度上决定新创企业的资源构成特征。

（三）创业者的资源整合能力

创业者资源整合能力是指在创业活动中，以创业者为中心，对创业者拥有的资源进行识别、配置和利用的能力。我们每个人都拥有或多或少的资源，但这些资源是零散的，要想使自己的资源为创业服务，就需要对其进行整合，使之转化为创业优势，发挥资源的最大作用，为企业活动创造新的价值，发挥出"1+1>2"的创业作用。创业者的资源整合能力在整个创业活动中都发挥着积极的作用。例如在创业初始阶段，创业者的资源整合能力可以使创业者迅速摆脱资源匮乏的状态，最大限度地利用资源。在创业的成长阶段，创业者的资源整合能力可以更多地利用并获得新的资源来发展企业，进而保障创业活动的持续性，为创业成功打下基础。

（四）创业团队

创业是把创业者的创意变成能为大众所接受的产品或服务，是一个非常艰苦及复杂的过程，不可能由一人全部完成。因此，需要一群有着相同志向、能力互补的成员组成一个团队，利用团队的创业资源，共同为创业活动服务。

（五）外部环境条件和政府政策支持

创业活动成功与否，外部环境条件和政府政策支持是一个重要的决定因素。创业的环境条件和创业活动有着密切的关系，因为创业活动的最终目标是自己的产品或服务被人所需要。所以，创业环境好的地方创业活动水平较高，政府的创业政策严格或宽松则直接影响创业活动需求。

二、创业资源获取的途径

创业资源在创业活动中如此重要，那么，创业资源应该怎样获取呢？

首先，我们来看内部资源的获取。内部资源是创业团队能够直接支配和使用的资源，有三种方式获取。一是积累。创业之前，可以先在相关企业工作以了解相关行业背景，积累相关创业知识，积累一定的资金、人脉，了解相关的市场等，为创业做准备。实际上，我们现在学习创业也是为以后创业做技能、经验方面的积累。二是拼凑。创业初期团队往往比较拮据，团队核心成员要努力拼凑资金、技术、设备等资源，甚至可以借助亲友等社会关系的力量，大家一起拼凑资源，为实现创业目标共同努力。三是开发。可以利用所学的知识与团队的力量，开发产品、开发市场、开发人脉资源。

其次，外部资源怎么获取呢？以下介绍四种主要的方法。

一是吸引。发挥无形资源的杠杆作用，利用创业计划、路演等展示创业前景，或者利用创业团队的声誉来吸引外部资源。1983年，乔布斯觉得百事可乐的副总裁史考利能够帮助他发展事业，所以乔布斯想办法说服他加入苹果公司。那么乔布斯是如何说服他的呢？其实很简单，乔布斯问了史考利一个问题："你是想卖一辈子糖水，还是想跟着我一起改变世界呢？"乔布斯不是利用待遇来吸引他，而是利用情怀，因为史考利在乎的不是钱。陈克明在创业的时候并不是一帆风顺的，龙转风把他的房顶刮到别人的房顶上砸坏了别人的房子时，他先修别人的房子，不顾自己受的灾，展现了他的利他思想与诚信品质。他就是通过自己的诚信人品，来吸引顾客借钱给他的。可见，好的项目、好的人品、好的梦想都可以吸引外部资源。

二是购买。利用财务资源通过市场购入的方式获取外部资源。原则上，能租的不买，能借的不租，能买旧的就不买新的，节约为原则，不讲排场，钱要花在刀刃上。

三是战略联盟。战略联盟是指两个或者两个以上的企业为了各自的战略目标，通过股权参与的形式或者契约的形式建立伙伴关系。这一资源获取方式成本相对较低，可以实现优势互补。战略联盟的三种主要类型是合资企业、相互持股投资和功能性协议。合资企业是将各自不同的资产组合在一起进行生产、共担风险、共享收益的一种形式，特点是更多体现联盟企业的战略意图，而不仅仅限于追求投资回报。如汽车行业有很多中外合资企业，中国企业利用机会学习国外的技术，国外的企业可以充分利用中国巨大的潜在市场。相互持股投资也是战略联盟的一种主要形式，联盟成员之间交换彼此股份，建立一种长期的合作关系，如爱奇艺、腾讯和百度就相互交叉持股。这种联盟不需将设备和人员合并，保持相对独立，持股往往是双向的。功能性协议是契约式战略联盟，更强调的是企业的协调与默契，从而更具有战略联盟的本质特征。

四是兼并收购。兼并收购是指通过股权收购或者资产收购，将企业外部资源内部化的一种交易方式，前提是并购双方的资源尤其是知识等新资源有较高的关联度。兼并是两家或多家公司合并组成一家公司，如中国南车和中国北车兼并为中国中车，快的和滴滴兼并，去哪儿和携程兼并等。收购是一家公司购买其他公司的部分或全部股份，如吉利2010年收购沃尔沃，千金药业2012年收购协力药业。

三、整合创业资源的基本原则

创业需要资源，但拥有所需的资源并不代表能够创业成功，对创业资源的整合能力要比拥有创业资源更重要。

创业资源的整合就是将资源的配置最优化，使资源的利用率达到最高。创业资源的整合其实就是对各种零散的有益于创业的资源进行识别与选择、配置及整合，使之有条理，能发挥价值，并创造出新的资源的动态过程。在创业活动中，创业者都会将创业资源的整合融入创业的各个过程，用最少的资源推进创业活动。

创业初期是新创企业资源最有限最匮乏的时期，优秀的创业者都会创造性地整合和运用资源，增加新创企业的竞争优势，使之具有持续运营的能力。因此，对创业者而言，要学会运用自身创造性，使资源发挥最大的利用价值。

在创业过程中，创业者一般从以下几个方面进行创业资源的整合。

（一）对于资源，要有节约的心态

创业者的资源是有限的，这就决定了创业者进行的创业活动必须有节约的心态。特别是对于大学生来说，没有足够的资金、没有很好的信用，没有可供抵押的个人资产，很难从银行或投资者那里筹措资金。有研究表明，创业者的初创资金主要来自创业者个人或家庭成员及朋友。外部资金的获得，对于创业者来说非常艰难。就算是天使投资，也只会选择成长潜力大的创业者。所以，节约是创业者必须遵守的原则。追求最经济的做事方法，获取最多的收益，降低对外部资源的依赖，最大限度地发挥内部资源的作用。

当然，此节约是在人力资源上或管理上的节约，并不是对产品或服务的节约。节约意味着节省成本。但过分地节省成本，会使产品或服务品质下降，反而制约企业的发展，更有甚者会直接导致创业的失败，如盗用知识产权、污染环境、以次充好等。虽然可能短期内有利润可以获得，但次品终究是次品，企业不可能长期发展。所以节约应当是在创业活动能够完整地运行基础上选择最低成本的经营方式。

（二）将资源进行关联

创业者的资源是有限的，创业团队的资源也是有限的。但当资源与资源关联起来时，资源利用的可能性就被放大了。

每个人或多或少都拥有资源，很多资源因为被认为是无用的而被忽略了。创业者可以通过一系列的手段与技巧，对资源进行整合，使之能够被创业活动所利用。如铁血网创始人蒋磊，非军事专业科班出身，但因为从小喜欢军事，在清华大学学习时，他将自己喜欢的军事小说整合在铁血网上，凭借这个兴趣，他发现了机会，成就了中国第一大军事论坛。李小龙的哲学思想"以无法为有法，以无限为有限"，对创业者来说同样意义深刻。创业者要对资源有特殊的敏感性，善于发现机会，将机会与资源进行创造性的关联。这种关联在很多时候甚至只是"灵光一闪"的产物，具有很大的不确定性，不过这也正体现了创业思维的发散想象，考验创业者的资源整合能力。

（三）运用杠杆，以小博大

古希腊科学家阿基米德有言，"假如给我一个支点，我就能撬动地球。"这一名言运用在创业活动中，指导我们用尽可能少的资源去获取尽可能多的资源。要充分地利用别人没有意识到或感觉无用的资源，或借用他人资源，或以已有资源与所需资源进行交换等，来完成创业活动。

在创业活动中，比较容易产生杠杆效应的资源主要有人力资源及社会资源等非物质资源。人力资源可直接作用于资源获取，且优秀的人力资源能够获取的物质资源更多，因此，能使创业活动更快地融入市场。人力资源中的知识、技能、社会交往等，也能为创业活动带来更多的社会资源。

社会资源与人力资源一样，属于非物质资源。社会资源是植根于社会关系网络的一种资源。社会各阶层的成员均能从社会资源中获取不同的利益，如医保、社保属于中国公民的社会资源，银行贷款创业属于创业者能够获取的资源。社会资源有助于创业者开展创业活动，并为创业带来一定优势。社会交往能使创业者的创业项目相关信息更加丰富，降低创业失败的概率。

（四）资源共享，与人共赢

现代的商业是"串联"的商业时代，创业者必须要学会合作，与人共赢。把自己的资源共享，交换自己需要的资源，使创业活动更加圆满。资源通常与利益相关，创业者之所以能够从家庭成员那里获得支持，就因为家庭成员之间不仅是利益相关者，更是利益整体。既然资源与利益相关，创业者在整合资源时，就一定要设计好有助于资源整合的利益机制，借助利益机制把包括潜在的和非直接的资源提供者整合起来，借力发展。

资源整合是将有相同利益关系或相同理想的人、组织进行

【拓展阅读】
医药界的夫妻首富

关联。分析整合出的资源如何产生新的价值或获得更大的利益。利益关系者之间的利益关系可以是直接的、间接的，甚至是触发式的。所以，整合资源的同时，创业者也要认真分析每一个利益相关者的利益，将相对弱的利益关系变强，使所有的利益获得者捆绑、团结在一起。

资源整合是交换，也是合作，要设计与人共赢的机制，建立共赢关系后的合作，将变得非常简单。但对于第一次合作来说，与人共赢是合作成功的关键。因此，面对收益的分配，创业者是需要智慧的。既要帮助对方得到最大收益，也要帮助对方降低风险。

> **课堂互动**

分析项目资源获取方法

以团队为单位，根据自己团队的项目情况，分析内部资源和外部资源如何获取，列表作出方案。

任务三　测算创业资金

古人云："兵马未动，粮草先行"。同理，创业之初，我们需要合理地测算创业所需要的资金，并筹措这些资金，这是创业者创办企业的基本条件。具体创业所需资金的数量往往需要先行测算，因为资金不足会影响企业正常生产经营活动，但若筹措的资金过多，会导致资金闲置，财务成本升高，加重企业负担和增大企业财务风险。另外，创业者与投资方商谈融资意向时，也需要对创业资金的需求有一个清晰的认知，否则，无法说服投资者放心投资。

一、启动资金的测算

一般来说，启动资金是创业者在业务经营达到收支平衡前，为保证企业启动阶段业务运转顺利所准备的初始运营资金，主要用于企业启动期间的固定资产投入及各项费用支出。业内经验表明，新创企业启动阶段应备足6个月以上时间范围内的各种预期费用。创业者应对开办企业初期可能产生的费用做好预估并筹备好相应的资金量，以解公司运营之初收入为零的窘境。启动资金通常包括固定资产、流动资金和开办费三大类。

在做启动资金测算时，大部分创业者均能预先设想到购置设备及材料等的支出，以及员工的工资支出，但常常会忽略诸如机器设备安装费用、厂房装饰装修费用、创业者自身的工资支出、业务开拓费、广告费等开业可能产生的其他大额支出。因此，需要采用表格的形式，将需要启动资金的项目——列举，合理估算创业启动资金，如表4-1所示的新创企业启动资金表。

表 4-1 新创企业启动资金表（单位：元）

启动资金类型	包含内容	明细	数量	金额
固定资产	企业用地和建筑	厂房，办公用地		
	设备	机器		
		工具		
		车辆		
		办公家具		
		……		
流动资金	购买并储存原材料和成品	原材料和商品存货		
	业务公关费	广告、有奖销售、上门推销等		
	工资	创业团队成员工资、员工工资		
	租金	办公场地、仓库等		
	财务费用	融资费用、财务费用、税费		
	保险费用和其他费用	保险费、电费、水费、交通费、通信费、办公用品等		
开办费	办公费、验资费、装潢费、注册费、培训费、技术转让费、营业执照费、加盟费等			

表 4-1 中的费用，有些费用是新创企业开办时的一次性投入，比如技术转让费、营业执照费、注册费等。有些费用是需要长期支出的，比如租用的办公场所、厂房等，租金的支付方式不同会影响短期内流动资金的使用情况。比如，房屋租金若采用押 3 付 3 的方式支付，这样房屋租金的资金支出应按 6 个月的租金数额计算；若房租支付采用按半年付费或按年付费的方式，则房屋租金的支出会更多，计算创业资金时需要考虑其持续性投入问题。创业者在估算启动资金时，容易忽略其自身的工资、业务开拓费、设备维护费等项目费用。表格中的开办费用一项，不同行业所需要的开办费用不同，如高科技行业筹建期间，员工的工资和人员的培训费可能较高，有较高进入门槛的行业筹建期可能较长，相关开办费用也较高等。不同行业所需要的资金支出不同，创业者应通过市场调查，将本行业所需的资金支出项目详细记录，对表格项目进行删改增减。例如，如果创业项目需要特定技术的话，则要支付购买技术的费用。若采用加盟的方式进行创业的话，则需要支付加盟费用。

需要明确的是，创业者在测算创业资金时，一方面要尽可能考虑所需要的各种支出，避免遗漏必需的项目，以充分测算资金需求；另一方面，由于创业资金筹措比较困难，创业者应想方设法压缩开支，减少创业启动资金，比如厂房能租则不建，通过采购二手设备和二手办公家具等方法来节约费用。

二、营运资金的测算

新创企业营运资金测算是假定企业已经步入正轨,针对预计的销售收入对企业的创收能力进行测算。任何一个创业项目的最终目的是能够赚得利润,需要测算试营运期间企业的销售额、经营成本,再以此为依据预估利润,完成资产负债表的测算,从而了解企业营运期间的资金需求。

通过新创企业启动资金和营运资金的测算,预估企业初期的资金总需求量,在此基础上进行融资规划,识别风险并对风险进行控制。

(一)营业收入预测

营业收入是指企业在生产经营活动中,通过销售商品、提供服务等日常经营业务所取得的收入。新创企业营业收入的测算是制定财务计划与编制预计财务报表的基础,也是测算营运资金的第一步。对营业收入的预测,管理学上有很多的测算方法,对于新创企业而言,因前期缺少销售数据的积累,根据企业特性可以采用市场份额预测法、设施能力预测法、年度增长比例预测法等方法。

以市场预测法为例,营业收入测算时,首先需要通过市场调查,了解全国市场总需求量,了解目标市场的总需求量后,参考竞争对手的年销量,评估本企业预计占据的市场份额,预测本企业的销售量。销售量的预测应立足于对市场有充分的研究和对行业经营状况进行分析的基础上,根据其试销经验和市场调查资料,并综合销售人员意见,再经专家咨询,科学理性地预测业务量和市场销售价,估计每个会计期间的营业收入,根据行业的信用政策特点和新创企业拟采用的信用政策测算由此可能产生的现金流入。在预测第一年的营业额后,还需要预测后面第二年、第三年的营业收入趋势。表4-2以销售商品为例,对销售收入进行预测。

表4-2 销售预测表

预测项目	年度				
	第1年	第2年	第3年	第4年	第5年
销售量(件)					
单价(元)					
销售额(元)					

(二)成本和费用预测

新创企业的主要成本项目包括材料成本、人工费用、设备折旧、管理费用、营销费用、财务成本等。销售收入减去成本才能得到企业的利润,因此,成本预测是利润预测的前提。

成本预测的考虑项包括以下几类,如表4-3所示。

(1) 材料成本：生产产品、提供服务的直接材料成本。材料成本根据销售预测数量、单件材料的成本进行测算。

(2) 人工费用：创业公司员工的工资，包括管理、技术、营销人员、工人等全部员工的工资及五险一金的费用。

(3) 设备折旧：按照企业会计准则测算机器设备、厂房等固定资产的折旧费用。

(4) 管理费用：行政管理部门为管理生产经营活动而发生的各种费用，包括办公费、差旅费等。

(5) 营销费用：销售推广、促销、售后服务等的一切费用。

(6) 财务费用：企业为筹集生产经营所需资金而产生的费用。包括利息收支、银行相关业务手续费等。

表4-3 成本和费用预测表（单位：元）

成本项目	年度				
	第1年	第2年	第3年	第4年	第5年
材料成本					
人工费用					
设备折旧					
管理费用					
营销费用					
财务费用					
合计					

（三）编制预计利润表

利润表又称损益表或收益表，是反映企业在一定时期内经营成果的财务报表。该表是根据"收入－费用＝利润"的会计等式，按营业利润、利润总额、净利润的顺序编制而成，是一个时期的、动态的报表。创业者在编制预计利润表时，应根据测算营业收入时预计的业务量对营业成本进行测算，根据拟采用的营销组合对销售费用进行测算，根据调查阶段确定的业务规模和企业战略，对新创企业经营过程中可能发生的管理费用进行测算，根据预计采用的融资渠道和相应的融资成本对财务费用进行测算，根据行业的税费标准对可能发生的税金进行测算。预计利润表如表4-4所示。

表4-4 预计利润表（单位：元）

项目	1	2	3	4	5	6	7	8	…	k
一、营业收入										
减：营业成本										
营业税金及附加										

续表

项目	1	2	3	4	5	6	7	8	…	k
销售费用										
管理费用										
财务费用										
二、营业利润（损失以"—"入列）										
加：营业外收入										
减：营业外支出										
三、利润总额（损失以"—"入列）										
减：所得税费用										
四、净利润（损失以"—"入列）										

由于新创企业在起步阶段的业务量不太稳定，企业在市场上默默无闻，营业收入和推动营业收入增长所付出的成本之间一般不成比例变化，所以，对于新创企业初期营业收入、营业成本和各项费用的估算应按月进行，并按期预估企业的利润状况。一般来说，在企业实现收支平衡之前，企业的利润表均应按月编制；达到收支平衡之后，可以按季、按半年或者按年度来编制。

（四）编制预计资产负债表

资产负债表是反映企业在某一特定日期（如月末、季末、年末）全部资产、负债和所有者权益情况的会计报表，是企业经营活动的静态体现，根据"资产负债＋所有者权益"这一平衡公式，依照一定的分类标准和次序，将某一特定日期的资产、负债、所有者权益的具体项目予以适当的排列编制而成。它表明权益在某一特定日期所拥有或控制的经济资源、所承担的现有义务和所有者对净资产的要求权。它是一张揭示企业在一定时点财务状况的静态报表。创业者在编制预计资产负债表时，应根据测算的营业收入金额和企业的信用政策确定在营业收入中回收的货币资金及形成的应收款项，核算材料或产品的进、销、存情况以确定存货状况，按投资资本估算时确定的非流动资金数额和选择采用的折旧政策计算固定资产的期末价值，按行业状况和企业拟采用的信用政策计算确定应付款项，按估算的收入和行业税费比例测算应交税费，按预计利润表中的利润金额确定每期的所有者权益，并据此确定需要的外部筹资数额。预计资产负债表的格式如表4-5所示。

表 4-5 预计资产负债表（单位：元）

项目	1	2	3	4	5	6	7	8	…	k
一、流动资产										
货币资金										
应收账款										
存货										
其他流动资产										
流动资产合计										
二、非流动资产										
固定资产										
无形资产										
非流动资产合计										
三、流动负债										
短期借款										
应付账款										
应交税金										
其他应付账款										
流动负债合计										
四、非流动负债										
长期借款										
其他非流动负债										
非流动负债合计										
五、所有者权益										
负债和所有者权益合计										
六、外部筹资额										

与预计利润表相同，一般来说，预计资产负债表在企业实现收支平衡之前也应按月编制，在实现收支平衡之后可以按季、按半年或按年编制。企业在经营过程中增加的留存收益是资金的一种来源方式，属于内部融资范围，当留存收益增加的资金无法满足企业经营发展所需时，需要从外部融集资金。

> **课堂互动**
>
> 创业资金测算
>
> 以创业团队为单位,根据团队的创业计划,运用所学知识,来测算自己团队项目所需的启动资金和营运资金。

任务四　创业融资

创业之初,创业者需要购买设备和原材料、租用办公场地、招聘工作人员的启动资金。企业发展过程中,新产品开发、设备和厂房的更新等也需要持续投入部分资金,足够的储备资金是保证企业顺利运营的前提。当自有资金不足时,大部分的新创企业需要通过融资手段进行资金筹措。

一、创业融资的重要性

创业融资是新创企业筹措创业资金的重要手段。有些创业者在企业创办之初就把积蓄花费一空,然后通过找同学、好友临时筹借资金让企业暂时生存下来,但是随着企业发展,资金的短缺将再次成为制约企业快速成长的重要因素。

创业者以及创业团队要未雨绸缪,合理选择融资方式,尽可能拓展融资渠道,为企业的发展壮大筹集到必要的资金。若融资方式不妥、金额不足,将解决不了企业发展问题;若融资数额过大,闲置资金过多,将增大企业的财务成本;如果股权融资过多,则创业者可能丧失企业管理的控制权。所以,需要慎重分析各类创业融资渠道,发挥好各类融资的优势,适时适量地组合,制定科学合理的融资战略,是企业良性成长的保证。因此,创业之初对融资的客观分析非常必要。

二、创业融资渠道

融资渠道是指创业者筹集资金的来源,体现为资本的来源和流向。新创企业需要遵循正确的融资理念指导融资活动,按照缜密的操作流程实现融资行为,更为重要的是要选择正确的融资渠道,融资渠道的差异性决定了融资活动的不同特征和关注点。在国家提出"大众创业、万众创新"鼓励创业的新时代,新创企业拥有众多资金提供者,以及数量众多、分布广泛的新机遇。充分了解各种融资渠道的类型、特点及适用性,有利于新创企业充分开发和利用融资渠道,实现资金合理组合,有效筹集资金。以下是几种常见融资渠道,可供对比选择。

(一)私人资本融资

私人资本融资一般包括自有资金、亲友投资和天使投资三种方式。

1. 自有资金

创业者及创业团队将个人的积蓄作为初期资本融资的主要来源，民间俗称"创业者的存粮"。数据显示，70%的新创企业资金来源于创业者个人存款。例如，腾讯的启动资金就是马化腾和他的团队成员出资筹集的，蒙牛的初始资金也是牛根生通过卖股票所得的自有资金。

创业者和创业团队将个人积蓄投入到新创企业具有十分重要的意义。

（1）创业者个人积蓄的投入，表明了创业者对项目的未来充满信心，毫无保留地向企业投入自己的积蓄，为创业者日后继续向企业投入时间和精力提供了动力，投入企业的积蓄越多，创业者在日后的生产经营过程中越会对企业更加关注。

（2）个人积蓄的投入也是对债权人的债权的一种保障，企业能够融到的债务资金一般以投资者的投入为限，在企业破产清算时，债权人的权益优于投资者的权益。

（3）用自有资金投入新创企业，创业者就拥有了企业的初始股份，当企业迅速发展壮大后，创业者和初创团队成员能更多地分享创业成功的果实。所以，有创业想法的人，需要准备好创业的初始资金，做好资金的储备。

对许多创业者来说，自有资金的投入虽然是新创企业融资的一种途径，但不能解决创业资金的根本问题。毕竟，创业者的个人积蓄对于新创企业而言是有限的，特别是对于新创办的大规模企业或资本密集型的企业来说，自有资金几乎是九牛一毛。

2. 亲友投资

亲朋好友这些潜在天使投资人，是创业者最可靠的靠山，也是常见的启动资金的来源。这种基于情感纽带的投资，俗称为"创业者的人情美味"。相对于天使投资，亲友投资是最简单便捷的资金来源，同时也是融资成本最低、最安全的有效融资渠道。在向亲友融资时，创业者必须按照市场经济的规则、契约原则和法律规范进行融资，保障各方利益，减少不必要的纠纷。

3. 天使投资

天使投资是自由投资者或非正式机构对有创意的创业项目或小型新创企业进行的一次性的前期投资，是一种非组织化的创业投资形式。"天使投资"一词源于纽约百老汇，特指富人出资资助一些具有社会意义演出的公益行为，对于那些充满理想的演员来说，这些赞助者就像天使一样从天而降，使他们的美好理想变为现实。后来，天使投资被引申为一种对高风险、高收益的新兴企业的早期投资。天使资本主要有三个来源，即曾经的创业者、传统意义上的富翁、大型高科技公司或跨国公司的高级管理者。在部分经济发展良好的国家中，政府也扮演天使投资人的角色。

天使投资人对于他们所投资的企业来说，既是投资者又是顾问、指导者。天使投资人除了向新创企业提供资金支持以外，还帮助新创企业建立和改造商业模式，协助其物色和识别高级别的团队人才、消费者和供应商，帮助其制定、完善运营政策和流程，并在实施中进一步调整，在市场中检验他们的方案，帮助企业吸引额外的投资。同时，天使投资人也是最为苛刻的投资者,他们喜欢投资业务与自己的认知相近的企业,以便于后期的监管,便于自己在业务上进行指导。他们往往会投资新创企业,投资之前,他们会对新创企业进行详尽的审查,这也是天使投资在高风险的前提下争取获得高收益的商业投资行为的基本保障。

(二) 金融机构融资

金融机构融资一般包括商业银行贷款、非银行金融机构贷款、信贷和租赁。

1.商业银行贷款

商业银行贷款是指创业者从商业银行中获得创业资金。商业银行贷款对中小型新创企业的审查较严,要求相对较高,因为中小型新创企业的创业成功率不高,而银行需要保证资金的安全。银行贷款形式主要有抵押贷款、担保贷款、信用贷款三种。

抵押贷款:借款人以其所拥有的财产,作为获得银行贷款的抵押与担保,在抵押期间,借款人可以继续使用抵押的财产,若借款人不能按照约定及时还款,贷款方有权依法对抵押财物进行折价变卖、拍卖,以弥补自身损失。抵押贷款有动产抵押贷款和不动产抵押贷款两种。不动产抵押贷款是指创业者可以用土地、房屋等不动产作抵押,从银行获取贷款;动产抵押贷款是指创业者可以用股票、国债、企业债券等银行承认的有价证券,以及金银珠宝首饰等动产作抵押,从银行获取贷款。

担保贷款:借款方向银行提供符合法定条件的第三方担保人作为还款保证的借款方式。新的《公司法》规定:"全体股东的货币出资金额不能履约还款时,银行有权按照约定要求担保人履行或承担清偿贷款连带责任。"其中较适合创业者的担保贷款形式有两种:自然人担保贷款和专业公司担保贷款。自然人担保贷款是指自然人提供担保取得贷款的方式。自然人担保贷款可采取抵押、权利质押、抵押加保证三种方式。专业担保公司担保贷款是由担保公司提供担保取得贷款的方式。目前各地有许多由政府或民间组织的专业担保公司,可以为包括新创企业在内的中小企业提供融资担保,像北京中关村担保公司、首创担保公司等,其他省、市、区也有很多此类性质的担保机构为中小企业提供融资服务。这些担保机构大多属于公共服务性非营利组织。创业者可以通过申请,由这些机构担保向银行借款。

信用贷款:银行根据贷款人的信用状况发放贷款,适用于拥有较长经营历史和良好信誉的大中型企业。新创企业缺乏经营历史,缺乏信用积累,一般难以获得银行的信用贷款。

除此之外,可供创业者选择的银行贷款方式还有托管担保贷款、买方贷款、项目开发贷款、出口创汇贷款、票据贴现贷款等。银行贷款手续繁琐,效率不高,需要创业者提供相关的抵押、担保或保证,对于刚毕业的大学生来说条件有些苛刻,但只要创业者能够提供银行规定的资料,能提供合适的抵押标的物,得到商业银行的贷款也没有那么困难。而且近几年国内银行体系调整,国家对新创企业扶持力度加大,对于成长型的新创企业来说,向商业银行贷款成了一个重要的融资途径。

为了顺利获得商业银行的贷款，新创企业可以从以下几个方面着手准备：①创业者应正确认知银行与企业间的合作关系，端正心态，不卑不亢，互惠互利。②新创企业应注重规范企业财务管理，确保自身经济活动和财务收支的真实性和合法性，树立良好形象，加强信用意识，规范自身金融行为，积极主动与银行沟通，以获得银行有力支持。③多关注银行动态，掌握更多的融资信息，精通各大商业银行创新金融服务程序和条件，适时获取商业银行的融资贷款以争取更多的利益。

2.非银行金融机构贷款

非银行金融机构是指以发行股票和债券、接受信用委托、提供保险等形式募集资金，并将所筹资金运用于长期性投资的金融机构。根据法律规定，非银行金融机构，包括经银保监会批准设立的信托公司、企业集团财务公司、金融租赁公司、汽车金融公司、货币经纪公司、境外非银行金融机构驻华代表处、农村和城市信用合作社、典当行、保险公司、小额贷款公司等机构。创业者还可以从这些非银行金融机构取得借款，筹集生产经营所需资金。其中特别值得注意的是小额贷款公司，它是由自然人、企业法人与其他社会组织投资设立，不吸收公众存款，经营小额贷款业务的有限责任公司或股份有限公司，发放贷款坚持"小额、分散"的原则。小额贷款公司发放贷款时手续简单，有的可以直接在网上办理，当天申请基本当天就可放款，可以快速地解决新创企业的资金需求。

3.交易信贷和租赁

交易信贷指企业在正常的经营活动和商品交易中由于延期付款或预收货款所形成的企业间常见的信贷关系，通常也称为商业信用。企业在筹办期以及生产经营过程中均可以通过商业信用的方式筹集部分资金。如企业在购置设备或原材料、商品过程中，可以通过延期付款的方式，在一定时期内免费使用供应商提供的部分资源。创业者也可以通过融资租赁的方式筹集购置设备等长期性资产所急需的资金。融资租赁是指实质上转移与资产所有权有关的全部或绝大部分风险和报酬的租赁，资产的所有权最终可以转移，也可以不转移。融资租赁是集融资与融物、贸易与技术更新于一体的新型金融业务。由于其融资与融物相结合的特点，出现问题时租赁公司可以回收、处理租赁物，因而在办理融资时对企业资信和担保的要求不高，所以非常适合中小企业融资。此外，融资租赁属于表外融资，不体现在企业财务报表的负债项目中，不影响企业的资信状况，对需要多渠道融资的中小企业非常有利。企业在筹建期内，通过融资租赁的方式取得急需设备的使用权，解决部分资金需求，获得相当于租赁资产全部价值的债务信用。一方面可以使企业按期开业，顺利开始生产经营活动；另一方面又可以解决创业初期资金紧张的问题，节约创业初期的资金支出，将用于购买设备的资金用于主营业务的经营，提高企业现金流的创造能力；同时融资租赁分期付款的性质可以使企业保持较高的偿付能力。

（三）风险投资基金的融资

风险投资（venture capital）也常被翻译为创业投资，其起源可追溯到15世纪的英国、葡萄牙和西班牙等西欧国家创建远洋贸易企业时期，到19世纪的美国西部创业潮，风险投资一词开始在美国流行。世界上第一个成型的风险投资概念是由1973年美国创业投资协会给出的定义。所谓风险投资,是指由专业机构提供的投资于极具增长潜力的新创企业并参与其管理的权益资本。经济合作发展组织对风险投资的界定是:"凡是以高技术与知识为基础,生产经营技术密集的高技术或服务的投资,均可视为风险投资。"

尽管到目前为止,关于风险投资的概念学界尚无统一的观点。但考察风险投资的起源及其在国际上的演变过程,可以发现风险投资支持创业或再创业的本质内涵一直保持不变。风险投资的内涵主要表现在三个方面:以股权方式投资于具有高增长潜力的未上市企业,从而建立起适应创业内在需要的"共担风险、共享收益"的机制;积极参与所投资企业的创业过程,从而弥补所投资企业在创业管理经验上的不足,同时控制创业投资的风险;不经营具体的产品,而是以整个新创企业作为经营对象,通过支持创建企业并在适当时机转让所持股权,获得未来资本增值的收益。风险资本的投资对象是处于创业期的未上市的新兴中小型企业,尤其是新兴高科技企业。风险投资常采取渐进投资的方式,选择灵活的投资工具进行投资,但是风险投资对目标企业的考察较为严格。一般来说,其所接触的企业中,大约只有2%~4%能够最终获得融资。有人将风险投资的选择原则总结为创业投资的三大定律。第一定律:绝不选取含有超过两个以上风险因素的项目。创业投资项目拥有研究开发风险、产品风险、市场风险、管理风险、创业成长风险等,如果申请的项目具有两个或以上的风险因素,则风险投资一般不会予以考虑。第二定律:$V=P \times S \times E$。其中,V代表总的考核值,P代表产品或服务的市场大小,S代表产品或服务的独特性,E代表管理团队的素质。第三定律:投资V值最大的项目。在收益和风险相同的情况下,风险投资将首先选择那些总考核值最大的项目。

(四) 政府扶持基金的融资

创业者可以利用政府扶持政策,从政府方面获得融资支持。随着我国经济的发展,政府对创业的支持力度,无论从产业的覆盖面还是从政府对创业者的支持额度都有了很大提升,由政府提供的扶持基金也在逐步增加科技型中小企业技术创新基金。经国务院批准设立,用于支持科技型中小企业技术创新的政府专项基金,扶持和引导科技型中小企业的技术创新活动。根据中小企业和项目的不同特点,创新基金支持方式主要有:贷款贴息、无偿资助、资本金投入等。另外,科技部的"863计划"、火炬计划等项目,每年也会有一定数额的资金用于科技型中小企业的研发、技术创新和成果转化。

中小企业国际市场开拓资金,是由中央财政和地方财政共同安排的专门用于支持中小企业开拓国际市场的专项资金。财政部设有利用高新技术更新改造项目贴息基金、国家重点新产品补助基金,国家发展和改革委员会设有产业技术进步资金资助计划、节能产品贴息项目计划,工业和信息化部设有电子信息产业发展基金等。各省、区、市也为支持当地创业型经济的发展,纷纷出台了许多政策,支持创业。创业者应结合自身情况,利用好相关政策,获得更多的政府基金支持,降低融资成本。

（五）知识产权融资

知识产权融资也是创业者值得关注的融资渠道之一，在国内外已有许多成功案例，它一般分为以下四种模式。

1. 知识产权作价入股

2018年10月26日实施的《公司法》第二十七条规定："股东可以用货币出资，也可以用实物、知识产权、土地使用权等可以用货币估价并可以依法转让的非货币财产作价出资。"用知识产权入股，首先须对专利的价值进行评估，然后专利权人依据设立公司的合同和章程到专利局办理专利权转移被投资的公司的登记和公告手续，工商登记机关凭专利权转移手续确定以专利技术入股的股东完成股东投资义务的履行。

2. 知识产权质押贷款

知识产权质押贷款是商业银行积极探索出来的中小企业融资途径。我国交通银行最早开办知识产权质押贷款。可以用来向银行质押申请贷款的知识产权包括发明专利权、实用新型专利权和商标专用权三种。经过专业评估机构对贷款申请人的知识产权进行价值评估，从而帮助商业银行划定知识产权抵押贷款本金数额与利率。

3. 知识产权信托

凡具有货币价值的资产都可以作为信托财产，动产或不动产、物权和债权、股票和债券等，以及专利权、商标权、著作权等知识资产，都可以作为信托财产。在美国、欧洲、日本等国家与地区，知识产权信托已广泛用于电影拍摄、动画片制作等短期需要大量资金的行业的资金筹措。流动资金少的文化产业公司，在投入制作时，可与银行、信托公司签订信托构思阶段新作品著作权的合同，银行或信托公司向投资方介绍新作品的构思方案，并向投资方出售作品未来部分销售收益的"信托收益权"，制作公司等则以筹集到的资金再投入新作品的创作。

4. 知识产权资产证券化

知识产权资产证券化是发起人将能够产生可预见的稳定现金流的知识产权，通过一定的金融工具安排，对其中风险与收益要素进行分离与重组，进而转换为在金融市场上可以出售的流通证券的过程。知识产权资产证券化的参与主体包括发起人（原始权益人）、特设载体（SPV）、投资者、受托管理人、服务机构、信用评级机构、信用增强机构、流动性提供机构。近几年，美国、英国、日本等国家的知识产权资产证券化发展迅速。在美国，知识产权资产证券化的对象资产已经非常广泛，从电子游戏、音乐、电影、娱乐、演艺、主题公园等与文化产业关联的知识产权到时装设计的品牌、最新医药产品的专利、半导体芯片，甚至专利诉讼的胜诉金，几乎所有的知识产权都已经成为证券化的对象。在日本，对光学专利实行了资产证券化。

（六）互联网金融融资

当前互联网融资主要有P2P融资和众筹融资两种形式。

1.P2P 融资

P2P 融资是一种将非常小额度的资金聚集起来借给有资金需求人群的一种金融模式。它的社会价值主要体现在满足个人资金需求、发展个人信用体系和提高社会闲散资金利用率三个方面，由具有资质的第三方公司（网络信贷公司）作为中介平台，借助互联网技术提供信息发布和交易实现的网络平台，把借、贷双方在不见面的情况下对接起来，实现各自的借贷需求。它是随着互联网的发展和民间借贷的兴起而发展起来的一种新兴的金融模式，这也是将来金融服务行业的一种发展趋势。

2.众筹融资

众筹融资即大众筹资。是一种"预消费"模式，用"团购＋预购"的形式向公众募集项目资金。众筹利用互联网和社交网络传播的特性，让小企业家、艺术家或个人对公众演示他们的创意，争取大家的关注和支持，进而获得所需要的资金援助。相对于传统的融资方式，众筹更为开放，能否获得资金也不再是以项目的商业价值作为唯一标准。只要是公众喜欢的项

【拓展阅读】
创业投资人的典型提问

目，都可以通过众筹方式获得项目启动的第一笔资金，且一般首次筹资的规模都不会很大，为更多小本经营或创业的人提供了无限的可能。

三、创业融资方式

一般来说，新创企业可以使用的融资方式主要有股权融资与债权融资两类。

（一）股权融资

股权融资形成企业的股权资本，也称权益资本、自有资本，是企业依法取得持有、可自主调配运用的资金。广义上的股权融资包括内部股权融资和外部股权融资。外部股权融资的方式包括个人积蓄、亲友投入、合伙人资金和天使投资等，内部股权融资主要是企业的内部积累，新创企业在创建的启动阶段及较早发展阶段，内部积累格外重要。采用内部积累方式融资符合融资优序理论的要求，也是很多创业者的必然选择。内部积累的资金来源主要是企业在经营过程中赚取的利润。鉴于新创企业在资金实力、经营规模、信用保证、还款能力等方面的限制，新创企业往往会通过不分红或少分红的方式，将企业的经营利润尽可能通过未分配利润的形式留存下来，投入到再生产过程，为持续经营或扩大经营提供必要的资金支持。通过股权融资方式获得的资金成本较高，但获得的资金可以用于企业的营运，也可以用于企业的投资。股权资金在企业正常生产经营过程中，不用归还投资者，是一项企业可永久使用的资金，几乎没有风险。

（二）债权融资

债权融资形成企业的债务资本，也称借入资本，是企业依法取得并依约运用、按期偿还的资本。向亲友借款、向银行借款、向非银行类金融机构借款、交易信贷和租赁、

向其他企业借款等是常用的债权融资方式。通过债权融资所获得的资金，企业首先要承担资金的利息，另外在借款到期后要向债权人偿还资金的本金。债权融资的资金成本较低，合理使用还能带来杠杆收益，但债权融资的资金使用不合理可能给企业带来灭顶之灾，导致企业资金链断裂，从而使企业终止经营。

股权融资和债权融资优缺点比较见表4-6。

表4-6 股权融资和债权融资的比较

股权融资		债权融资	
优点	缺点	优点	缺点
提供大量的资金注入	通常仅可获得较大金额的资金，小额度的资金需求无法满足	可根据要求借贷不同的金额	永久性资本，保证企业最低的资金需要
无须支付利息	意味着卖掉公司的一部分	只要按期偿付利息和本金，不会影响对公司的所有权	收取利息——增加财务成本，影响获利能力
无偿付资金的义务	风险资本家期望他们的投资会有高回报（至少拉升25%）		一般要求有抵押品，而且银行会保守地看待企业资产的价值
	投资者可能会要求企业购买他们的股票		如果是向朋友和亲人借款，个人的人际关系会因公司的效益不佳而受到影响

课堂互动

融资实践

1.请创业团队拟定好准备创业的项目，列出项目名称及项目概况，并计算项目需要的启动资金，写在大白纸上，并派出1~2名代表上台做项目演讲（限时3分钟），其他团队可提问（限时2分钟）。

2.由其他团队选派代表来担任投资方，进行投资方角色扮演，角色可以随机抽取或自主申请，将自己的投资角色写在小卡片上。

3.请创业团队选取自己的投资方。

4.请其他团队点评该创业团队的融资方式是否合理。

5.教师总结。

角色示例（可供各投资方参考）。

①交通银行：贷款利率8%，需要房产抵押，房产价值可能会被低估10%~30%，审核周期1周，最长可贷1年，逾期不还，罚息50%。

②农业银行：面向大学生小额创业贷款利率8%，政府贴息50%，总额不超过50万，需要学校证明/SYB培训证书/创业计划书/营业执照等，且自有资金约占创业总资金的50%，审核周期30天，最长可贷3年，用专利权作抵押的

可以获得贷款,而没有专利的婉言拒绝,逾期罚息50%。

③大学生创业帮帮帮(网贷平台):低门槛,信用贷,到账不超过1天。

④推销信用卡的小西:信用卡40天免息。

⑤父母:爸爸,建筑工人,有积蓄20万元,房贷每月2000元,还有10年还贷期,爸爸工资收入每月6000元,但不稳定,时有时无,最近身体不太好,查出有高血压。

妈妈,超市收银员,有腰椎间盘突出病,月收入2000元。外公已去世,外婆没收入,舅舅没本事,离婚了,就在家干农活,还有两个孩子在读书。

⑥亲戚:

叔叔,公务员,当个小科长,积蓄有100万元,是由爸爸出钱资助他上大学,毕业后主要由他来赡养爷爷奶奶,自己读书也帮了很大的忙,婶婶还算贤惠,但一直对叔叔这么顾家暗暗不满。

⑦同学小A:富二代,每年压岁钱就有十几万元,人好玩点,但还大方,也比较有想法,但平时交往不多。

⑧风险投资集团:资金充足,审核严格,想尽可能多地控股。

⑨普通同学朋友:工作2年,手头有2000元储蓄。

四、创业融资决策

创业者在融资时应对各种融资渠道和融资方式的优缺点进行比较,结合新创企业发展的各个不同阶段特征,选择恰当的融资渠道和方式,为新创企业找到足够的资金支持。

(一)结合新创企业发展的各个不同阶段,选择恰当的融资渠道

1.种子期融资选择

创业者在种子期需要投入巨额资金研发新产品、购买新设备,企业在无销售收入和盈利的情况下,风险承担能力小,商业银行往往拒绝向其放贷,创业者自有资金、亲友支持资金、政府项目贷款是融资的主要来源。此外天使投资者也可能对高成长的企业注入资金。新创企业需要在种子期做好创业计划书、争取投资者青睐的融资准备。

2.启动期融资选择

创业者在启动期随着市场开拓产品生产量不断加大,资金需求量急剧上升,担保机构、风险投资机构往往是其资金来源的主渠道。

3.成长期融资选择

成长期企业的销售业绩激增,为了扩大生产,实现规模效益,企业需要大量外部资本进入,此时可利用现有的商誉和资产抵押,吸引股权融资,也可选择银行贷款等。

4.扩展期融资选择

扩展期企业迅速扩张,风险随着业绩、口碑的形成逐渐降低,进入企业稳步发展阶

段，此时专门为新创企业融资服务的创业板市场也愿意提供支持，此时可根据各企业呈现的状况，选择在公众市场上筹集发展所需资金。

（二）根据股权融资与债权融资的特点，选择恰当的融资方式

不同企业因为自身发展特点，在不同时期需要融资的方式不尽相同。更多的创业者在创业早期偏好股权融资来刺激企业增长，当企业价值提升，转而寻求债权融资。通常投资早期阶段，负债比出让股权更便宜，然而投资者愿意选择高风险高回报。所以，股权融资是创业启动阶段最好的选择，尤其是在产品研发阶段。债权融资让企业家背负偿还本金和利息的重担，而股权融资迫使企业家放弃部分所有权和控制权，大多数情况，债权融资和股权融资二者相结合是企业融资发展的不二选择。

总的来说，新创企业在融资过程中最好实施融资多元化，合理、有效的融资组合能够分散、转移风险，同时降低企业融资成本和债务负担。创业者若能准确把握国家的宏观经济政策，及时分析国家和地方货币财政政策，了解国内外汇率、利率等金融市场信息，再加上创业者的特有品质，一定能作出有利于企业发展的融资决策。

课后实践

医学美容专业毕业的刘美丽同学在医学美容这个行业里已经从业10年了，如今准备在某高档小区开一家医学美容会所，经测算需要的资金约35万元，自己手中有现金20万元，无贷款房产一套，缺口资金只能靠融资解决。请同学们运用所学知识，为刘美丽同学设计融资方案，使其创业风险小、付出少、到账快。

创业思政小故事

文威：经历风雨才能见到彩虹

文威，湖南中医药高等专科学校2005届中西医结合专业毕业生。

2005年毕业后，由于所学专业对口就业困难，于是文威先后在株洲一家大型医药企业和诊所上班，几年下来，有了一些积蓄。一个偶然的机会，她得知自己上班的诊所要转手，于是咬咬牙盘下了。诊所病人很多，收入比较可观，不到一年就回本了。可好景不长，由于道路改造，该诊所被拆了。文威怀揣着这些年的20多万元积蓄，开始重新找门路，发现重新注册一个诊所非常困难，正在左右为难时，原来在连锁药企上班的同事给她打来电话，问她有没有兴趣开一家药房，无须自己跑手续，只要出少量的加盟费。听到这个消息的她，想都没想说："我干"。于是她开始紧锣密鼓地筹备自己的新药房，各项进展比较顺利，很快药房就开张了，由于药房位于新建小区，入住人口较少且新药房刷卡买药的设备办下来需要一段时间，药房的营业状况非常糟糕，每天入不敷

出。没多久，文威的积蓄全部耗完了，房租和员工工资都无法保证，到了闭店的边沿，还好此时爸爸妈妈同意出手相救，临时借给她10万元，扛过了最艰难的几个月。随着小区人口增加和医保刷卡设备的安装，药房的业绩开始稳步上升，经过几年的发展，如今文威在株洲市内拥有2家药房，且经营状况良好。

杨总教你创业

用事业感召新创企业人力资源

一、创业者不要为了钱找股东

大学生创业，本金不够是常态，所以很多时候想筹钱，有的还加上哥们义气，找了一堆的股东或者合伙人，殊不知，这给创业项目和创业公司埋下了一堆的"雷"。大学生的不确定性是很大的，未来的路也是千千万万条，有的要上班、有的要升本、考研，有的要回家，有的家里给他安排了工作，等等。所以，很多项目就因为合伙人的变故"黄了"。还有，大学生很多方面都不太成熟，缺少社会经验，缺少对一些事物的理性认知，存在创业所需的很多认知盲区，所以，未来合作路上不确定性也很大，人越多，创业项目"黄"的概率也越大。作为创业团队，我前面谈到了互补的重要性，比方说有人懂技术、有人懂经营管理、有人擅长市场营销，这就是好的"资源"整合。千万不要因为钱找股东，要更加看重钱背后的资源。

还有，有的创业公司部分股东只出钱，部分股东出人出力经营，如果不懂得股权的规划，公司赚钱了，出人出力的觉得很不公平，很容易产生"思想"，最后，公司办不下去，这样的故事比比皆是。

二、创业者必须具备利他思想，通过成就他人来成就自己

和大学生创业一样，所有创业都面临资源整合的问题。很多人整合资源的理念是"为我所用"，"为我所用"本身没有错，但还要加上一句"创业就是要通过成就他人来成就自己"。这句话不光要放在市场、顾客层面，也要放在员工和股东合伙人层面，整合资源需要具备这样的理念和胸怀。这两者之间的区别是告诫创业者，要远离零和博弈，要有拥抱合作共赢的理念，这个是非常非常重要的。

三、有效社交，建立自己的信息通道和资源库

一个新创企业，需要各种各样的资源，作为创业者需要进行有效的评估，还要有"非常"的手段获取这些资源。这里讲的"非常"不是要用非法的手段，而是要有高超的、非常规的手段、方法。

怎么获取这些资源呢？首先，我们要建立自己的信息通道。比方说，你想开办中医馆，你需要大量的优质医生资源，从哪里获取这些信息呢？你可以通过中医学会了解和接触到这些人，你参加了中医学会就建立了自己的信息通道。接下来,哪些医生是你想要的"资源"呢?你需要建立一个资源库,有了这个资源库,你的社交就变得有的放矢,更加有效。

四、神农中医馆,用事业感召医生

创办神农中医馆,我们需要整合大量的优秀医生资源,但这些优秀的医生在每个地方都是不可多得的,是大家抢夺的"香饽饽",大家都想请,怎么才能请得来呢?

(一)请曹教授去云南

2011年我们有了创办中医馆的想法,我们的团队进行了分工,我专门负责名医的聘请。我找到了我们医馆的创业贵人曹可仁教授。曹教授是我的老师,毕业于湖南中医药大学,湖南很多有名的老中医都是他的同学,他还是湖南省中医学会内科专业委员会的副主委,中医人脉相当广,而且,株洲县中医院就是他一手创办的,有丰富的经验。我们把想办中医馆的想法和老师沟通了以后,老师表示口头的支持,但谈到中医馆定位的时候,老师一时还是比较疑惑的,"中医馆"是个什么样的业态,当时大家都不清楚,所以我们团队请曹教授去昆明圣爱中医馆进行调查,我们告诉老师,我们就想办一家"这样的中医馆"。

(二)拜访100多位省内名老中医

曹教授到了圣爱中医馆后,看到了医馆发展兴旺,门庭若市,连连称赞中医的这种业态创新,当即答应帮我们一起筹备神农中医馆。回到湖南,我就和他一起开始拜访他的那些老同学,他们的同学分布湖南各个地方,有好多是地市级中医院的院长、卫生局领导,在他们的介绍下,我们又拜访了各个地方的很多名老中医。一年半时间,我们一共拜访了100多位名老中医。

(三)用事业感召医生资源

当时,曹教授他们这批同学大都70岁高龄了,而且很多人都还被医院返聘为专家,需要门诊坐班,要把他们请来,谈何容易。我们一次一次地拜访,他们总是不点头,对这种业态也将信将疑,总是叮嘱我们,这么大的投资,要慎重。我们没有灰心,屡次拜访,一个个说服,记得曹教授总说的一句话:"我们都70岁了,这帮年轻人有想法,我们帮他们一把……"随着我们医馆装修展开,我们一次一次请他们来给我们"把关",后来我们饮片生产出来了(为了办医馆,我们特意配套兴办了一个饮片厂),又请他们来"把关",说是把关,其实更多是想感召他们。精诚所至金石为开,2013年医馆开业,有13位老中医来我们医馆坐诊了。

模块五

创业计划撰写与展示

模块导学

凡事预则立，不预则废，创业更是如此。多少人想自主创业，却因缺少计划或计划不周，导致创业方向不明或中途资金断流而使项目戛然而止。通过本模块的学习理解我们为什么要写创业计划书，明确自己的创业方向，理清创业思路，系统掌握制订创业计划所需要的基本知识，能用企业家的思维方式系统地思考问题。

【学习目标】

通过对本模块的学习，了解信息搜集与市场调查的基本方法，了解创业计划书的概念和功能，掌握创业计划书的基本结构；掌握创业计划书的撰写和展示技巧，能意识到创业计划对大学生创业的重要意义，能撰写和展示创业计划书，提升创新创业能力。

【案例导入】

创业计划书——助推企业走上发展"高速路"

获得中国青年五四奖章的王锐旭，已是广州九尾信息科技有限公司董事长。讲起10年前那段摆地摊、当保安的校园创业经历，他仍旧难掩兴奋。他说："奋斗是青春最亮丽的底色，也是我创业之路的真实写照，以后也必将成为我开展工作的重要指引之一。"

王锐旭出生于潮汕地区的一个贫困家庭，从小他就有潮汕人骨子里敢闯敢拼的品质。考上了广州中医药大学之后，因为不满于以后要在"996"的工作模式下跑医院、推销医药产品这种一眼望到头的生活，王锐旭坚定了通过创业来改变自己命运的梦想。

很快，刚上大一的王锐旭就开始了他首次微创业的经历。那时候多肉植物刚成为热门的室内盆栽，王锐旭就和室友在广州大学城的一个村子找了个路口摆摊卖起了盆栽。王锐旭天生有对市场的敏锐洞察力和嗅觉，这一点在创业的经历中对他助益颇多。在摆摊的过程中，他宣传"多肉盆栽具有减压、防辐射的功能"，并奉行薄利多销的营销策略。这样的手段对获得用户效果十分显著，他们的多肉摊子经常人满为患，每天能净赚1000多元。

摆摊的经历大大激励了王锐旭的创业想法。大二时，王锐旭又和几个同学成立了一个校园业务推广团队——魔灯传媒，为企业入驻校园、进行校园推广提供渠道支持。凭借着胆子大、头脑灵活，王锐旭通过成功承接中国移动校园推广项目收获了人生创业的第一桶金。

摆摊和校园推广的经历为王锐旭的下一次创业方向提供了灵感。在做校园推广过程中，王锐旭发现不少大学生有兼职的需要，却苦于没有合适安全的兼职渠道。此时，刚好移动互联网迎来了发展的热潮期，王锐旭就萌生了自己搭建一个兼职平台的想法。于是，利用校园推广积累下来的资金和人脉，王锐旭组建了九尾科技公司，并开始了他第一款兼职产品的研发。涉足与自己专业毫不相关的互联网行业，王锐旭面临着诸多考验，其中最关键的一个考验是资金的压力。

在成立九尾科技不久，创业初期大量的资金投入很快就让整个团队"坐吃山空"了，因为发不出工资，王锐旭只好带着团队成员重新摆摊，并将得到的钱继续投入产品的研发。

除了资金问题之外，团队还面临着没有办公场地的尴尬。刚开始，团队只能赖在学校食堂里面创业，和管理人员"斗智斗勇"。慢慢地，业务更加精炼之后，王锐旭跟学校餐厅老板租了一个9平方米的小办公室，团队平时就窝在一个大圆桌上办公。

2014年，国家开始鼓励"大众创业、万众创新"，在这一背景下，挑战杯等一系列大学生创业比赛开始举行，为创业的大学生以及项目提供了很好的展示与曝光的机会。当时，兼职猫App开始了稳定运营，在大学生市场拥有了很好的基础和口碑，于是王锐旭信心满满地参加了比赛。

参赛项目需要提供产品计划书，需要参赛者对产品市场和整个未来的规划有清晰的策略和思路，然而王锐旭在这一方面却没有太多经验，当他把项目计划书交给指导老师的时候，老师立即指出了计划书存在的缺点——市场调研部分做得不够全面和详细，导致整个计划书存在基础性、先天性的缺陷。

创业期间那么多的困难和挫折都经历了，怎么能被小小的计划书打倒？王锐旭继续发挥他"死磕"的精神，为了把商业计划书做好，他一遍遍地在广州各个校园来回跑，找大学生们进行调研，为了更透彻地了解大学生兼职群体的想法，他还回访了很多在兼职猫平台上面找兼职的学生，了解他们对平台的态度和意见。在获取了大量的一手调研资料后，他还请好几位老师进行修改指导，前前后后修改了几十次才把商业计划书交上去。

终于，皇天不负有心人。2014年4月，兼职猫被宣布获得"挑战杯·创青春"大学生创业大赛的金奖。同年9月，王锐旭又带领着兼职猫参加了"第三届中国移动互联网博览会暨创业大赛"，与当时来自中国、美国的200支移动互联网创业团队一起竞赛，在这场比赛中，兼职猫一举拿下第一名。

在各大比赛上的亮相让兼职猫获得了不少投资机构的关注，在两场大赛获得大胜的同年，兼职猫也获得了第一笔百万元天使投资，平台用户也超过了100万，从一个小平台跨越成为在兼职平台领域具有一定影响力的App。

2015年初，王锐旭刚毕业半年，他的公司就已经拿下第二轮天使投资和千万级的A轮融资，公司估值过亿元。此后，王锐旭带领他的兼职猫一路开疆辟土，业务板块不断扩大。2018年，兼职猫获得1.6亿元的C轮融资，成了国内最大的兼职招聘平台。

讨论：

1. 结合案例，请谈谈创业计划书的作用。
2. 如果你有一个好的创意，如何设计创业计划书，让创意变成收益？

任务一　信息搜集与市场调查

一、创业计划中的信息搜集

在正式撰写创业计划之前，应根据企业的未来目标收集相关的信息。创业者应运用科学方法有目的地搜集各种与创业有关的环境信息，为正确制定创业决策提供依据。制定创业计划前需要收集的创业环境信息包括创业宏观环境信息和创业微观环境信息。

（一）创业宏观环境信息

任何创业活动都是在一定的宏观环境下进行的，宏观环境又叫总体环境，指那些给企业带来市场影响或者环境威胁的主要社会力量，包括政治、经济、社会、技术、自然和法律等因素。宏观环境的各种变化，可能会给企业带来两种性质不同的影响：一方面可为企业的生存和发展提供新的机会；另一方面可能会对企业生存造成威胁。这样，企业要谋求生存和发展，就必须认识和研究外部环境，包括人口环境、经济环境、政治法律环境、社会文化环境、自然环境、科技环境等。

（二）创业微观环境信息

创业微观环境是指对新创企业构成直接影响的各种力量，是指创业项目在创业区域所面对的具体条件。如投资项目产品所需的能源、水源、基础设施、原材料、劳动力等生产要素以及产品销售市场，如出口经营权和经营自主权等。

【拓展阅读】
大学生村官陈平的创业路

二、市场调查

（一）市场调查的内容

市场调查，是指运用科学的方法，有目的系统地搜集、记录、整理有关市场营销的信息和资料，分析市场情况，了解市场现状以及其发展趋势，为市场预测和营销决策提供客观的、准确的资料。内容包括市场环境调查、市场状况调查、销售可能性调查，还需要对消费者及消费需求、企业产品、产品价格、影响销售的社会和自然因素、销售渠道等开展调查。

常见的市场调查包括市场环境调查、市场需求调查、消费者行为调查、竞争对手调查和经营策略调查等。

1.市场环境调查

市场环境调查指对影响新创企业生产经营活动的外部因素进行的调查，它可从宏观上调查和把握新创企业运营的外部影响因素及产品的销售条件等。对企业而言，市场环境调查的内容基本上属于不可控制的因素，它们对所有企业的生产和经营都产生巨大的影响。市场调查主要包括企业政治环境、企业法律环境、企业经济环境、企业技术环境、企业社会文化环境、企业自然地理环境、企业竞争环境等。

2.市场需求调查

市场需求是指在一定时间内和一定价格条件下，消费者对某种商品或者服务愿意而且能够购买的数量。必须注意，市场需求与通常的需求是不同的。市场需求的构成要素有两个：一个是消费者愿意购买，即有购买的欲望；另一个是消费者能够购买，即有支付能力，两者缺一不可。市场需求调查主要包含以下内容。

（1）消费者偏好。在市场上，即使收入相同的消费者，由于每个人的性格和爱好不同，人们对商品与服务的需求也不同。消费者的偏好支配着他在价值相同或者相近的商品之间的消费选择。但是，人们的消费偏好不是固定不变的，而是在一系列因素的作用下慢慢变化的。

（2）消费者的个人收入。消费者收入一般是指一个社会的人均收入。收入的增减是影响需求的重要因素。一般来说，消费者收入增加，将引起需求增加，反之亦然。但是，对某些商品来说，需求是随着收入的增加而下降的。随着经济的迅速增长，消费者的收入水平将不断提高，在供给不变或者供给增长率低于收入增长率的情况下，一方面将使市场价格徐徐上升，另一方面也将引起商品需求量的增加。

（3）产品价格。这是指某种产品的自身价格，价格是影响需求的最重要因素。一般来说，价格和需求呈反方向变化。

（4）替代品的价格。所谓替代品，是指使用价值相近、可以相互替代来满足人们同一需求的商品，如煤气和电力，石油和煤炭，公共交通和私人汽车等。一般来说，在相互替代商品之间，某一种商品价格提高，消费者就会把需求转向可以替代的商品上，从而使替代品的需求增加，被替代品的需求减少，反之亦然。

（5）互补品的价格。所谓互补品，是指使用价值上必须相互补充才能满足人们的某种需求的商品，如家用电器和电，汽车和汽油等。在互补商品之间，其中一种商品价格上升需求量降低，会引起另一种商品的需求量随之降低。

（6）消费者预期。是指人们对于某一经济活动未来的预测和判断。如果消费者预期价格要上涨，就会刺激人们提前购买，如果预期价格将下跌，许多消费者就会推迟购买。

3.消费者行为调查

消费者行为是指消费者为获取、使用、处置消费物品或者服务所采取的各种行动，包括先于且决定这些行动的决策过程，消费者行为是与产品或服务的交换密切联系在一起的。在现代市场经济条件下，企业研究消费者行为是着眼于与消费者建立和发展长期的交换关系。为此，不仅需要了解消费者是如何获取产品与服务的，而且也需要了解消费者是如何消费产品，以及产品在用完之后是如何被处置的。因为消费者的消费体验、消费者处置旧产品的方式和感受均会影响消费者的下一轮购买，也就是说，会对企业和消费者之间的长期交换关系产生直接作用。传统上，对消费者行为的研究，重点一直放在产品、服务的获取上，关于产品的消费和处置方面的研究相对被忽视。随着对消费者行为研究的深化，人们越来越深刻地意识到，消费者行为是一个整体性过程。因此，研究消费者行为，既应调查了解消费者在获取产品、服务之间的评价与选择活动，也应重视在产品获取后对产品的使用、处置等活动。只有这样，对消费者行为的理解才会趋于完整。影响消费者行为的环境因素主要有文化、社会阶层、社会群体、家庭等。

消费者行为可以看成由两个部分构成。一是消费者的购买决策过程。购买决策是消费者在使用和处置所购买的产品和服务之前的心理活动和行为倾向，属于消费态度的形成过程。二是消费者的消费行动。消费者的消费行动是指购买后对获得的产品和服务的消费实践过程。在现实生活中，消费者行为的这两个部分相互渗透、相互影响，共同构成了消费者行为的完整过程。

4.竞争对手调查

竞争对手调查是一项关于竞争环境、竞争对手和竞争策略的调查研究，是通过一切可获得的信息来查清竞争对手状况的调查，包括产品及价格策略、渠道策略、营销（销售）策略、竞争策略、研发策略、财务状况及人力资源等，发现竞争对手的竞争弱势，帮助企业制定恰如其分的进攻战略，扩大自己的市场份额。同时，发现竞争对手的优势，以制定回避策略，以免发生对企业的损害事件。了解竞争对手的优势和劣势，能够促进创业的成功。

根据竞争对手市场调查与分析的结果，选定某一产品或者某一企业作为自己的竞争对手，并制定出自己的竞争策略，通常这些策略包括以下几点。

（1）攻击策略。由于竞争对手与自己实力相当或者弱于自己，打击竞争对手会扩大自己的市场份额，同时在各方面做好直接竞争的准备，从而可以对竞争对手发起必要的攻击。

（2）回避策略。如果竞争对手很强大，而自己目前还没有足够的实力直接面对对手，此时若正面竞争，会对自己造成不利的影响，在这种情况下通常需要选择回避策略。

（3）跟随策略。由于竞争对手与自己实力相当或者强于自己，如果直接出击没有胜算把握，这时可以选择跟随策略，在产品、技术和市场三个环节紧跟竞争对手，为进一步实施攻击和超越竞争对手做准备。

5.经营策略调查

经营策略调查主要包括产品的价格调查、销售渠道调查，广告、商标及外包装存在的问题及跟进情况调查等。

销售策略的制定要重点解决三个问题。一是产品卖点的提炼。产品卖点的提炼一定要和产品的品质和特点相联系，否则就是无源之水。产品卖点一定是产品最本质的东西，越是本质的东西应该越简单，越容易让消费者记住。二是销售通路利润和促销的合理设定。新品的通路利润至少是畅销品利润的两倍时，通路客户才有推广新产品的积极性。

针对不同区域，通路利润要求是不一样的。三是铺货期终端促销设定问题。铺货期的终端促销是解决消费者首次"买不买"新产品的问题，不同的渠道终端促销的方式不同。对于常规渠道整箱购买的消费者，箱内投奖品卡或者实物效果较好。对于特通渠道，采取"高价高促"直接返现金较好。

（二）市场调查的步骤

市场调查工作必须有计划、有步骤地进行，以防止调查的盲目性。一般来说，市场调查可分为确定目标、正式调研、数据处理及分析、撰写调研报告四个阶段。

1. 确定目标

市场调查目标是由界定的市场调查问题而决定的，是为了解决研究的问题而明确调查最终要达到的目的。通常一个具体的市场调查就是根据目标而展开的，一个市场研究项目，目标可能是一个，也可能是多个。

2. 正式调研

正式调研阶段主要有以下工作。第一，设计市场调查方案。市场调查方案的设计实际上是研究方法的选择。市场调查项目的差异化十分显著，不同企业面临的市场问题是不同的，研究者一般根据调查项目的目标，在探索研究、描述型研究及因果关系研究三种研究方法中选择适合的研究方法。第二，辨别所需信息的类型及可能来源。市场调查的信息从根本上来说分为两类，即原始数据及二手数据。原始数据是现场调查后得到的第一手数据；而二手数据则是指已存在的数据库等数据，利用二手数据的调查往往通过文献研究就可以实现研究目的。第三，确定信息获得方法。一旦市场研究的数据类型确定之后，就需要明确数据获得的方法。如果市场研究所需的数据是二手数据，则只需要利用现有的数据资源；如果市场研究所需的数据是原始数据，则必须通过市场调查的现场实施，收集所需信息。原始数据收集的方法主要有入户访问、拦截访问、电话调查、邮寄调查表等定量方法，以及小组座谈会、深度访谈等定性方法，一般两者结合使用。第四，设计数据及信息获得工具，如问卷、访问提纲等。一般收集数据的工具有两种，一种是结构式问卷，即问卷的格式是确定的，所有问题都有具体的选项，回答者只需选出适合自己的选项即可；另一种是非结构式问卷，问题是开放式的，被访问者根据自己的实际情况给出相应的回答。问卷或访问提纲是市场调查获得信息的重要工具。如果市场调查已明确研究目标及调查方法，但缺少一个好的问卷或访问提纲，会导致研究绩效的下降或失去调查意义。第五，设计抽样方案及确定样本量。设计抽样方案及确定样本量一般是针对定量研究来说的。一项定量研究的抽样设计必须把握三个问题：一是要根据研究的问题确定研究总体；二是规划怎样在样本框中抽出需要的样本；三是要明确研究需要的样本量，即这次调研中需要调查多少调查对象。第六，现场实施，即收集数据信息。现场实施是数据收集过程，大部分现场实施访问是由经过培训的访问员进行，有时研究者也会进行一些难度较大、研究问题较深的访问。在访问过程中，由于访问员、研究者或受访对象的原因，经常出现非抽样误差，造成调查结果的准确性降低。任何调查都无法避免非抽样误差，需要在现场实施过程中采取有效方式尽可能控制，从而提高调查结果的可信度。

3.数据处理及分析

现场实施调查所获得的数据为初始数据，也称"生"数据，需要进行计算机处理。首先，需要将问卷"生"数据录入到计算机；其次，进行逻辑检查获得"干净"的数据库；最后，通过数据分析软件对数据进行分析。

4.撰写调研报告

市场调查的最后一个步骤是在数据分析的基础上，形成调研报告。调研报告是调查结果的最主要呈现形式，因而一个好的调研报告既要充分解决在调查初期提出的需要解决的问题，还应适时加入市场研究人员的专业判断。调研报告完成后，报告结果的口头陈述是市场调研项目结果展示的另外一种形式，这种形式需要在报告的基础上进行内容提炼，并可以用图片辅助展示结果。

调研报告的正文包括前言、主体和结尾三部分。调研报告的前言简要地叙述为什么对这个问题（工作、事件、人物）进行调查；调查的时间、地点、对象、范围、经过及采用的方法；调查对象的基本情况、历史背景以及调查后的结论等。这些方面的侧重点选择由写作者根据调研目的来确定，不必面面俱到。研究报告开头一般要求紧扣主旨问题，为主题部分做展开准备。文字要简炼，概括性要强。主体是调研报告的主干和核心，是引语的延伸，是结论的依据。这部分主要写明调查的方法、数据处理过程和初步结果，即介绍调查的主要内容是什么，为什么会是这样的。主体部分要包括大量的材料，如人物、事件、问题、具体做法、困难障碍等，内容较多。所以要精心安排调研报告的层次、结构，有步骤、有次序地表现主题。调研报告中关于现场实施调查的叙述和议论主要都在这部分里，是充分表现主题的重要部分。结尾是调研报告分析问题、得出结论、解决问题的必然结果。不同的调研报告，结尾写法各不相同，一般来说，调研报告的结尾有以下五种：对调研报告归纳说明，总结主要观点，深化主题，以提高人们的认识；对事物发展做出展望，提出努力的方向，启发人们进一步去探索；提出建议，供领导参考；写出尚存在的问题或不足，说明有待今后研究解决；补充交代正文没有涉及而又值得重视的情况或问题。调研报告结尾要简洁有力，有话则长、无话则短，没有必要也可以不写。

（三）市场调查方法

市场调查方法主要有询问法、观察法和抽样法等。

1.询问法

询问法是市场调查常用的和基本的一种方法，指调查人员准备好调查表或提纲，向被调查者了解情况，获取信息。主要包括人员访问、电话调查、问卷调查和小组座谈四种常用的方法。

（1）人员访问，是通过调查者与被调查者面对面交谈以获取市场信息的一种调查方法。询问时可按事先拟定的提纲顺序进行，也可以采取自由交谈方式。按活动空间，可分为街头访问和入户调查两种情况。按访问方式，可分为既定提纲询问和自由交谈。在影响获得数据的要素中，访问人员是第一要素。因此，要做好人员访问调查必须加强访问人员的培训，通过培训来提供有关调查工作的指导。培训包括特定调查的介绍、调查目的、访问时间、调查流程、调查对象的选择、初次接触和获取合作的特定程序等。

（2）电话调查，是指市场调查相关工作人员通过电话向被调查者进行问询，了解市场情况的一种调查方法。由于调查双方彼此不直接接触，而是借助于电话这一中介工具进行，因而是一种间接的调查方法。电话调查分为传统电话调查和计算机辅助电话调查。

电话调查的优点是取得市场信息资料的速度最快；节省调查时间和经费；覆盖面广，可以对任何有电话的地区、单位和个人进行调查；被调查者不受调查者在场的心理压力影响，因而能畅所欲言，回答率高；对于那些不易见到面的被调查者，如某些名人，采用此方法有可能取得成功；采取计算机辅助电话系统，更有利于访问质量的监控；访问人员的管理更为系统规范，可达到管理集中、反馈及时之效。缺点是由于电话调查的项目过于简单明确，而且受到通话时间的限制，调查内容的深度远不及其他调查方法；电话调查的结果只能推论到有电话的对象这一总体，因而存在先天总体不完整的缺陷，不利于资料收集的全面性和完整性；没有办法提供直观的调查内容；电话调查是通过电话进行的，调查者不在现场，因而很难判断所获信息的准确性和有效性等。

（3）问卷调查，是用书面形式间接搜集研究资料的一种调查方法。通过向调查者发出简明扼要的征询单（表），请调查者填写对有关问题的意见和建议，来间接获得材料和信息。调查问卷包括传真问卷、信函问卷、网络问卷、报告问卷和实地问卷等五种常见样式。

一份好的调查问卷需要经过精心设计，每个问题一定都有其所能体现的方向，因此设计问卷有一定的方法和注意事项。第一，问卷中应该包含调查者想做的调查的各个方面，要针对具体情况，全面而不遗漏重点问题。对于受访者的区分如年龄、所在地区、所属行业等应该划分明确，这也是为了方便日后统计数据的需要。第二，问卷设计涉及的题目不宜过多，进行问卷调查要求人群密集、地点分散，应考虑被访人的时间花费和被访问时的心情，不能耽误被访问人太多的时间，牵扯太多精力，因此问题设置多以选择题式为主，需要表达主观想法的只设置一道或者不设置，以节省时间。第三，调查问卷设计问题应该简单明确，不宜太过晦涩难懂，让人读后云里雾里，不知所云；答案选项应该具体，题目之间、选项之间不能包含或重复，或者模棱两可、似是而非。第四，调查问卷不宜涉及个人隐私和敏感问题，一些词汇的运用不能让被访问者感到难堪，同时也应该考虑到地域文化和风俗习惯，保持对被访问者的尊重。第五，问卷的版面设计，文字的字体、大小、颜色、间距等应该符合大部分人的审美和阅读习惯，不能有太过强烈的视觉刺激，让被访问者有不适感。

（4）小组座谈，又称焦点访谈法，是采用小组座谈会的形式，挑选一组具有代表性的消费者或者客户，由主持人就某个专题对到会人员进行询问，从而获得对有关问题的深入了解的一种调查方法。小组座谈法是资料收集中一种比较独特的方法，它远不止是一问一答式的面谈，而是在主持人的引导下，进行深入的讨论，是一种主持人与被调查者之间、被调查者与被调查者之间互动的过程。通过这一深入讨论的过程，调查人员可以从中获得很多有用的信息。目前这种方法十分流行，被广泛采用。

小组座谈法是一种特殊的访问法，相比较而言，它所收集的信息不是一个个体的资料，而是一个群体的资料。要想取得预期效果，不仅要求主持人要做好座谈会的各种准备工作，熟练掌握主持技巧，还要求有驾驭会议的能力。

2. 观察法

观察法是研究者有目的、有计划地在自然条件下，通过感官或借助于一定的科学仪器，对社会生活中人们行为的各种资料的搜集过程。通过资料的收集、整理和分析，得出结论，从中发现机会。常见的观察法有核对清单法、级别量表法和记叙性描述。观察一般利用眼睛、耳朵等感觉器官去感知观察对象。由于人的感觉器官具有一定的局限性，观察者往往要借助各种现代化的仪器和手段，如照相机、录音机、显微录像机等来辅助观察。

观察法的注意事项包括以下三点。一是观察要有序、全面。观察时要有序，可按时间或空间的先后次序观察。按时间顺序观察，多适用于动态观察，如观察日出、动植物生长过程等，就是按事物发展变化的时间先后进行观察；按空间顺序观察，多适用于静态观察，如观察校园中的植物分布等，可由近及远、从上到下、从左到右去观察。观察时要全面，即从不同角度、不同顺序、不同方法去观察，获得不同的信息和感受，从而可以把握观察对象的整体和实质。二是观察要有"观"和"察"，有效的、真正的观察是观察与思考相结合的。因为观察，是由"观"和"察"两个程序组成的，二者缺一不可。观察者要有洞察事物的理智之光，既要以科学的眼光去看，又要以科学的道理去想，还要有独特的求异心，时刻保持观察的好奇心，才能观出名堂，察出奥秘。观察与思考的结合，还有利于建立不同事物之间的有机联系，能看到常人难以看到的事物间的联系和规律，然后有所发现，有所创造。三是观察要精细。在观察过程中，要特别留意那些稍纵即逝的现象，偶然出现的现象，也要关注自然现象细微的差别，不可轻易放过任何一个微小的发现，小小的发现有时会带来意想不到的商机。

3. 抽样法

抽样法是从研究对象的全部单位中抽取一部分单位进行考察和分析，并用这部分单位的数量特征去推断总体的数量特征的一种调查方法，包括四种常见的抽样方法。一是单纯随机抽样。将调查总体的全部观察单位编号，再用抽签法或随机数字表随机抽取部分观察单位组成样本。二是系统抽样，又称等距抽样。先将总体的观察单位按某一顺序分成n个部分，再从第一部分随机抽取第k号观察单位，依次用相等间距，从每一部分各抽取一个观察单位组成样本。三是群体抽样。先将总体分群，再随机抽取几个群组成样本，群内全部调查。四是分层抽样。先按对观察指标影响较大的某种特征，将总体分为若干个类别，再从每一类别内随机抽取一定数量的观察单位，合起来组成样本，有按比例分配和自由分配两种方案。

（四）市场调查的作用

1.市场调查有助于创业者掌握先进经验和最新技术，为创业提供参考

当今世界，科技发展迅速，日新月异，新发明、新创造、新技术和新产品层出不穷。技术进步自然会在商品市场上以产品的形式反映出来，通过市场调查，可以得到有助于及时了解市场经济动态和科技信息，及时掌握国内外先进经验和最新技术，为创业提供最新的市场情报和技术生产情报，以便更好地学习和吸收同行业的先进经验和最新技术，改进新创企业的生产技术，提高人员的技术水平，增强创业者的危机意识，从而提高产品的质量，加快产品的更新换代，增强产品和企业的市场竞争力，保障新创企业的生存和发展。

2.市场调查为创业者提供决策依据

任何一个创业项目，都只有在对市场情况有了实际了解的情况下，才能有针对性地制定市场营销策略和新创企业经营发展策略。创业者要针对某些问题进行决策时，如进行产品策略、价格策略、分销策略、广告和促销策略的制定，通常要了解的情况和考虑的问题是多方面的，主要有以下几个方面。新创企业产品在什么市场上销售可能较好，有发展潜力；在哪个具体的市场上预期可销售数量是多少；如何才能扩大企业产品的销售量；如何掌握产品的销售价格；如何制定产品价格，才能保证在销售和利润两方面都能提高；怎样组织产品推销，销售费用又将是多少，等等。这些问题都只有通过具体的市场调查，才可以得到具体的答案，而且只有通过市场调查得来的具体答案才能作为企业决策的依据。否则，就会形成盲目的和脱离实际的决策，而不切实际的决策往往意味着失败和损失。

3.市场调查能增强新创企业的竞争力和生存能力

由于现代化社会大生产的发展和技术水平的进步，商品市场的竞争日益激烈。市场情况在不断地发生变化，而促使市场发生变化的原因，不外乎产品、价格、分销、广告、推销等市场因素和有关政治、经济、文化、地理条件等市场环境因素。这两种因素往往又是相互联系和相互影响的，而且不断地发生变化。因此，企业为适应这种变化，就只能通过广泛的市场调查，及时地了解各种市场因素和市场环境因素的变化，从而有针对性地采取措施，通过对市场因素如价格、产品结构、广告等的调整，去应付市场竞争。对于企业来说，能否及时了解市场变化情况，并适时适当地采取应变措施，是新创企业能否取胜的关键。

三、信息整理和分析

信息是决策的基本要素，创业者只有借助各种信息，才能掌握决策系统内部和外部的环境表征。经过线上和线下调研后，得到的数据必定十分繁杂，需要对大量信息进行清洗与处理，剔除缺失、重复及错误数据，筛选出可靠的数据进行分析，才能得出可靠的结论，才能帮助创业者降低创业风险；反之，数据处理不当则有可能会导致创业者错失良机，甚至作出错误决策。整理和分析信息时要关注以下两个要素。

（一）信息的可信度

首先要判断所获得的信息来源是否可靠，是否是原始信息，如果是转述信息，转述中是否有偏差？以及信息是否能为创业者的经济活动服务。其次要判断信息是否失去了时效性。信息的生命力在于流动，从时间上说，信息可分为过去信息、现时信息和未来信息三种，对于一些前沿科技和新兴产业，时效性更重要。最后要注意信息的地区差别，同一信息在不同的地区产生的效应是不同的，因为不同地区的人口密度、气候状况、风俗习惯和消费水平等都存在一定差异。

（二）信息分析方法

市场调查获得的信息需要借助各种理论模型及专业工具进行分析处理，分析方法的合理使用是决定信息分析水平和效率，以及质量和效益的重要因素。常见的信息分析方法有以下几种。

1.SWOT分析法

所谓SWOT分析，即基于内外部竞争环境和竞争条件下的态势分析，就是将与研究对象密切相关的各种主要内部优势（strengths）、劣势（weaknesses）和外部的机会（opportunities）和威胁（threats）等，通过调查列举出来，并依照矩阵形式排列，然后用系统分析的思想，把各种因素相互匹配起来加以分析，从中得出一系列相应的结论，而结论通常带有一定的决策性。运用这种方法，可以对研究对象所处的情景进行全面、系统、准确的研究，从而根据研究结果制定相应的发展战略、计划以及对策等。

2.4P营销理论

4P营销理论被归结为四个基本策略的组合，即产品（product）、价格（price）、渠道（place）、宣传（promotion）。通过将这四项结合并协调发展，进而提高企业在市场中的份额，以达到最终获利的目的。

3.5W2H分析法

5W2H分析法又叫七问分析法，为什么（why）、做什么（what）、何人做（who）、何时（when）、何地（where）、如何（how）、多少（how much），这七个问题构成了5W2H的总框架。5W2H分析法简单、方便，易于理解，实用，富有启发意义，广泛应用于企业管理和技术活动中，对于决策和执行性的活动措施也非常有帮助，有助于弥补创业者考虑问题可能出现的疏漏。

4.逻辑树分析法

逻辑树是分析问题最常用的方法之一，又称问题树、演绎树或分解树等。逻辑树分析法就是把一个已知问题当作树干，然后考虑这个问题和哪些问题相关。每想到一点就给这个问题所在的树干加一个"树枝"，并注明这个"树枝"代表什么问题，一个大的"树枝"上还可以有小的"树枝"，以此类推找出与问题相关联的所有项目。逻辑树的主要作用是帮助数据分析人员厘清思路，避免重复和无关的思考。

5.波士顿矩阵

波士顿矩阵（BCG matrix），又称市场增长率-相对市场份额矩阵、波士顿咨询集团法、四象限分析法、产品系列结构管理法等。由美国著名管理学家、波士顿咨询公司创始人布鲁斯·亨德森于1970年首创，它是通过销售增长率（反映市场引力的指标）和市场占有率（反映企业实力的指标）来分析决定企业的产品结构。可制成统计图或统计表，以图表的形式来反映各相关因素之间的经济关系或因果关系，最后再对统计的结果进行研究和分析，得出调研结论。

6.波特五力分析模型

波特五力分析模型用于竞争战略的分析，可以有效地分析客户的竞争环境。五力分别是供应商的讨价还价能力、购买者的讨价还价能力、潜在竞争者进入的能力、替代品的替代能力、行业内竞争者现在的竞争能力。五种力量的不同组合变化，最终影响企业的利润潜力变化。

课堂互动

根据创业计划中市场调查相关知识，结合你团队的创业项目，回答以下3个问题。

1.你们认为市场调查有没有作用，为什么？
2.根据市场调查，分析你们的创业项目的市场发展趋势及市场发展机会？
3.你们团队在市场调查中运用了哪些方法？

任务二　认识创业计划书

创业计划又称商业计划（business plan），描述新创企业计划的目标以及如何实现这些目标，是一份对于企业而言，内外皆宜的两用文件。对企业内部而言，创业计划可以帮助其梳理并有序开展相关创业活动，在快速变化的市场环境下，为创业者提供指导准则和管理架构，增加创业的成功概率；对企业外部而言，创业计划向潜在投资者及其他利益相关者汇报企业制定的商业计划以及行动计划,是新创企业与投资机构之间了解、沟通的信息载体,其作用远不止吸引融资。因此,创业计划不仅是创业过程中必不可少的书面文件成果,且一份优秀的创业计划往往会使创业者达到事半功倍的效果。

一、创业计划书概述

创业计划书是一份全面说明创业构想以及如何实施创业构想的文件,是描述所要创立的企业是什么以及将成为什么的故事。创业计划书需要阐明新创企业在未来要达成的目标以及实现这些目标的具体途径;同时,创业计划书需要随环境变化和执行情况而进行适当的调整和完善。具体来说,创业计划书是创业者对创业活动的整体规划,该规划描述了创建一个新企业所需要的相关外部条件和内部要素,不仅要对市场状况、经营环境、消费者需求进行预测,而且还需要对新创企业未来的销售、成本、利润和现金流量等状况进行分析。系统理解创业计划书的内涵,应该把握以下几个要点。

(一)创业计划书的撰写或编制主体是创业者

创业计划书应由创业者来准备。创业计划书来源于创业者的构想,但是这种构想往往是朦胧的、模糊的,特别是初期构想难以用清晰的商业语言或文字进行描述。因此,在创业计划书撰写过程中,创业者可以向其他相关人士进行咨询,譬如律师、会计、营销顾问、工程师等,有助于创业计划书不断丰富和完善。尽管如此,创业计划书的编制或撰写主体只能由创业者本人或者创业团队成员完成,其他人难以替代。因此,创业计划是创业者必须亲力亲为的工作,完全将其交给他人完成的做法很不科学、也不现实,但是创业者对其技能进行评估后,可以雇佣能为创业计划书提供合适的专业意见的人,来承担完善、补充和润色等工作。

(二)创业计划书要描述新创企业所需的各种资源和要素

创业活动不是技术成果的简单转化,也不是初期产品的市场化实现,而是一个持续发展的过程。在新创企业创立及后续成长过程中,不仅需要多种资源和要素,而且其需要的时间、数量等均处于变化之中。首先,创业计划要对这些资源和要素进行系统盘点,包括企业内部资源及外部条件。其次,创业计划要对各种资源和要素的筹集、配置等进行筹划,既保证创业活动的有效开展,也要保证各种资源和要素的使用经济有效。从这个意义上讲,创业计划书的编制或撰写过程也是创业者对诸要素或资源的筹划过程。

(三)创业计划书要对创业实践活动进行系统规划

不论创业构想多么复杂,都是一种智力性思考活动,而创业实践即使再简单,也是多种类型活动的集合。一般来说,创业实践活动包括技术开发、市场开拓、财务预算、生产制造、人才配置等多种活动。创业计划书不仅要对这些活动的时序进行筹划,也要对这些活动之间的关系做出安排。同时,创业计划书也应具有较大灵活性,以有效规避创业活动的盲目性，尽可能降低不确定性的环境带来的风险。因此，创业者编制或撰写完整的创业计划书，需要聘请相关的专家、顾问或者中介机构，以填补创业者所缺的知识和技能。

（四）创业计划书要落实为一个综合性的书面文件

创业计划建立在创业构想基础之上，编制或撰写创业计划书的过程无疑是对创业构想的进一步深化、补充和完善，但创业计划书一定要落实为一个综合性的书面文件。如果一个创意或构想不能用规范、符合逻辑的语言进行表达，很可能尚不成熟，或者从现有科学原理上难以成立，这样的创意或构想就应该放弃。换句话说，如果不能将创业者的创业构想表达为综合性的书面文件，这个创业构想或活动就应该终止。需要强调的是，商业模式和创业计划不同，商业模式探讨一种生意的可能性，创业计划阐述一个项目的执行细节。准备创业时，一定要多思考商业模式，这有助于回答创业做什么、怎么去做以及如何做得更快更好等问题。如果创业者（团队）要去找投资，就应写出创业计划书，系统地把创业项目展现给投资者，投资者主要关注创业者如何能够确保自己创业成功。

二、创业计划书的作用

创业计划书作为宣传和包装企业的文件，通过向投资者、银行、供应商，以及内部员工等各利益相关者阐述新创企业及其经营模式，为新创企业未来经营发展提供必需的分析基础和衡量标准。诚如美国俄亥俄大学创业研究中心主任罗伯特·谢勒所言："商业计划必须受到重视。创业之路如同航行在大海之上，漫无边际，深不可测，所以必须认真调查，花费时间，制订合理的商业计划。"可见，在创业准备阶段，规划设计好一份创业计划，显得十分重要。创业计划书对创业成功的重要作用表现在以下几点。

（一）项目运作的行动指导工具

创业者在创业之初，应明确自己的创业目标，并将创意以创业计划书的形式写出来，有助于创业者冷静地分析和识别创业机会，明确自己的创业理想，规划自己的创业蓝图，使创业者对自己的创业目标更加明晰。

（二）项目运作主体的沟通工具

制作一份正式的创业计划书所需的时间、精力和市场调查研究，将迫使创业者审时度势，客观理性地评判新创企业。创业计划书所包含的产业分析、市场分析、财务分析，将使创业者更加全面、更加清醒地检查企业与其成就与现实之间的差距，创业计划书翔实说明项目的技术、产业化的模式，全面分析管理团队、经营战略、投资者回报方式和企业的产品、营销、生产、财务等各个方面，旨在吸引风险投资者的投资兴趣，帮助创业者找到并网罗到高素质的精英，构建自己的核心创业团队。

(三) 项目运作的行动管理工具

由于创业计划书涉及创业资金的筹措、战略与目标、财务计划、生产与营销计划、风险评估等企业经营管理的各个方面，可使创业者周密安排创业活动，有利于新创企业的经营管理。创业计划使目标得以量化，为创业者预测与实际结果提供了可度量的标准。创业计划涉及企业的诸多方面，难免有不妥或遗漏之处，作为企业自我推销文件在供外部读者评估审阅时，有机会得到他人的指导，使计划更加切实可行。一份高质量的创业计划书，既是与外部投资者沟通的桥梁和媒介，又是指导新创企业走向成功的路标。

对投资者而言，从创业计划书中获得的好处有以下几点。

（1）通过对创业者团队及企业组织结构描述，增强投资者对企业的信心。

（2）为潜在投资者传递有关市场潜力及市场份额的资讯。

（3）通过提供拟建企业经营业绩的综述，为投资者提供一份简明清晰、涵盖整个企业发展和资产需求的资料。

（4）通过提供资金需求及使用情况，为投资者传递了企业偿债或提供权益回报的能力信号。

（5）通过考虑关键风险和决定性事件的预警方案，可以增强投资者的信心。

创业计划书的重要性不言而喻，创业者可以用它来证明，他们有能力处理和管理新创企业所面临的各种问题。创业计划书有助于创业计划的正确构思和执行，将成为评估和管理新创企业的核心文件。如果创业者将创业计划书作为内部管理资料，那么，只需准备一份以市场营销和财务报表为重点的短期创业计划书，以防范初创管理常出现的"走哪算哪"的现象。如果创业者为寻求融资或扩张资本，那么，创业计划书的撰写就是一个极为重要的商业融资工具。诚如金融投资家所言："寻找资金没有窍门，唯有好的想法、好的技术、好的管理、好的市场，外加一份好的创业计划"。可见，撰写高质量创业计划，是新创企业拥有良好融资能力、实现跨越式发展的重要基础之一。缺乏创业计划，将造成从投资者那里筹集资金的障碍。所以，一份高质量创业计划，不仅是创业融资的"敲门砖"和"通行证"，还是吸引潜在投资者、供应商、商业合作伙伴，以及应聘者的"诱导剂"。

撰写创业计划书之所以特别重要，是因为"写作使人产生灵感"。通道原则认为，创业者一旦启动创业活动，就将沿着通道的路线开始整个旅程，而引导新创企业的这条通道，将变得越发清晰。这一原则同样适用于指导创业计划书的撰写。当创业者团队考虑测试创意的价值，着手收集市场调研资料，开始撰写创业计划时，新的见识、新的灵感会在写作过程中不断涌现，起初前景尚不明朗的企业，可能显示出巨大的发展潜力。

"写作使其精确"，是撰写创业计划的另一重要原因。没有任何别的方式比完整地把它描述出来，更能有效地检验创业者思想的逻辑性和一致性。撰写一份创业计划书能迫使创业者进行冷静、系统、缜密的思考。有些创意可能听起来很棒、很诱人，但是当你把所有的细节和数据写下来的时候，就能明白创意的不合理之处了。因为发觉了创业活动与创业者的个人目标和期望并不一致。那么，此时做出放弃创办新企业的决定，应被看作一种成功。正如瑞士军事理论家菲米尼所说："一次良好的撤退，应和一次伟大的胜利一样受到奖赏。"创建新企业犹如作战，通往成功的道路有很多条，如果一条暂时不通，创业者立即回过头来，及时撤退、调整方向，通过另一条创意之路走向成功。这就是人们常说的"有一种胜利叫撤退，有一种失败叫占领"的策略。总而言之，要认识撰写创业计划的"真面目"（价值），不在其本身，而在形成完备计划的缜密思考过程中。创业计划书是企业融资上市的"敲门砖"，其作用就如同拟上市公司的招股说明书，制作一份精彩的创业计划书，已经成为越来越多创业者的"必修课程"。创业计划书的好坏，往往决定了投资交易的成败。那么什么是一份好的创业计划书呢？

三、优秀创业计划书的特征

通过对大量成功创业计划书案例的分析，发现优秀创业计划书基本上都具备以下特征。

1. 内容完整

一份好的创业计划书应包括全部的或者核心的构成要素，例如内容摘要、项目描述、行业及市场分析、竞争性分析、项目执行计划、财务计划、风险分析、管理团队介绍等。

2. 亮点突出

创业计划书如果能突出自己项目特色、商业模式特色、项目价值、成熟的团队与优秀的运营能力，在面对投资人这类读者对象时，能够快速吸引其目光。

3. 简洁

一份创业计划书的长度一般不超过50页，最好控制在30页左右，如果超过30页还无法介绍清楚你的项目，那么不是你的叙述有问题，就是你的项目有问题。复杂深奥的问题要简单通俗化，一份冗长且看不懂的计划书往往会让投资人失去阅读兴趣。

4. 条理清晰，语言流畅

如果创业计划书内容思路清晰，文笔流畅，让人阅读起来一目了然，投资人自然容易被吸引。如果创业计划书内容杂乱无章，语言晦涩难懂，投资人必然在一开始就失去兴趣，哪怕项目再好，投资人也很难再去了解。

因此，新创企业在制作创业计划书时，要多借鉴成功企业的创业计划书，找到一个好的模板和样本，让投资人一目了然，在最短的时间内以最快的速度吸引投资人。

5. 内容翔实

创业计划书首先要内容翔实，能够让投资人了解团队及项目全部信息，了解其投资的理由，并且能够预计未来所能获得的利润情况。其次内容要真实，不能采用虚假的数据。如果创业计划书中存在虚假的数据，一经查实，就会给创业团队带来致命的打击，团队的诚信度就会下降，之后便很难再寻求合作。

6.数据丰富

创业计划书中有很多需要进行预测的内容，包括市场需求、市场现状、目标市场以及目标顾客群体等，这时候需要较为详细丰富的数据来支持所得出的结论，增加结论的可信度，让投资方能看到创业团队缜密的思考以及创业项目完善的运作体系。

7.可行性强

一方面是指商业模式本身的可行性，另一方面是指具体行动方案的可行性，包括合理的预算、易实现的销售目标、可实施的营销计划、清晰的工作进度安排、明确的工作成果等。

【拓展阅读】
如何正确评估你的创业计划

课堂互动

根据创业计划相关知识，结合你团队的创业案例，回答以下两个问题。
1. 写创业计划书有必要么？
2. 你的团队创业计划是否有价值？

任务三 撰写创业计划书

一、创业计划书基本内容

创业计划书的质量，往往直接影响创业者能否找到合作伙伴、获得资金及其他政策的支持。根据创业计划书的读者对象和目的不同，创业计划书的编写重点也会有所不同。但是，创业计划书也有一般的格式，要涵盖一些必要的内容。

大部分创业计划书由以下几个部分构成。
（1）封面与目录。
（2）摘要。
（3）项目描述。
（4）行业及市场分析。
（5）竞争分析。
（6）营销策略。
（7）核心团队与股权结构。
（8）财务预测与融资计划。
（9）风险控制与资本退出。
（10）附录。

需要注意的是，以上所列内容为创业计划书必备的一般要素，不能完全作为创业计划书的目录使用，在具体的撰写过程中，创业者应根据自己项目的特色、内容侧重点以及实际需求灵活安排章节和标题。

二、创业计划书撰写规范

（一）封面与目录

（1）封面。封面也称标题页，封面的设计要有审美性和艺术性，一个好的封面会使阅读者产生最初的好感，形成优良的第一印象。

封面上可以放一张企业的项目或产品彩图或企业logo，但需留出足够的版面排列以下内容，即创业计划书编号、标题、企业名称、项目名称、联系人及联系方式、企业主页、日期等。其中，标题要明确创业项目的名称，体现新创企业的经营范围，标题一般在封面以醒目的字体标示出来，如《××创业计划书》。

（2）目录。目录紧接封面页后，列出计划书的主要章节、附录和对应页码，目的是便于查找计划书的内容。目录是正文的索引，需要按照章节顺序逐一排列每章大标题、每节小标题，以及各章节对应的页码。初步写完创业计划书后，要注意确认目录页码与内容的一致性。

（二）摘要

创业计划书摘要的重点是围绕企业的基本情况、竞争能力、市场地位、营销战略、管理策略，以及创业目的、投资前景和风险预测等方面的综合概述。摘要既是创业计划书的引文，引起读者的阅读兴趣；又是创业计划书的总纲，提纲挈领，让读者对创业计划书的内容有一个整体的认知。因此，摘要是整个计划书的精华和亮点，也是整个计划书的灵魂。

由于摘要是对整个创业计划书做出的精炼总结，所以通常在计划书的主体完成后编写。一份出色的摘要应简短而精炼，1~2页即可。

鉴于摘要在创业计划书中的重要地位，摘要一定要简明生动、精炼贴切，不用面面俱到，应突出项目亮点。例如，突出你的创新能力、产品和服务为客户所创造的新价值、项目的盈利能力等。可以试想一下，如果投资者在摘要中没有发现闪光点，创业计划书就有可能是一叠废纸，无法扮演帮助创业者融资成功的角色。

（三）项目描述

项目描述包括公司概况、项目背景、产品或服务说明等。

1.公司概况

公司概况包括公司基本信息、价值观与战略规划、组织结构、历史经营状况、各项资源情况等。要求简明扼要，重点体现与项目紧密相关的信息，注意与后面内容的衔接。一些重要但无法简单陈述清楚的内容，可以采用附件形式予以补充，例如公司组织结构图、知识产权清单、历史经营业绩、公司相关成果图片等。

2.项目背景

项目背景包括项目历史及现状、产品或服务及其所创造的价值、市场前景、发展目标等，注意与摘要部分内容的衔接，避免过多的重复。

3.产品或服务说明

产品或服务是指能够提供给市场，被人们使用和消费，并能满足人们某种需求的任何东西，包括有形的物品、无形的服务或它们的组合。

创业项目中，产品或服务是项目的核心部分，是实现商业目标的载体。在进行投资项目评估时，投资人最关心的问题之一就是，企业的产品、技术或服务能否以及在多大程度上解决现实生活中的问题，或者能否帮助顾客节约开支、增加收入，这是市场销售业绩的基础。

产品或服务介绍一般包括以下内容。产品的名称、特性及性能用途；产品处于生命周期的哪一阶段，市场竞争力如何；产品的研究和开发过程；产品的技术改进、更新换代或新产品研发计划及相应的成本；产品的市场前景预测；产品的品牌和专利。

在这一部分，企业要对产品或服务做出详细的说明。说明要准确，也要通俗易懂，让不是专业人员的投资者也能明白，多使用图表展示。一般来说，产品介绍都要附上产品原型、照片或其他介绍。

此外，对于一些以技术研发为重点的高新技术企业来说，还要对相关技术及其企业研发情况进行分析，以使投资者对企业的技术研发队伍的实力、未来发展和对技术研发的需要有所了解。

（四）行业及市场分析

行业与市场分析主要对企业所在行业基本情况、企业的产品或服务的现有市场情况，以及未来市场前景进行分析，使投资者对产品或服务的市场销售状况有所了解。这是投资者关注的重点问题之一。

行业分析主要介绍行业发展趋势、行业发展中存在的问题、国家有关政策、市场容量、市场竞争情况、行业主要盈利模式、市场策略等。

市场分析主要介绍目标市场定位、细分市场现状及需求预测、选择该目标市场的理由。通过市场分析，可以更好地认识市场的商品供应和需求关系，采取正确的经营战略，满足市场需要，从而为产品带来可观的销售前景。

撰写前要做好充分的准备，明确主要目的，并紧紧围绕主线来搜集充分的数据与信息，掌握必备的行业及市场分析工具，撰写相关分析报告，应采用信息搜集与市场调查中获取的一系列数据和调研报告，例如行业发展现状及趋势相关数据报告、市场细分领域调研报告、项目可行性调研报告等。

（五）竞争分析

竞争分析主要包括行业垄断态势分析、主要竞争对手对比分析、竞争策略。明确指出企业竞争的同类产品或服务，主要目的是展示新创企业所提供产品的核心价值、竞争力及其在市场上所处的位置。例如，项目产品目前的市场竞争对手有哪些？分布在哪些地区？他们的产品技术处于什么样的水平？产品质量与服务如何？我们和这些竞争产品对比有哪些优势？有哪些不足？我们是否有可能会超越他们？

可用图表或竞争战略分析模型认真比较创新企业与竞争对手的产品和服务在价格、质量、功能等方面的不同，解释企业为什么能够赢得竞争。

（六）营销策略

企业的盈利和发展最终都要经过市场检验，营销成败直接决定企业生存与否。营销策略也是商业模式的具体实施，包括确保产品顺利进入市场，并保持和提高市场占有率；定义产品、技术、概念产品或服务面对的顾客群，所提供的核心价值、附加利益等；制定符合本项目市场特点的价格策略；构建通畅合理的营销渠道；提出新颖而富于吸引力的推广策略等。

撰写时要根据目前所掌握的最精准、最客观、最新的信息资料来制定营销策略。聚焦顾客，例如你的营销策略是如何满足顾客需求？如何为顾客创造价值？如何让顾客接受你的产品或服务？突出策略组合，详细阐述产品、价格、渠道与促销策略，并明确执行进度；说明营销策略的灵活性并注意与计划书中其他部分内容的协调，例如"行业及市场分析""竞争分析"等部分都有可能涉及营销策略相关内容。

（七）核心团队与股权结构

风险投资行业有一句话："投资就是投人"。人是企业的第一要素，创意、商业模式、利润是由人创造的，产品的生产和销售、市场开拓、企业运营是靠人来做的。所以对于新创企业来说，最重要的是组织一支健康、有战斗力的团队。

投资者希望管理团队成员的技能和能力相互补充，因此，在撰写计划书的过程中，要注意投资者的偏好，可以从教育背景和工作经验、管理能力、技术能力和业务水平、分工情况这四个方面来描述团队优势，还应提供组织结构图，用以表明组织内成员的授权及责任关系。根本目的是让投资人对管理团队未来的领导、影响力和运营效率方面有充分的信心。

如果新创企业是一个公司，就应该明确创始人的股权比例、核心团队的持股情况、预留的股权激励情况、外部投资机构情况等。

（八）财务预测与融资计划

财务预测与融资计划包括资金需求和来源、融资计划、股本结构与规模、资金运营计划。

1. 财务预测

创业计划书中的财务预测包括企业过去若干年的财务状况分析、今后三年的发展预测，以及详细的投资计划，旨在使投资者据此判断企业未来经营的财务状况，进而判断其投资能否获得理想的回报，因而财务预测是决定投资决策的关键因素之一。

财务预测的依据、前提假设是投资者判断企业财务预测准确性和财务管理水平的标尺，也是投资者关注的焦点。其主要依据和前提假设是企业的经营计划、市场分析。财务分析预测在企业经营管理中具有重要地位，企业需要花费较多的精力来做具体分析，必要时最好与专家顾问进行商讨。

财务数据往往数据量大且过于复杂，因此不必将所有经营数据和财务状况一一列明，只需要将投资机构关心的重点问题阐述清楚，呈现过往发展的基本情况、增长情况和未来的发展趋势。财务部分除了需要给出3~5年的财务数据预测外，还需要分析盈亏平衡点、资金的来源和使用等。

对于中小企业来说，财务预测既要为投资者描绘出美好的合作前景，又要使这种前景建立于坚实的基础之上，否则会令投资者怀疑企业管理者的诚信或财务分析、预测及管理能力。

2. 融资计划

融资计划主要是根据企业的经营计划提出企业资金需求数量、融资的方式和工具，投资者的权益、财务收益及其资金安全保证，投资退出方式等，它是资金供求双方共同合作前景的计划分析。

融资计划的主要内容包括以下几点。

（1）融资数额是多少？已经获得了哪些投资？希望向战略合伙人或风险投资人融资多少？计划采取哪种融资工具，是以贷款、出售债券，还是以出售普通股、优先股的形式筹集？

（2）企业未来的资本结构如何安排？企业的全部债务情况如何？

（3）企业融资所提供的抵押、担保文件，包括以什么物品进行抵押或者质押，什么人或者机构提供担保？

（4）投资收益和未来再投资的安排如何？

（5）如果以股权形式投资，双方对股权、控制权、所有权比例如何安排？

（6）投资者介入企业后，经营管理体制如何设定？

（7）投资资金如何运作？投资的预期回报如何？投资者如何监督、控制企业运作等？

（8）风险投资的退出途径和方式是什么，是企业回购、股份转让还是企业上市？

这一部分是融资计划的主要内容，企业既要对融资需求、用途提出令人信服的理由，又要有令人心动的投资回报和投资条件，同时也要注意维护企业自身的利益。其基础是企业的财务分析与预测。

由于与资金供给方合作的模式可能有多种，因此创业者还需设计几种备选方案，给出不同盈利模式下的资金需要量及资金投向。

（九）风险控制与资本退出

世界上没有100％安全的事，创业更是如此，创业者有必要进行风险估计以便制定有效的战略来对付这些风险。新创企业主要的风险可能来自竞争者的反应，来自自身在市场营销、生产或管理方面的弱势，来自技术的进步带来的其产品的过时等。创业者有必要提供备选战略以应对上述风险的发生。同样，风险投资者会非常重视和研究计划书中有关风险分析的部分，他们想尽办法搞清楚新创企业可能会面临的风险种类和程度，特别是新创企业将采取何种措施和方案去降低或防范风险。

此外，风险投资者投资的最终目的是能通过资本退出方式获得高额回报，因此，创业者需要详细告诉风险投资者，他们的投资将以何种方式退出，能获得多少预期回报。

（十）附录

附录是对主体部分的补充。受篇幅限制，为了使正文言简意赅，附录囊括了不宜在主体部分过多描述的，不能在一个层面详细展示的，或需要提供参考资料、数据的内容，为创业计划书的正文内容提供翔实的补充材料。创业计划书的附录一般包括以下内容：企业营业执照、审计报告、相关数据统计、财务报表、新产品鉴定、商业信函、合同、相关荣誉证书等，它是正文的重要补充。

【范例】

创业计划书范文模板

第一部分 摘要
第二部分 项目描述
2.1 公司概况
2.2 项目背景
2.3 产品与技术
（1）产品概述
（2）产品结构
（3）核心技术
（4）产品先进性与优势
2.4 公司价值观及战略规划
第三部分 产业背景与市场分析
3.1 宏观环境分析
3.2 产业环境分析
3.3 目标市场
3.4 市场容量预测
3.5 市场销量预测

【拓展阅读】
周鸿祎谈如何做商业计划书

第四部分 竞争分析

4.1 波特五力竞争模型

4.2 竞争优劣势 SWOT 分析

4.3 结论

第五部分 营销策略

5.1 品牌策略

5.2 营销组合策略

(1) 产品策略

(2) 定价策略

(3) 渠道策略

(4) 促销策略

第六部分 组织与人力资源管理

6.1 组织结构

6.2 创业团队

6.3 人员配置

第七部分 投资分析

7.1 股本结构与规模

7.2 投资收益与风险分析

7.3 投资可行性分析

7.4 融资计划

第八部分 财务分析

8.1 资金运用

8.2 营运情况预测

8.3 财务数据分析

(1) 资产负债表

(2) 损益预测表

(3) 现金流量表

8.4 投资收益分析

第九部分 风险与机遇

9.1 项目风险分析

9.2 项目机遇与准备

附件材料

附件一：市场调研报告

附件二：创业团队简介

附件三：产品发明专利

附件四：相关证书

……

任务四 路演创业计划

一、路演内涵与功能

路演（road show）是国际上广泛采用的证券发行方式，通常是指证券发行前针对机构投资者的推荐活动。创业计划的路演，是指新创企业向他人推荐创意、想法、观点的一种表达方式。目前，由于创业计划路演能在较短时间内传递大量信息，已成为创业者用来与风险投资者交流的主要工具。

创业计划路演具体来说就是把静态的创业计划书内容制作成可视化文档（如PPT、活动挂图、视频等），并通过演示者充满信息含量和感染力的演示，把复杂的问题变得通俗易懂，旨在增强交流、引起共鸣，给风险投资者留下深刻的印象，从而使其接受观点，并进入下一步的深入沟通和合作。创业计划路演涉及众多环节和核心问题，比如创业计划路演的一般逻辑、演示过程设计和沟通交流等。

创业计划路演除了能用于吸引风险投资外，还具有许多其他功能。比如梳理创业思路、产品发布、渠道招商、成交客户、凝聚人心、吸引人才、影响股东等。美国苹果公司联合创办人史蒂夫·乔布斯就是一位路演专家，他把商业计划路演运用到每次苹果新产品的发布会中，通过一系列图片和简单文字引导大家认知新产品的来源、能解决什么"痛点"问题、具备哪些功能、实际运用效果等。此外，每位创业者和大学生都需要学会演示技巧，因为在未来的创业和工作过程中，都有大量的演示机会去推销和传递自己的想法、创意和项目，这也是进行有效信息沟通的一种基本职业技能。

二、创业计划路演过程

（一）演示准备

如果想做一个精彩的创业计划演示，就必须精心地准备，并经常进行模拟演练。巧妙构思演示的内容、制作专业的演示幻灯片，可以提高演示者的信心，使演示获得满意的效果。

1.明确演示的目的与观众

在演示创业计划之前，首先需要确定演示的目的及观众的相关信息。这一步和撰写创业计划书前的考虑因素一样，此处不再赘述。一切文字和表述都要有的放矢，知己知彼方能百战不殆。

需要注意的是，创业计划书必须严格保密，严防落入竞争者手中。为了保密，一般会限制创业计划书的复本数量，对特定对象准备特定复本，要求接受文件者不用时将计划书放在文件柜或办公室锁好以确保安全。创业计划书的封面也应写明"机密文件，未经许可，严禁复印"等字样。

2.确定演示的人员与方式

一般的创业大赛都会要求所有创业团队成员参加演示，但是并不要求所有成员都要进行陈述，因此选择合适的人员进行陈述也是创业团队需要讨论的问题。人员的出场或"表演"方式，可以适当地设计一些花样。当然，一切都是为了更好地表现创业者的精神面貌，以及产品的独特性。

3.准备演示的素材和设备

目前在进行创业计划演示时，用到的素材包括创业计划书和演示幻灯片。如果有产品模型，就锦上添花了，可以省去很多繁琐的说明。如果需要视听设备，应事先准备好。

无论选择哪种方式演示，要注意演示过程中核心元素是演示人。所以演示的幻灯片一定要做得简明扼要，只提供演示的总体框架以及发言内容要强调的重点，演示者一定要将观众的目光吸引在自己身上，再想方设法使演示变得生动有趣、充满激情。可以使用丰富的表情感染、鼓舞观众，也可以多和观众沟通、交流。

4.进行演示前的预演和调整

在正式演示之前，不妨和团队伙伴们一起进行模拟预演，可以请其他同学或老师扮演裁判，帮助把演示调整到最佳状态。练习得越多，表达会越熟练，表现就会更有自信、更完美。同时，在这个阶段也可以设想真实演示中可能遇到的种种问题或者状况，做好迎接挑战的准备。

最后，再检查一遍必需的物件，回想一遍重要的问题，准时到达指定地点。

（二）演示中的幻灯片制作技巧

1.幻灯片内容及示例

演示的幻灯片不宜过于复杂，应尽可能简单，不妨应用6—6—6法则，即每行不超过6个词语，每页不超过6行，连续6张纯文字的PPT之后需要一个视觉停顿（采用带有图、表的PPT）等。

一般情况下，一场二三十分钟的演示需要10～15张PPT。不追求全面，要抓重点，尤其是观众可能感兴趣的部分。一定记住，演示的重点一定放在观众而不是演讲者感兴趣的地方。

下面是一个推荐的演示PPT模板，共计12张。

演示PPT往往以标题幻灯片开始。该张PPT包括企业的名称/标志，创始人姓名和联系方式。

第一张PPT：概述。对产品或服务进行简要介绍，对演讲要点作简介，对该项商业活动带来的潜在收益（经济效益、社会效益）等进行简单说明。

第二张PPT：问题。说明亟待解决的问题（问题在哪儿？为什么会出现该问题？如何解决该问题？）；通过调查证实的问题（潜在顾客的需求是什么？专家有哪些建议？）；

问题的严重性如何?

第三张PPT:解决办法。说明企业的解决办法与其他解决方案相比的独特之处;演示本企业的解决方案在多大程度上可以改变顾客的生活,以及企业的解决方案有什么突破。

第四张PPT:机会和目标市场。要清楚定位企业具体的目标市场,对目标市场的广阔前景进行展望;通过图表的方式展示目标市场的规模、预期销售额和预期市场份额等信息,说明拟采取什么方法实现销售计划。

第五张PPT:技术。介绍技术、产品或服务的独特之处,尽可能使对技术的描述通俗易懂,切忌使用专业术语进行陈述;演示产品的图片、相关描述或者样品,如果产品已经试生产结束,则最好演示样品;说明可能涉及的知识产权问题,以及企业采用的保护措施。

第六张PPT:竞争。详细阐述直接、间接和未来的竞争者,演示创业计划书中的竞争者方格,说明和竞争对手相比的竞争优势。

第七张PPT:市场和销售。描述总体的市场计划、定价策略、销售过程以及销售渠道。说明消费者的购买动机、企业激起消费者欲望的方法,以及产品或服务如何到达最终的消费者手中。

第八张PPT:管理团队。介绍现有管理团队(团队成员的背景和专长,以及在企业中将要发挥的作用,如何进行团队合作等),说明管理团队存在的缺陷或不足,如果有顾问委员会最好予以介绍。

第九张PPT:财务规划。介绍未来3~5年企业总体的盈利状况、财务状况及现金流状况,尽量将规划的内容显示在一张PPT上,而且只显示总体数据,同时做好回答和数据相关问题的心理准备。

第十张PPT:现状。用数据说明已经取得的重大进展,介绍启动资金的来源、构成和使用情况;介绍现有的所有权结构,介绍企业采用的法律组织形式及其原因。

第十一张PPT:财务要求。如果有融资计划,介绍想要的融资渠道及筹集资金的使用方式,同时介绍资金筹集后可能取得的重大进展。

第十二张PPT:总结。总结介绍企业最大的优势,团队最大的优势,同时介绍企业的退出策略,并征求反馈意见。

2.10-20-30法则

著名风投资本家盖伊·川崎将他撰写商业计划方法概括在"10-20-30法则"中,对创业者撰写好创业计划具有借鉴意义。他建议,企业家在阐述商业计划时用10张PPT在20分钟内用30号的字体将创业思想阐释清楚。这个法则适用于很多场景,如公司融资、产品销售、合作伙伴洽谈等。

10张是PPT演示最理想的页数。因为普通人在会议中很难接受和消化超过10个以上的概念,投资人也是如此。如果你的业务一定要用超过10张PPT才能解释清楚,那么说明你现在的业务模型需要调整。

20分钟演示。你必须在20分钟内讲解清楚10张PPT的内容。也许你有1个小时的会议时间，但是之前需要预留时间调整投影仪和PPT，之后还要考虑部分人员可能必须提早离开。所以理想的演示时间是20分钟，其余40分钟的时间预留给问题交流和其他意外情况。

30号字。很多创业计划PPT中的字号都在10号左右，一张PPT中写满了文字，然后演讲者只是去读这些文字。这不是一种很好的展示方法，因为台下的人一旦发现你在照着读，那么他们会自己去阅读这些文字。而你朗读的速度肯定要慢于他们阅读的速度，最后造成你和你的观众不同步。

"10-20-30法则"阐述了简洁对于创业计划书的重要性，不仅是内容的简洁，更主要是思路的简洁。精简的内容意味着明确的思路，明确的思路意味着核心的优势。在中国创投市场激烈竞争下，许多二三线队伍依赖细枝末节搏出位，但是，优秀的团队要能靠雷打不动的核心竞争力吸引投资人。

（三）演示中的演讲技巧

谁都不希望话说一半观众就打瞌睡了。尤其是对于投资者来说，他们见过的自荐人数不胜数，老练的投资人听几分钟就可以决定你是否值得他们花时间、花心思、花银两。以下是一些必要的演讲技巧，可以帮助我们更好地演示创业计划。

1. 演示"惊人"的数据

介绍惊人的研究数据，让观众瞠目结舌：真的吗？！但是注意这个数据一定是真实的，不能为了吸引眼球而造假。

无论你准备解决什么问题、应对什么议题、满足什么需求，援引最新的"惊人"的数据，为这个难题提供全新见解。

引用德高望重的名人名言，证明某个突如其来的转变趋势、目标人群的骤增或法律法规的相关变化。

2. 带领观众进入情境

通过简单的情境展现或角色扮演带领观众进入情境，可以是一段提前摄录好的小视频，也可以由演示者带领观众去想象，总之让观众跟着你进入特定的情境之中，让他们感受到目标顾客的问题，感受到创业解决的问题、创业者创造的巨大价值。当观众身临其境、感同身受后，也就自然而然地接受了你的项目。

3. 一个好故事，成就一个好Pitch

美国人Oren Jacob拥有出色的口头表达能力和令人信服的叙事能力，他总结一套讲故事的Pitch（向投资人或合作伙伴作简报）技巧。故事讲得好不好，决定了你的Pitch能否让人留下印象并且引起共鸣，不管你是要介绍你的产品还是团队，这几个讲故事的技巧都适用。

1）好的故事需要千锤百炼

首先，Pitch不能是一成不变的，它取决于你演讲的对象，你演讲的场合和你演讲的内容。你得准备好一个1分钟的版本，一个10分钟的版本和一个1小时的版本。有些人认为，这就是把同一个故事编辑成不同的长度。错了，不能这样做。把一个1小时长度的材料压缩到1分钟，你还想以同样的激情来表述？那是不可能的。针对不同的版本，你必须有不同的处理办法。

除此之外，你的Pitch得不断地更新。每天你都会接收到新的信息，比如你的市场有了更好的前景，你的新员工很能干，你有一些新想法浮出水面等。你的Pitch和你新创企业一样，都不是一成不变的。每一天的每一分钟，都会有新鲜事发生。

对创业演示来说，最重要的事就是练习，不断地、连续地，多适应、多练习。实际的操作要比大多数人想象的更费事。做Pitch就像是现场表演，你必须熟知自己要讲的内容，达到浑然天成的境界。你不能只是单纯地一遍又一遍地练习你的1分钟、10分钟跟1小时的讲稿。你还需要考虑你演讲的场所，考虑如何观察观众的肢体语言，如何根据当下的情况作出相应的调整。

要在那些可以感受到你的热情，但是对你企业的技术、财务或业务的细节知之甚少的人面前练习。让他们在你才讲到幻灯片第2张时，就打断你并提出一些第12张才会讲到的问题。要让他们不断地打击你，不按顺序提问，这样你就可以练习如何在讲稿的各个要点中自由地切换。只有通过这样的练习，你才能在要点之间构架好一道道桥梁，熟练地应对话题的转换。

创业者在募资会面时遇到的最棘手的问题就是谈话陷入僵局。有可能投资者问了一个问题，你发现自己绕来绕去都找不到路回头，话题怎么也拉不到你原来的思路上去。这时，你必须要保持清醒，随时意识到谈话是不是跑题了，而你真正想谈的问题是什么。不时地核对进度，如"我讲到第5张了，时间还剩下10分钟"。如果你练习得足够多的话，在演讲现场你应该能掌控好进度，不要一味想着面面俱到。

2）好的故事都有完整的结构

Pitch就像电影剧本一样，要有好的节奏感。你想要带领整个房间的人，踏上一个共同的旅程，这意味着必须有一根线，贯穿故事的开始、中间和结尾。当你开始组织你的材料，就得把故事的结构定好。最好的会面情况自然是听你Pitch的观众们会愿意加入你的旅行，为了确保这一点，你必须切中所有他们关心的要点。你可能会带一份12页的幻灯片走进会议室，12张是Jacob建议的页数，按计划你会依次讲解每一张。但更多情况下，投资者会要求你跳过第2张或者直接跳到第8张。

你可能已经准备好要如何讲你的故事了，可你还需要观察房间里的人。如果他们想把你拉到另一个主题，就听取他们的意见，并做出相应的调整，但要记得维持好故事的结构。另外，不要在幻灯片上花大段文字去写一个结论，试着用别的方法去展现，你会发现那样的效果更好。

在撰写你的演讲稿时，一定要重点强调那些会让观众坚信应该支持你的地方。如果你认为市场机会是令你得意的事情,要把它提出来,多花些时间在这上面。如果你认为你的团队是无与伦比的,就花点时间多讲讲团队。总之,你的演讲稿和幻灯片,应该让你的论点更可靠,更有理有据。幻灯片中的图表可以帮助我们回答问题。

一般应在20分钟里,把你的故事完整地详细地讲述出来。中间有可能被打断,需要花时间回答问题。在现场你可能会临时决定把某些部分扩充得更丰满些,或者添加一些更细节的东西。你会感觉到,听的人希望你更多地阐述关于产品构造或者这个那个的内容,而你需要控制不让你的Pitch超时。

与此同时,你得事先在你脑子里构思好各种丰富的小细节。通过不断练习,你可以把一些内容从你的演讲里删除,可一旦对话进行到合适的地方,你又能够随时把它们捡回来。比如说你可以准备一些小故事,例如关于喜欢你产品的用户的故事,或者是准备一些可以回答通用问题的答案。当你有了这样的准备,你就可以比较容易地把话题转移到你想要进行的方向上去。

最重要的就是用你自己的话去说。你得做到能抛开幻灯片独自完成整个Pitch。冷静地、从容地用好20分钟,覆盖住每一个关键点,要做到能在一分钟里,把所有的内容在白板上复述出来。

除了以上两点,讲故事的技巧还有很多:好的故事都有起承转合;好的故事都有鼓舞人心的主角;好的故事都出人意料。

在不断地练习中,注意观察那些优秀的演讲者,用更多的技巧武装自己的演示。最好的故事就好像是用一幅旧的拼图,拼出一幅全新的有价值的图画。

(四) 现场答辩注意事项

创业者要敏锐预见观众可能会提出什么问题,为此做好准备。尤其面对投资者,他们可能会用很挑剔的眼光看创业计划,这时,创业者可能会很泄气。但其实,投资者仅仅是在做份内的事情,他们提出的问题可能会有很大帮助,会给创业者很大启发。

回答问题阶段是非常重要的,此时投资者往往会考察创业者是否挖掘到问题的本质,以及对新创企业了解多少。

现场回答投资者问题时要注意:

(1) 对投资者问题的要点有准确理解,回答具有针对性,而不是泛泛而谈;

(2) 能在投资者提问结束后迅速做出回答,回答内容连贯、条理清楚;

(3) 回答问题准确可信,回答问题建立在准确的事实和可信的逻辑推理上;

(4) 特定方面的充分阐述,对投资者特别注意之处能作出充分的说明和解释;

(5) 整体答辩的逻辑性要强,陈述和回答的内容有整体一致性;

(6) 团队成员在回答时有较好的配合,能协调合作,彼此互补,对相关领域的问题能阐述清楚。

【拓展阅读】
创业初期如何打动投资人——从投资人视角

课堂互动

根据创业计划撰写和展示相关知识,回答以下两个问题。

1. 撰写一份优秀的创业计划书,要从哪几个方面着手?
2. 根据创业计划书,如何制作精美的PPT进行展示?

课后实践

模拟创业计划展示

一、情境设定

你的小组如果有了一份创业计划,或者找一份自己比较熟悉的创业计划书,认真研读和思考,确保自己掌握了创业项目的所有信息,然后凝练出创业计划的各个要点。

现在,你要代表这个创业项目,去面见投资人。而投资人比较忙,仅仅给你3分钟时间陈述你的项目计划。你会如何设计这3分钟的第一次融资沟通呢?你准备用什么样的方式和策略,去打动投资人,引起投资人的兴趣,进而获得融资机会呢?

二、模拟步骤

1. 准备一份3分钟的展示材料和演讲稿;
2. 寻找指导老师和创业项目相关权威人士,扮演投资人;
3. 利用3分钟的时间,充分展示你的创业项目和风采;
4. 征询"投资人"的意见,聆听其感受和点评;
5. 总结反馈信息,进一步思考改进的策略。

创业思政小故事

一份创业计划书,引来500万元投资

不用戴眼镜也可以看3D视频。2013年,29岁的小伙孙德才,在重庆已打拼9年,创业几经挫折。在涉足裸眼3D领域后,他凭着成功的创业计划书引来500万元风险投资金。

一、曾创业失败血本无归

"我在2005年市长峰会时来到重庆创业。"孙德才说。他的老家在山东,从海口经济学院摄影专业毕业后,他也曾有过不错的工作和收入。"我在新闻上看到重庆要举办市长峰会,当时就觉得重庆的发展前景非常好,肯定有许多创业的机会,于是毫不犹豫地来到这里。"

孙德才来到重庆后，做过推销员，当过电视编导。在上海举办世博会前，他到上海帮朋友负责一个世博会项目，偶然发现放在街头的打折机很有商机，于是2010年在重庆做打折机项目。当年底这种打折机正式在主城商圈内亮相，市民可在自助打折机上打印出自己需要的商家优惠券。"我们在2011年最多时拥有200多台打折机，常常给消费者带来20％～40％的优惠。"

但打折机项目没运作多久就举步维艰，终端机器租金每月达数十万元，再加上员工的开销，从项目面世就没有盈利。这个项目最终失败，孙德才和伙伴们所有投入血本无归。

对于这次创业失败，孙德才总结了两大原因。一是合作伙伴的信任问题，当时一个团队负责场地开发，另一个团队负责商户拓展，结果双方互相指责。二是合作伙伴的信心问题，看到不能赚钱，大家逐渐失去了信心，导致内部不断地出现问题。

二、一本计划书成功引资

从打折机项目退出后，孙德才并没有气馁。"我在重新考虑了20个创业项目以后，发现3D行业充满了不少商机。"孙德才和朋友到电影院看3D电影，感觉戴着眼镜看始终不方便，"我当时就想，能不能不戴眼镜看裸视3D？能不能把裸视3D屏幕安装在主城区商圈内做户外节目呢？"

有了这个创业想法以后，他立即着手技术方面的调研，发现这一技术完全可以实现，于是写出了5份详细的计划书。"缺资金怎么办呢？"孙德才说，"我当时就想通过引进风险投资来实现创业。"

孙德才与天使投资的董事长见面后，向对方详细介绍了自己的创业计划，"我当时告诉他最终完成投资，需要300万元资金，前期需要100万元资金。"

这个创业项目引起了天使投资的兴趣。虽然当时项目还停留在创业计划书上，完全没有实际运作，但天使投资方面看中了项目前景，很快便决定注入资金帮助项目启动，第一期100万元资金很快到位。

"天使投资现在已经累计对这个项目投资了500万元，超过了当初我们想要的投资额。天使投资不但给我带来了资金上的帮助，还给我带来了资源上的帮助，比如介绍成熟的业态帮助我迅速增强实力。现在我对项目前景更加充满了信心。"

（资料来源：华龙网——重庆晚报，2013-08-20）

杨总教你创业

我怎么看创业计划书

一、在创业计划书中，你得回答几个问题

创业计划书能很好地帮助创业者搭建结构化的思维，我是鼓励创业者写创

业计划书的，但网上的创业计划书模板很多，内容也特别多，有些内容是创业者的认知盲区，这使得创业者很容易写着写着，陷入一种写作陷阱。但其实，没有那么复杂，我觉得创业计划书，你得回答几个问题，甚至你可以没有创业计划书，但下面这些问题你必须想清楚。

1. 你的客户是谁？有什么核心需求和痛点？其需求是不是刚需？
2. 你的产品（解决方案）是什么？有没有解决顾客痛点和需求？
3. 你的商业模式是什么？怎么赚钱？
4. 你这个业务能不能快速发展？
5. 你这个业务未来的趋势怎么样？
6. 为什么是你来做？你的团队行不行？相较于你的竞争对手，你的优势是什么？是不是核心优势？怎样建立核心竞争壁垒？
7. 需要什么资源？需要多少钱投入？如何进行？
8. 有什么预期的收益？你算清楚了没有？

二、找创业导师辅导

创业本身就是走钢丝的行为，大学生群体的创业风险更大，所以我建议找一个创业导师，这样更容易取得成功，这是站在巨人的肩膀上起飞。现在有很多成熟的公司还聘请顾问，这个钱花得很值，建议找一些行业内的资深人士或者某一个领域的专业人士。

提醒一下，千万要甄别"水货"，警惕"砖家"。鉴别方法就是看他有没有结果，当然有结果的人也有可能是"水货"，但结果往往能过滤掉大部分的"水货"。这里还需要强调一下，重点看这个结果跟他有多大的关系。我们还可以看看这个专业人士的学识，有结果、有学识，往往比较可靠。

三、创业计划书回头看，会让你的创业走得更远

一个创业计划书，在实施阶段，建议你不断回头看，不断更新你的1.0、2.0、3.0版本，这样会让你走得更远。创业者要学会做战略复盘，成长更快。

怎么去做复盘，简单一点，我们可以学习阿里的五步复盘法，即复初心、复目标、复结果、复原因、复迭代。

复初心：复初心主要从两个问题入手，一是初心是否明确；二是初心是否被团队重视。

复目标：复盘目标时要思考三个问题，我们要达成的目标是什么？关键环节或工作的计划是什么？各环节的预期目标是什么？要检查目标是否符合SMART原则。

复结果：复结果就是回顾员工的目标达成情况，主要分为两个维度，一是目标的达成指数；二是完成的目标是否达到了标准。

复原因：预期目标与实际结果有差异的原因在哪里？实际结果与预期目标

有无差异？如果有，是哪些因素造成的？如果没有，成功的关键因素是什么？

做迭代：做迭代就是管理者对本次复盘进行总结，积累经验。总结得到的收获和对未来工作的启迪，从中学到了什么？接下来，可以做什么？近期的一小步计划是什么？谁来负责？什么时候完成？

四、别老想着拿一份创业计划书去融资

网上创业（商业）计划书的广告很多，大肆宣扬有一个好的商业计划书就能拿到A轮、B轮、C轮融资，这特别容易误导在校大学生，不将重点放在创业项目本身，天天想着怎么"空手套白狼"，殊不知自己才是"天下第一傻白甜"。你见过几个靠一份创业计划书就拿到融资的创业者，资本是这个世界最聪明的，他们考察项目的时候，往往至少关注三个问题，是不是好"生意"？有没有好团队？有没有好结果？

模块六

新创企业的开办与管理

模块导学

如果你已经做好了创业前的所有准备，下一步计划着手开办新企业，相当于进入"万事俱备、只欠东风"的状态，那就得好好地学习这个模块。本模块的学习要理解我们在创办新企业时，如何根据企业经营选择合适的企业组织形式，学会进行新企业注册登记，并培养自己综合运用所学理论知识和职业技能来处理企业管理过程中相关问题的能力。

【学习目标】

通过本模块的学习，了解新企业建立的流程和步骤、新企业风险管理等相关知识，掌握企业组织形式选择对新企业的重要性及新企业管理的独特性，掌握不同企业组织形式的差异。能熟练掌握创办企业的各项基本要求，了解创办企业后可能面临的困难及其解决思路。创业能力、独立工作能力及管理技能得到提升。

【案例导入】

创业者自述

工作一年半以后，我内心中一直压抑的创业想法，终于在某一天爆发了。于是我毅然辞职创业，和一个朋友及曾在大学一起创业的几个伙伴，于2018年成立某某教育科技有限公司。对于教育行业，我们在大学期间有教育培训行业的创业经验，自己也可以上课，可以大大减少开支，加上教育培训行业的资金回笼比较快，可以预收几个月的学费，失败的风险也较小，综合下来就选择放手一搏。

我们初期是想加盟全国知名教育品牌，这样就能有一个很好的品牌背书。因此，我和合伙人去上海等一线城市考察教育项目，最想加盟的是一个AI人工智能教育，也是备受资本欢迎的领域，当时觉得，如果站在巨人肩膀上做事情，借势而为，成功的几率会更大。不过，最终考察下来，没有选择加盟，原因有两点：一是加盟费需要40余万元，加上我们公司办学场地的投入，启动资金就是70~80万元了（还不算后期运营资金），对于当时的我们来说，这是个天大的数字；二是人工智能教育，更偏向于技术，对于现阶段的学生来说，更需要的是老师亲自授课，而不是冷冰冰的机器，当然这在未来很有可能是一种趋势，但是我们等不起，因为这一趋势发展的时间长且不可预估，很有可能让我们死在半路上（幸好当初没有这样做，否则我们亏损会更大。现在想起来，还是心惊胆战的），经过多番思考与讨论，团队一致决定，自己创立当地本土品牌，不断积累慢慢做。

方向确定后，我们注册成立了公司，并用差不多一个月时间找到了办学场地，在市中心一个位置比较好的商用楼层（450平方米）。也算是上天眷顾，房租实惠，在我们承受范围之内，且楼层也刚好满足教育局规定的楼层限定。更重要的是，附近就是小学与初中，周围1~3千米范围内覆盖了市区核心中小学学校，占据了一定的地理优势，这也是我们前期能存活下来的关键。场地装修好了，各项工作全部筹备完成，当时的我们信心简直爆棚，就只等一夜成名，恨不得马上挣它个几百万，瞬间达到人生巅峰。可是呢？现实还是现实，你得遵循市场规律，想一口气完成别人做了多年的事情，那是不现实的。

我们准备了很久，进行招生宣传。在启动初期（正值寒假），我们只有5个学生，一个学生1200元，一个多月下来营业额也就6000多元，对于我们的支出来说，这收入简直就是杯水车薪，塞牙缝都不够！当时我们团队6个人（含创始人与招募的全职老师），加上房租、人员工资及其他招生支出，一个多月我们就亏损了好几万元。本身资金就很紧张的我们，创业战场一开局就陷入了财务危机，因为启动资金已经全部用完。这时候，大家又该怎么办？前期我们资金投入规划存在博弈的成分，如果没有好的营收，我们又得想办法借钱或贷款弥补这个资金窟窿，所以我们又贷款了。这时候，我们每个创始股东的个人负债将近20万元。创业开始就没有回头的可能，更何况，我们才开始，是绝对不可能后退的，所以我们坚定信心往前冲，不断想办法。

第二年春季开学，我们其中一个负责市场的合伙人提出，在目前没有名气与资源的情况下，从茫茫人海中招生很困难，我们要不先招一批晚上和中午托管（简称晚午托）的学生吧？天啊，当时我们就有点震惊。刚开始还极力反对，我们公司主营的是中小学课外培训，而不是接送孩子，给他看看作业，还得负责小学生的吃饭问题，况且，学校位于写字楼内，去哪里做饭？难道在写字楼里？那是不可能的。经过激烈讨论，结合我们的现状，活下去才是我们的关键，只要有收入，至于困难，挨个解决。于是，我们在不远的小区租了一套房子，自己做饭，每到中午、下午，准时给孩子们送饭，而且每到小学放学，我们亲自去接送。真的，那个时候，我们把每个孩子当成自己的弟弟妹妹，去关心他们，去辅导他们写作业，家长和孩子都特别喜欢我们学校。我们除了服务到位，学习环境也更好，因为很多晚午托是学校老师自己私人做的，就在小区随便租一套房子，环境拥挤，条件也不好，而我们是写字楼内正规的培训学校，家长肯定更愿意来。经过努力，一开学，我们有了20多个晚午托学生（虽然不多，对于我们来说已经很可观了）。有人说，我们哪里是当老板的样子？什么事情都亲自去干，包括自己做饭，还去接送孩子。没办法，我们是创业者，不是当老板的，也不是来享福的，创业没有那么简单，如果在办公室摆架子，等着员工搞定，那必败无疑，况且在那个时候我们也没有多少资金扩招员工。

公司的发展转折，也是这时候开始的。当我们有了学员基数后，迎来了毕业与补课旺季，我们老师上课水平本身是可以的。于是，在天时地利人和情况下，我们学员增长初见成效，在暑假之前的收入平均一个月达到十几万元。当时的毕业班培训，在毕业临近的最后两个月收入就接近40万元。对于当时的我们来说，真的无比高兴，幸福感也爆棚。说个丢脸的话，当家长拿着上万元现金来缴纳学费的时候，心中都激动得不行，家长离开后，我们合伙人手舞足蹈的，都像疯子，相互之间拿着钱炫耀，然后马上拍照录制视频，把好消息发给身边的好朋友去得瑟，生怕全世界不知道似的。正是因为在平凡的人生中创造了属于自己的不平凡，才更有成就感。我们用了不到半年时间，公司达到了收支平衡。

（引自https：//zhuanlan.zhihu.com/p/143163499，有删改）

讨论：

1. 该创业者的企业是属于哪种企业组织形式？
2. 创业者是如何选址的？如果是你，如何选择？
3. 创业者在创业初期遇到困难后改变营销策略的举措是否正确？如果是你，会怎么做？

任务一　新创企业的开办

一、新创企业组织形式的选择

如果你已经为创业做好了充分准备，决心进入创业行列，不论是初次创业还是曾有过创立公司的经历，结合自己的创业设想和具体情况，选择一个合适的法律组织形式进行注册都是首先需要考虑的问题。

（一）企业的组织形式

企业的组织形式是指企业按照国家法律规定，在市场环境中存在的合法身份。目前，企业的组织形式从法律上主要包括个体工商户、个人独资企业、合伙企业、有限责任公司、股份有限公司等。不同的企业法律组织形式有不同的特点和要求，对企业会产生诸多影响，了解它们，有助于创业者选择合适的企业组织形式。

1. 个体工商户

个体工商户是指有经营能力的公民依据《促进个体工商户发展条例》，在中华人民共和国境内从事工商业经营，依法登记为个体工商户的自然人。

2. 个人独资企业

个人独资企业，简称独资企业，是指依据《中华人民共和国个人独资企业法》在中国境内设立，由一个自然人投资，财产为投资人个人所有，投资人以其个人财产对企业债务承担无限责任的经营实体。

3. 合伙企业

合伙企业是指自然人、法人和其他组织依照《中华人民共和国合伙企业法》在中国境内设立的普通合伙企业和有限合伙企业。普通合伙企业由普通合伙人组成，合伙人对合伙企业债务承担无限连带责任。

有限合伙企业由普通合伙人和有限合伙人组成，普通合伙人对合伙企业债务承担无限连带责任，有限合伙人以其认缴的出资额为限对合伙企业债务承担责任。

4.有限责任公司

有限责任公司是指符合《中华人民共和国公司法》规定的设立条件，在中国境内依法向公司登记机关申请设立登记为有限责任公司的，有限责任公司的股东以其认缴的出资额为限对公司承担责任。在公司的发展史上，有限责任公司出现得较晚，由于它较好地吸收了其他公司形式的优点并克服其不足，所以这种公司组织形式在世界各国得到了迅速发展。

5.股份有限公司

股份有限公司是指符合《中华人民共和国公司法》规定的设立条件，在中国境内依法向公司登记机关申请设立登记为股份有限公司的，股份有限公司的股东以其认购的股份为限对公司承担责任。股份有限公司因其可以在社会上广泛筹资、股份可以自由转让、公司可以实行所有权与经营权分离的经营方式、分权制衡机制以及股东有限责任等特点，特别适合于大型企业的经营，现今已成为十分重要的公司组织形式。

几种主要企业组织形式的特点如表6-1所示。

表6-1 几种主要企业组织形式比较

项目	个体工商户	个人独资企业	合伙企业	有限责任公司	股份有限公司
投资人数	个人或家庭	1个自然人	两个以上自然人	50个以下自然人或法人	2～200个发起人
法人资格	否	否	否	是	是
注册资本	无	无	无	注册资本出资额由股东在公司章程里认缴	注册资本为在公司登记机关登记的全体发起人认购的股本总额
设立程序	简单	简单	中等	复杂	很复杂
利润分配	利润归个人或家庭	利润归个人所有	利润分配按照合伙协议的约定分配	按股东实缴的出资比例分配利润	按股东持有的股份比例分配利润，当事人另有约定的除外
债务责任	个人或家庭承担无限责任	投资人以其个人资产承担无限责任	普通合伙人承担无限连带责任，有限合伙人以其认缴的出资额为限承担有限责任	股东以其认缴的出资额为限承担有限责任	股东以其认购的股份为限对公司承担责任
融资能力	弱	弱	中	强	很强
公司账目	不公开	不公开	不公开	不公开	公开
所得税	个人	个人	个人	企业＋个人	企业＋个人

(二) 企业组织形式的选择

新创企业可以选择不同的组织形式，或者由一个独立体创办单一业主制企业，或者由几个人创办合伙制企业，或者成立法人公司制企业。但无论选择怎样的组织形式，都必须根据国家的法律法规要求，结合新创企业的稳定经营和持续发展需求，科学衡量各种组织形式的利弊，选择合适的组织形式。在选择企业组织形式时创业者要考虑以下几个因素：

(1) 创业目标；
(2) 行业类型和发展前景；
(3) 企业主或投资者的数量；
(4) 创业资金、资源多少；
(5) 充分利用政策的优势；
(6) 创业者的价值观念。

不同企业组织形式各有其利弊，选择恰当，便可趋利避害，反之，就可能对企业将来的发展带来巨大的隐患。大学生新创企业多属于小微企业，如果你有较强的独立意识，不喜欢与他人合作，可以选择个体工商户、个人独资企业或一人有限责任公司的法律形式；如果你的创业资金和技术不足，愿意发挥团队的力量，借助外部更多的资源来支撑企业快速成长，且有志同道合的朋友愿意一起干，不妨选择合伙企业或者有限责任公司的组织形式。

二、新创企业注册流程

创办企业需要按照法律规定的程序，办理相关的合法手续，才能受到法律的保护。否则，新创企业会四处碰壁，步履维艰。新创企业从事经营活动，必须到工商行政管理部门办理登记手续，领取营业执照。如从事特定行业的经营活动，还需事先取得相关主管部门的批准文件。企业注册的一般步骤如下。

(一) 企业名称核准

注册企业前，首先需要给企业取个名称。申请企业名称登记时，由企业名称登记主管机关核定，企业名称经核准登记注册后方可使用。企业名称在规定的范围内享有专用权，能保护企业的合法权益，维护社会经济秩序。企业名称不仅要符合工商部门的规范，更重要的是，企业名称要有利于企业经营。

1. 企业名称的规范要求

1) 企业名称构成

企业名称主要由四部分组成：行政区划 + 名称字号 + 行业特点 + 组织形式。

例1：北京小米科技有限责任公司

其中，北京（北京市）为行政区划；小米为字号，为减少重名，建议使用三个以上汉字字符作为字号；科技是行业特点，应与公司申请经营范围中的主营行业相对应；有限责任公司是组织形式。

注意，分支机构的名称应冠以主办单位的全称。

例2：长沙太平洋商贸股份有限公司株洲分公司

其中，长沙为行政区划；太平洋为字号；商贸是行业特点，代表了公司经营范围中的主营行业；股份有限公司是组织形式；株洲分公司是分支机构。

2）禁限用的企业名称

企业的名称是有规范和要求的。为了规范企业名称审核行为，企业名称审核人员依据《企业名称禁限用规则》对企业名称是否存在有关禁限用内容进行审查，按照有关规定作出核准或者驳回的决定。禁限用规则分为禁止性规则和限制性规则，禁止性规则有11条，包括一般禁止性规则和特殊禁止性规则。限制性规则有15条，包括一般限制规则和特殊限制规则。一般禁止性规则如下。

①企业名称不得与同一企业登记机关已登记注册、核准的同行业企业名称相同。

②企业名称不得含有有损于国家、社会公共利益的内容和文字。

③企业名称不得含有可能对公众造成欺骗或者误解的内容和文字。

④企业名称不得含有外国国家（地区）名称、国际组织名称。

⑤企业名称不得含有政党名称、党政军机关名称、群团组织名称、社会组织名称及部队番号。

⑥企业名称应当使用符合国家规范的汉字，不得使用外文、字母和阿拉伯数字。

⑦企业名称不得含有其他法律、行政法规规定禁止的内容和文字。

提示：为避免与同行业企业名称重复、提高核准通过率，建议通过"全国市场主体登记注册服务网"网络申请名称预先核准，在名称申请信息填报页面，输入名称四段式，若拟申报的名称中包含了禁限字词，则系统会弹出禁止窗口；若拟申报的名称与同登记机关同行业已登记、核准的名称存在相同或高度相似的情况，则系统会弹出禁止窗口，并列出禁止企业名称；若拟申报的名称与同登记机关同行业已登记、核准的名称存在相近似的情况，则系统会弹出提示窗口（存在名称被驳回的风险），并列出相近似企业。

2.好的企业名称特征

企业名称是公众了解企业的首要途径，也是消费者对企业的第一印象，属于企业品牌的组成要素。企业名称关系到企业在行业内的影响力，还关系到企业所经营的产品投放市场后消费者对该企业的认可度。

好的企业名称往往有利于企业文化与品牌形象的传播，尤其是对于新创企业而言，如果能够设计一个让客户欣然接受的企业名称，那你的营销工作就一定会更加轻松。一个好的企业名称大多有如下特征。

（1）富有文化内涵。企业名称应该充分体现企业的文化价值观或者历史文化传统。即使字面上难以直观看出，也要求名称应该有深层次的寓意。

（2）富有冲击力。可以从两方面来理解这种冲击力。一种是文字表面的冲击力，即企业名称本身具有不同凡响的气魄与理想，令人振奋；另一种是潜在的冲击力，即企业名称的文化内涵以及隐藏的雄伟气魄与远大理想所带来的冲击力量。

（3）简单、易记、易理解且独立性强，朗朗上口，便于记忆。

（4）适应国际化。在经济全球化时代，尤其是要走出国门的企业，其名称在这方面应该有足够的重视。企业命名应该着眼于全球，要好翻译、好理解且符合外国人的阅读习惯，同时发音也要符合外国人的习惯。另外，如果是在海外的公司，企业名称还需要符合当地的文化风俗习惯。

百度、中国平安保险、联想等都是卓越名称的典范。

（二）前置和后置审批

不同行业及相应管理部门规定不同，有的要前置审批（餐饮行业等12大类），有的要后置审批（根据工商行政管理局告知，共计41大类190个审批项目）。如有特殊经营许可项目还需相关部门报审盖章（特种许可项目涉及卫生防疫、消防、治安、环保、科委等有关部门）。

（三）申领营业执照（三证合一、一照一码）

工商行政管理局对企业提交的材料进行审查，确定其是否符合企业登记申请要求。提供完整资料的五个工作日后经工商行政管理局核定，可领取一个加载统一社会信用代码（以下简称统一代码）的营业执照。

（四）刻制印章

凭营业执照、法人身份证原件、经办人身份证及复印件到公安局指定的单位刻章，包括公章、财务专用章和法人章等。

（五）开立银行基本账户

银行基本账户是指存款人办理日常转账结算和现金收付而开立的银行结算账户。企业经营活动的日常资金收付以及工资、奖金和现金的支取均可通过该账户办理，存款人只能在银行开立一个基本存款账户。开立基本存款账户是开立其他银行结算账户的前提。企业开立的基本账户的名称应按照营业执照上的单位名称设置，具体可在企业属地任意一家具有对公业务的银行金融网点开立基本存款账户。如需将验资存款账户直接转为基本存款账户，企业应提供开户证明、企业的营业执照正本原件及复印件、组织机构代码证正本原件及复印件、法人代表身份证原件及复印件、国地税的税务登记证原件及复印件、印鉴卡、开立单位银行结算账户的申请书等相关资料。

（六）办理税务登记

企业成立后，一般要求十个工作日内去所属税务机关登记报到，若超时未报到，会影响企业法人及股东的诚信。税务报到后每月都需记账报税，没有收入支出也需要报税，不能忘记申报。

（七）办理社会保险登记

社会保险登记是社会保险费征缴的前提和基础，也是整个社会保险制度得以建立的基础。县级以上劳动保障行政部门的社会保险经办机构主管社会保险登记。缴费单位申请办理社会保险登记时，应填报《社会保险登记表》，并出示《企业法人营业执照》（副本）。

（八）注册商标

注册商标，是指商标使用人将其使用的商标依照法律规定的条件和程序，向国家商标主管机关（国家知识产权局商标局）提出注册申请，经国家商标主管机关依法审查，准予注册登记的法律事实。商标通常由文字、图形、英文、数字的组合构成。商标注册的一般程序是：商标查询（2天内）→申请文件准备（3天内）→提交申请（2天内）→缴纳商标注册费用→商标形式审查（1个月）→下发商标受理通知书→商标实质审查（12个月）→商标公告（3个月）→颁发商标证书。

三、新创企业相关文件的编写

企业在注册过程中，还需要按规定提交有关材料，如合伙协议、公司章程等。

（一）合伙协议的编写

合伙协议依法由全体合伙人协商一致，以书面形式订立合伙协议。设立合伙企业，应当遵循自愿、平等、公平、诚实守信原则。合伙协议应当载明下列事项，即合伙企业的名称和主要经营场所；合伙目的和合伙经营范围；合伙人的姓名或者名称、住所；合伙人的出资方式、数额和缴付期限；利润分配、亏损分担方式；合伙事务的执行；入伙与退伙；争议解决办法；合伙企业的解散与清算；违约责任。合伙协议经全体合伙人签名、盖章后生效。合伙人按照合伙协议享有权利，履行义务。修改或者补充合伙协议，应当经全体合伙人一致同意；但是，合伙协议另有约定的除外。合伙协议未约定或者约定不明确的事项，由合伙人协商决定；协商不成的依照有关法律、行政法规的规定处理。

有限合伙企业的合伙协议，除以上内容外，还应当载明下列事项，即普通合伙人和有限合伙人的姓名或者名称、住所；执行事务合伙人应具备的条件和选择程序；执行事务合伙人权限与违约处理办法；执行事务合伙人的除名条件和更换程序；有限合伙人入伙、退伙的条件、程序以及相关责任；有限合伙人和普通合伙人相互转变程序。有限合伙人可以用货币、实物、知识产权、土地使用权或者其他财产权利作价出资，有限合伙人不得以劳务出资。

（二）公司章程的编写

有限责任公司章程应当载明下列事项：公司名称和住所、公司经营范围、公司注册资本、股东的姓名或者名称、股东的出资方式、出资额和出资时间、公司的机构及其产生办法、职权、议事规则、公司法定代表人、股东会议认为需要规定的其他事项等。股东应当在公司章程上签名、盖章。

一人有限责任公司应当在公司登记中注明自然人独资或者法人独资，并在公司营业执照中载明。一人有限责任公司章程由股东制定。

四、新创企业的选址

（一）影响新创企业选址的因素

新创企业都需要有经营场所，企业的选址与未来的经营发展有着很大的关系。对于创业者来说，将创业的地点选在哪个城市、哪个区域是一件先决性的事情。尤其是以门店为主的商业或服务型企业，店面的选择往往是成功的关键。好的选址等于成功了一半。

大多数创业者都会选择在熟悉的市、地（家乡或者学习的城市等）开展创业。在选定目标城市后，还需要进一步选择具体的经营地点。不同类型的新创企业，在选址上优先考虑的因素是不同的。

1. 生产性质的新创企业选址

生产性质的新创企业在选址时要考虑具备生产条件。如交通方便，便于原料运进和产品运出；生产用电要满足，生产用水要保证；生产所使用的原料基地要尽量离企业不远；所使用的劳动力资源要尽量就地解决；考虑当地税收是否有优惠政策等。如果是一些可能对环境造成影响的生产项目，还须考虑环保因素。

2. 商业性质的新创企业选址

商业性质的新创企业在选址时应考虑创业地的实际情况、客流量、店铺租金等。如在城市，若干个商业圈往往带动圈内商业的规模效应，选择在商业圈内会较易经营。但与繁华商圈寸土寸金的消费能力相对应，店铺租金或转让费也让店铺寸土寸金，相关投入往往会让创业者捉襟见肘，想要得到立足之地十分困难。因而可以在商业圈内利用联合经营、委托代销等方式，或者在商业圈边缘选址，转向"次商圈"，将因此而节约下来的资金用于货品升级、提升服务等。在选址时要有"借光"的意识，比如在体育馆、展览馆、电影院旁边选址等。如果选择商圈之外的经营场所，则要注意做出特色，形成自己独特的风格，以达到"酒香不怕巷子深"的效果。

3. 服务性质的新创企业选址

服务性质的新创企业在选址时要根据具体的经营对象灵活选择，但对客流量要求较高，客流一定意义上就等于财流。在车水马龙、人流量大的地段经营，成功的几率往往比在人迹罕至的地段要高得多，但也应结合企业的目标消费群体特点，如针对居民的应设在居民社区附近，针对学生的则应设在学校附近。如果以订单为主，低成本、高效能的办公楼成为首选。

目前，年轻人多以从事服务性和知识性产品的创业为主，集中在网络技术、电子科技、媒体制作和广告等产业。这些性质的企业可以选在行业聚集区、较成熟的商务区或新兴的创意产业园区中。

在选择经营场地时，各行业的考虑重点各不相同，其中有两项因素是不容忽略的，即租金给付的能力和租约的条件。经营场地租金是最固定的营运成本之一，即使休息不营业，也得支出。有些货品流通迅速、空间要求不大的行业，如精品店、高级时装店、餐厅等，负担得起高房租，就设于高租金区；而家具店、旧货店等，因为需要较大的空间，最好设在低租金区。

（二）新创企业选址的策略和技巧

科学有效的选址策略和技巧，是新创企业成长发展的关键要素，常见的选择策略和技巧有以下三种。

1.基于市场信息收集与研究的选址策略和技巧

市场信息决定创业者的选址决策，结合影响创业选址的多方面因素，创业者可以自己收集市场信息，也可以借助专业中介机构。中介机构收集市场信息并进行定性与定量的科学分析，是一个客观、科学、专业的好方法，可以摆脱自身的主观偏见，更加客观、更加专业地衡量，从而作出正确的选址决策。

2.基于备选地址考察与评估的选址策略和技巧

创业者亲自走访备选地址，采用科学的定量方法统计、分析、评估所在商圈的人流、交通、消费潜力、市场大小、竞争环境等因素，根据新创企业的基本条件、自身资源实力、预期希望等标准，确定最佳企业地址。

3.基于专家意见的选址策略和技巧

通过前期调查的一手数据资料和分析，拟定2~3个备选方案。邀请业内专家，听取其关于备选方案的选址建议，并综合分析各项影响因素，结合新创企业的行业特点及市场定位等，最终作出新创企业的选址决策。

（三）新创企业选址程序

企业选址可以按照以下步骤开展。

（1）把你认为企业选址的"必要"条件列出来，同时列出你希望的但并非必需的企业选址条件。

（2）找出一定区域内符合你所列条件的所有位置。

（3）实地考察这些地方，根据初步印象剔除不合要求的选项，选择2~3处比较合适的位置。

（4）对剩下的2~3处再次进行考察，并一一对照事先列出的条件，要特别注意那些关系生意成败的关键因素。

（5）每个地方白天、晚上多去几次，以便进一步了解其是否合适。

（6）做客流情况统计，计算每个地点每天各时段通过的人流、车流情况，以便推算潜在消费者数量。

（7）向有经验人士和该地区的生意人征询意见。

（8）综合分析收集到的各种信息和意见，作出企业选址决定。

课堂互动

课堂活动1

1. 主题：甲乙合伙创业该选择哪种企业组织形式？
2. 活动形式：案例分析。
3. 目标：通过小组讨论，让学生区分普通合伙企业、有限合伙企业、有限责任公司的优劣。
4. 建议时间：20分钟。
5. 案例题目：甲乙两个人合伙创业，甲出资10万元，乙方出资30万元。企业因经营不善倒闭了，亏欠工人工资、材料供应商共计60余万元，公司清算只余2万元。

（1）如果当初注册的是普通合伙企业，甲要承担什么赔偿责任？若乙人间蒸发后，甲又要承担什么赔偿责任？

（2）如果当初注册的是有限合伙企业，甲是普通合伙人，甲要承担什么赔偿责任？如果甲是有限合伙人，甲要承担什么赔偿责任？若乙人间蒸发，甲又要承担什么赔偿责任？

（3）如果当初注册的是有限责任公司，甲要承担什么赔偿责任？若乙人间蒸发了，甲又要承担什么赔偿责任？

6. 活动步骤：

第一步，教师分步骤给出可能情况，学生小组讨论；

第二步，各小组计算出自己的答案，并阐述自己的观点；

第三步，教师核算，最后总结。

课堂活动2

1. 主题：影响选址的因素。
2. 活动形式：头脑风暴法。
3. 目标：通过头脑风暴，让学生主动思考选址时要考虑哪些因素。
4. 建议时间：10分钟。

5.活动步骤:

第一步,教师发布头脑风暴题目,学生们小组讨论;

第二步,各小组学生打开脑洞,自由讨论观点;

第三步,各小组派一名代表总结陈述观点。

课堂活动3

1.主题:美甲店该怎么选址?

2.活动形式:案例分析。

3.目标:通过案例分析,让学生掌握新创企业选址要考虑的因素,掌握选址技巧。

4.建议时间:20分钟。

5.案例题目:李芳准备开一家美甲店,现在看了四个地点。一个在高档写字楼里,租金是4500元/月,押一付三;一个在繁华购物中心内,租金是6000元/月,押一付三;一个在居民楼一楼,租金是2500元/月,押一付三;一个在居民楼二楼,租金是1800元/月,押一付三。请学生们讨论:李芳选择哪一个地点开业更合适?

6.活动步骤:

第一步,教师发布分析案例,学生小组讨论;

第二步,各小组讨论方案,并说明理由;

第三步,各小组派代表陈述观点及理由。

【案例导入】

"中国女大学生创业第一人"的创业故事

李玲玲被称为"中国女大学生创业第一人"。她在17岁时就发明了"高杆喷雾器",获得国家发明专利。1999年,还在华中科技大学新闻系上大三的李玲玲已拥有7项发明专利,发明的防撬锁在第七届中国专利博览会上获金奖,拿到10万元创业风险基金,注册成立了天行健科技开发公司。李玲玲以专利入股,占公司四成股份。

可对于一个初出茅庐的女大学生来说,创业两个字本身就意味着艰辛。她回忆说:"白天学校的保安不让刷海报,我们总是在半夜12点以后,偷偷跑到大学里面去刷。"

事情并没有按既定轨道运行。不到一年时间,天行健公司就匆匆以倒闭收场。李玲玲回忆说:"最大的障碍还是在于人际关系处理不当,大学生创业圈子都有一个与生俱来的缺陷,那就是办事无头绪,人脉资源匮乏,不会处理人际关系。"

从2004年开始,李玲玲开始把精力放在防盗门和装饰装潢上,重新注册海纳科技公司。在摸索期，她遇到了很多难题，"不是难，是非常难，比如说资金的压力，项目的改进，人员管理，包括社会关系这些都碰到过。"

经过几年的摸爬滚打，李玲玲的公司开始走上正轨。由于钢价不断上涨，防盗门成本增加。李玲玲顶住压力，既没有涨价，也没有减料，经久耐用的产品得到客户认同，订单不断涌来。

公司目前拥有真空转印、防撬多扣边、隐形中控锁等6项专利，应用到生产中的有4项。专利对于公司的发展功不可没，而这位靠专利起家的"金点子姑娘"，依旧有着难以割舍的专利情结。李玲玲解释说："拥有自主知识产权，就拥有了竞争力。"

近年来，李玲玲先后并购综合网站"汉人网"，所经营的防盗门和装饰装潢工程也蒸蒸日上，公司从开始的三个人发展到上千人，规模不断壮大。

讨论：
1. 李玲玲的天行健科技开发公司为什么会倒闭？
2. 如果是你，你会怎样避免这种情况的发生？

任务二　新创企业的管理

企业创办基本完成之后，就需要根据企业计划，逐步建立相应的组织机构，建立和逐步完善一系列企业内部制度，这样才能使企业尽快投入运营并进行有效的管理，获得效益。初创阶段，企业内部建设主要抓制度建设、员工培训和企业文化建设等工作。

一、新创企业管理的特殊性

企业在创办初期，往往具有一些典型的特征。

（一）生存为第一要务

企业创办是一个从无到有、从0到1的过程，在这个过程中，一切都具有很大的不确定性，企业随时会面临破产清算的风险。因此，如何生存下来便是每一个创业者每天要思考的问题。企业的一切会围绕生存运作，任何危及生存的做法都应该避免。因此，新创企业最忌讳盲目扩张、跑马圈地，这样做会给企业带来毁灭性的灾难。新创企业要找到一个新的成功的生存模式，尽量做到以收抵支、及时偿债，以产品或服务销售取得的现金，抵补日常的经营支出，并且及时偿还到期债务。

（二）销售是一切根本

新创企业要在市场上立足，就需要尽快得到客户的认可，将提供的产品或服务销售出去。因此，要让消费者在最短时间内，认识并接受企业产品或服务，使企业在市场竞争中生存下来。在此阶段，销售是生存的保障，一切围绕生存运转。找到客户，将产品或服务卖出去，掘到第一桶金，才是生存的基础。"别再跟我谈对新产品的构想，告诉我你能销售多少现有产品"是新创企业典型对白。企业看重的是结果，重要的不在于想什么，而在于做什么。企业多数人（包括创业者）都要外出找市场，了解和销售产品。此阶段，企业应注重机会，市场一有机会就立刻做出反应。

（三）团队处于磨合期

创业初期，创业团队虽然有内部分工，但由于人少事多，使得企业的工作开展难以严格按照分工执行，往往是一人身兼数职，哪里有需要就在哪里填空缺，大家在分工的基础上更强调合作，更多依靠员工的热情和团队精神完成任务。为此，创业者应充分认识员工之间在知识、信息、资源和能力等方面的互补性，结合其各自擅长的领域进行相应分工，充分发挥每一位员工的优势，强化员工彼此之间的合作。团队成员合理分工，每个人都有每个人的职位，不得串位，领导就是领导，要有等级观念。下班是兄弟，上班是战场上的团队。

（四）资金要靠累积

创业初期较高的不确定性带来的高风险，和企业缺乏相应可抵押资产的状况，使得新创企业从外界取得债权资金比较困难。另外，新创企业的估值与既有企业相比难度较大，缺乏投资者可参考的经营信息和投资回报率的参考估计，外部的股权融资也难以取得。于是，新创企业只能依靠企业自身创造现金流，靠产品或服务的销售产生现金流入。对于有获利的企业，也往往不会进行利润分配，而是将大部分盈利留存下来作为经营资金的补充。

（五）高成长性和高风险性相伴而来

新创企业处于成长阶段，极具成长潜力。企业通常经营机制灵活，在产品、技术或服务等方面具有一定的独特性和领先性，对区域市场和细分行业的竞争能够良好地适应和应对，因而成长性较好。与高成长性相对应，新创企业的成长具有较大的不确定性和高风险性。由于技术环境的变化、商业模式的变革、竞争对手的打压、内部管理的瓶颈等，新创企业的业绩波动也高于成熟企业，呈现出"易变""高死亡率""充满风险"等特点，新创企业成长呈现出非线性特征，可能爆发式增长，也可能突然衰退，甚至是彻底失败。

二、新创企业生存管理的技巧和策略

创办新企业，通常所需的资源包括人、财、物、技术、信息等五大类。基于此，在新创企业的生存管理过程中，我们可以在这五类资源的管理过程中，提升管理技巧和策略，让新创企业安然生存，并快速成长。

（一）新创企业人力资源管理

1. 员工招聘与录用

1）制定人力资源计划

在招募员工之前，要对企业的人力资源开发和管理作一个规划，也就是常说的人力资源计划。对于新创企业而言，人力资源计划是企业运营和发展的重要保障。制订人力资源计划一般分为三个步骤。

（1）评估人力资源状况。人力资源整体状况的评估首先需要制订出详细的岗位设置和岗位描述，说明该岗位员工应该做哪些工作，如何做、为什么这样做，反映工作内容、工作环境及工作条件、工作职责等。其次，根据企业的用工情况和员工人详情作出完整的评估。查看企业中每个岗位需要具备哪些知识和技能，现在人力资源存在什么问题，能否满足创业任务的要求等。

（2）预估未来人力资源要求。企业的发展会经历不同的阶段，各个阶段人力资源需求也会不同。在审视目前的人力资源之后，应该根据既定的目标对企业未来发展所需的人力资源进行预估。

对现有岗位的人员数量和质量的缺额，未来可能增加的岗位以及所对应的人力资源需求作出具体的、可操作的计划。同时，需要对企业内部和外部的人力资源供给进行分析，如内部员工晋升预估、求职高峰的时段、具体行业人才的规模等。要做到需求预估和外部供给相结合，让人力资源计划更贴近实际。

（3）制订切实可行的计划。新创企业会面临许多未知的机遇和挑战，在制订计划时，要充分考虑其灵活性和机动性，不能过于死板、一成不变，在执行计划的同时要进行跟踪、监督并及时进行调整。

2）明确招聘目标

没有规矩，不成方圆。在招聘之前，要明确招聘的标准，有计划、有目的地去招聘员工。新创企业犹如羽翼未丰的雏鸟，经不起太大的变动，也没有过多的时间和精力去重复招聘某一个岗位人员。因此，要对具体岗位的员工标准做出准确的界定，力求一锤定音，一次性找到心仪的人才。新创企业在招聘员工时，除了岗位需求之外，要特别关注员工以下特质。

（1）具有创新精神和强烈工作愿望。新创企业招聘员工的目的不仅是维持企业运转、完成交代的任务，还应该具备创新的精神才能帮助新创企业前行；同时还应具有工作的主观能动性，要勇于、敢于、愿意去创新，这样才能让企业充满活力和生机，才能使新员工迅速融入新创企业的环境。

（2）有行业经验。很多大学生创业者的初创团队都是由大学校友组成，所以在新创企业发展过程中，不可能如成熟企业一般对新员工进行完整而又全面的培训，也没有太多时间让员工去尝试，而更需要新员工能够尽快投入工作。因此，新创企业更需要在行业内具有一定经验的人才，来帮助处于早期的企业管理者解决经验不足的问题。所以，新创企业在招聘时，应对在行业内具有一定经验的求职者给予一定重视。

（3）对创业的认可度。不是每个求职者都愿意在新创企业就职，求职者对创业的认知也有差异。创业者在招聘时，应注意求职者对创业是否认可、对新创企业是否认可。很多求职者往往只需要一个工作过渡，而新创企业更需要志同道合的员工。所以，对于创业的认可度，也是员工招聘需要考虑的方面。

3) 选择合适的招聘渠道

新创企业规模不大，整个岗位配置和任务分配比较清晰，一般都会采取外部招聘的方式。具体来讲，外部招聘的主要渠道有网络招聘、他人推荐、刊登招聘广告和校园招聘等。这些渠道的优势和劣势如表6-2所示。

表6-2 几种招聘渠道分析

招聘渠道	优劣势分析
网络招聘	求职者信息搜集较快、来源较广泛，招聘成本较低，但人才参差不齐，需要多加甄别
他人推荐	可靠快速，与企业磨合期较短，招聘成本较低，但选择面过窄，不容易找到合适的员工
刊登招聘广告	辐射面较广，适用于招聘高层管理岗位和行业技术人才，有一定招聘成本
校园招聘	求职者有活力和创新意识，但行业经验不足

4) 招聘考核

在选定了招聘渠道之后，还需要制订招聘计划、发布招聘信息，并对求职者进行测试和考察。

（1）制定招聘计划。依据人力资源计划，制订招聘计划，确定招聘的人数、岗位和参加招聘的人员。

（2）发布招聘信息。根据企业的实际情况和具体要求设计招聘方式，常用的招聘方式有笔试、面试、竞聘演讲、竞聘辩论、无领导小组讨论等。

（3）对求职者进行测试和考察。通过投递的简历甄选出合适的求职者，通知面试并对其在招聘程序中的表现进行汇总，最后根据汇总结果讨论并确定录用名单。

5) 正式录用

完成招聘程序后，企业可以通知员工入职，签订劳动合同，参加入职培训。在入职培训中，企业的人事专员或团队成员，都可以向新入职员工介绍企业的基本情况、创业过程、岗位的性质和所属部门的目标与规划，同时向入职员工介绍企业的各项规章制度，如薪酬制度和绩效考核制度等，让入职员工消除担心和焦虑，尽快进入工作状态。

在创业过程中，如果出现人员冗余、企业缩减规模、员工违反规章制度等情况，也要相应解聘一些员工，以保证企业的正常运营。员工招聘是人力资源管理的第一步。和企业的发展一样，企业的人力资源管理也会经历从不成熟到成熟、从不完善到完善的过程。在这个过程中，企业必须建立科学的人力资源管理机制，包括科学的员工招聘录用流程、合理的绩效薪酬机制，关注员工的不同需求，注重对员工的培训和开发，规避一些易发生的错误，让整个企业处于良性的发展轨道上。

2.新创企业的员工管理

企业竞争的关键是人才的竞争，一个企业要发展、要在日益激烈的市场竞争中立于不败之地，吸引和留住人才是关键。在繁杂的企业管理事务中，"人"的管理是最重要也最有挑战性，尤其对于新创企业而言要特别注重员工管理。员工管理主要分为绩效管理、薪酬管理和职业规划三个方面。

1) 绩效管理

绩就是业绩，体现企业的利润目标，又包括目标管理和职责要求两个方面。企业要有企业的目标，个人要有个人的目标，目标管理能保证企业向着希望的方向前进，实现目标或者超额完成目标可以获得奖励，如奖金、提成、效益工资等。职责要求就是对员工日常工作的要求，如业务员除了完成销售目标外，还要做新客户开发、市场分析报告等工作，对这些职责工作也有要求，这个要求的体现形式就是工资。

效就是效率，效意味着效果、态度、品行、行为、方法、方式。效是一种行为，体现的是企业的管理成熟度目标。效又包括纪律和品行两个方面，纪律包括企业的规章制度、规范等，纪律严明的员工可以得到荣誉和肯定，如表彰、发奖状/奖杯等。品行指个人的行为，"小用看业绩，大用看品行"，只有业绩突出且品行优秀的人员才能够得到晋升和重用。

2) 薪酬管理

薪酬是指员工向其所在单位提供所需要的劳动而获得的各种形式补偿，是单位支付给员工的劳动报酬。在企业中，员工的工资和福利构成了企业薪酬体系，薪酬管理也是员工管理中最核心的组成部分。

薪酬主要由企业的薪酬管理制度决定，同时受国家相关法律法规的制约。合理的薪酬管理制度将从很大程度上激发、挖掘员工的工作热情和潜力，节约企业的运营成本，并保证企业资金的正常流动。

对于新创企业而言，好的薪酬管理制度具有公平、保密性、结构合理等性质。

3) 职业规划

薪酬制度建立起来了，企业就不愁人才流失了吗？当然不是！许多企业的老板抱怨：我们公司无论薪酬、福利，各方面的待遇，样样不比竞争对手差，可员工怎么就是喜欢跳槽呢？

近年来，同行业企业间的薪酬差距逐渐减小，人们在择业过程中对工作环境、人才培育机制、个人发展空间等因素开始投入越来越多的关注，因此，员工的职业生涯规划因素在企业留人方面的作用越来越凸显。在很多情况下，企业能否留住优秀骨干的关键不仅是薪酬，而在于企业能否为他们创造良好的条件，使之有机会施展才能、实现自我价值。

从企业的角度来说，职业生涯管理是企业人力资源管理的核心内容之一，是满足人才需求、留住人才的重要手段。企业要发展，就不能只将员工看成打工者，而应当将其看作影响企业成败的战略合作伙伴。

对于企业来说，职业生涯规划的作用可归纳为以下几点：

① 为企业的发展培养各种人才；

② 帮助企业建立属于自己的企业文化；

③ 提升员工忠诚度，提高成员的稳定性。

新创企业的员工大部分都处于职业生涯初期，每个人的经历、兴趣、背景、对未来的期许都是不同的，加上目前人才市场竞争激烈，员工对自身未来的发展和在企业中的位置更加抱有期望，希望自己的技术和管理能力提高的同时，也希望在工资、待遇、职称、成就感、业务能力扩展等方面得到提高。企业如果不能量其才、任其职，阻碍了员工的职业发展，那么他们必然会离开企业。

鉴于此，新创企业在发展过程中，应根据企业自身所处环境的变化，结合员工的能力、兴趣和工作表现，合理规划员工的职业方向，包括培训、晋升、奖励和明确的职业生涯规划。

（二）新创企业财务管理

财，是企业的生存之本。一个企业如果没有钱，或资金链断裂，将是十分危险的。因而，财务部门重点要做好以下三个方面工作。

1. 资金筹措

资金是企业的生命，是企业开展生产经营活动的基本条件。由于企业资金在运转过程中的收支不平衡性，资金临时不足的企业为保证企业生产经营不停止，往往愿意以一定代价获取在一定期限内运用他人资金的权利，即通过银行筹集资金。特别是在发展前期，由于收入不足而投入不断增加，企业往往需要筹集更多的资金，以满足企业正常运转的需要。

2. 成本核算

在模拟运营中，人力资源成本将是企业运营的主要成本之一，当然还包括其他各项费用支出。企业运营的最终目标之一是盈利。要获取利润，一方面是努力提升企业的销售收入，扩大规模，开拓市场，提升销量；另一方面是有效控制成本，尽量减少一些不必要的支出，如合理安排人员结构，支付合适的薪资福利，在努力完成既定目标的前提下，尽量控制各项成本。

3. 现金预算

企业筹措资金后，要合理使用资金，为提升企业绩效服务，编制财务现金预算是必不可少的。编制现金预算是为决策提供的目标和选定的方案形成与资金有关的各种计划指标，协调各项计划指标之间的相互关系，并编制各项资金使用计划的过程。现金预算是落实企业经营目标和保证措施的重要工具。

(三)新创企业市场营销管理

市场营销管理通常采用市场营销组合的方式,市场营销组合是指企业针对目标市场的需要,综合考虑环境、能力、竞争状况,对自己可控制的各种营销因素(产品、价格、分销、促销等)进行优化组合和综合运用,使之协调配合、扬长避短、发挥优势,以取得更好的经济效益和社会效益。

20世纪50年代初,根据需求中心论的营销观念,麦卡锡教授把企业开展营销活动的可控因素归纳为四类,即产品(product)、价格(price)、渠道(place)和促销(promotion),由此,提出了市场营销的4P组合。

1.产品策略

1)产品整体概念

人们通常把产品理解为具有某种物质形状、能够提供某种用途的物质实体,如服装、食品、汽车等。从市场营销的观点来看,产品概念的内涵被大大扩展了,一切能满足消费者某种利益和欲望的物质产品和非物质形态的服务均为产品。

简言之,产品=有形物品+服务。产品整体概念由核心产品、形式产品和延伸产品三个基本层次组成。新创企业在设计产品时应当结合企业自身实际情况综合考虑产品整体概念。

2)产品组合策略

产品的组合通常是由若干条产品线组成,针对新创企业理想的产品组合主要包括以下三种。

(1)流量产品。这类产品一般是产品矩阵中销量最大的产品,能为产品矩阵中的其他产品带来巨大的流量和市场覆盖,是企业销售量最大、销售最有保障的产品。这类产品利润率不高,但能保证适当的市场占有率、企业现金流,维持企业正常运转,降低企业面临的市场风险。

(2)利润产品。这类产品是经销商具有核心竞争力的产品,这部分产品销量不是最大,但该类产品的利润率及利润贡献率综合指标最高,一般是处于市场成长和成熟期产品。

(3)形象产品。形象产品一般代表产品的形象,目的是提升产品的档次感和价值感,塑造品牌的形象。这种产品一般价格和利润都很高,但相对于利润产品和流量产品,形象产品的用户和销量不一定大。

2.价格策略

1)弹性价格

对产品定价不是一件简单的事情,尤其是新创企业营销机构不健全,更应该借助市场数据监测进行统计、分析,同时还要考虑价格弹性因素、了解消费者心里的价格标杆进行价格制定。

(1)高价策略。高价策略又叫作"撇脂定价",指企业以远高于成本的价格将新产品投入市场,以便在短期内获取高额利润,尽快收回投资,然后再逐渐降低价格的策略。

使用高价策略应该谨慎,如果你是产品品类中第一个建立高价位的品牌,就可以使用此策略。此策略一般适合于市场需求量大且需求价格弹性小,顾客愿意为获得产品价值而支付高价的细分市场,如iPhone系列手机、LV皮包等。

使用此策略的秘诀只有一个:你必须是第一个,且要用有效的品牌故事,在一个顾客可以接受高价的品类里建立高价地位,否则高价只会将顾客吓跑。

(2)低价策略。低价策略又叫"渗透定价策略",是指在新产品投放市场时,制定比较低的价格,以接近消费者、刺激需求、争取市场的主动权的定价策略。一般适用于需求弹性大的商品,企业可以通过增加需求、扩大产销量、降低成本的方式,实现企业的获利目标。

2) 消费者心理价格

虽然消费者对产品之间的不同价格很清楚,但是很少有人能记住具体产品的特定价格,消费者价格心理是指消费者对商品价格的心理反应,这是影响消费者购买行为的重要因素。消费者价格心理特征有以下几点。

(1)习惯性。反复的购买活动会使消费者对某种商品的价格形成大致的概念,这种价格也叫习惯价格。消费者判断频繁购买的商品价格高低时,往往以习惯价格为标准。在习惯价格以内的价格,就认为是合理的、正常的,价格超过上限则认为太贵,价格低于下限则会对质量产生怀疑。

(2)敏感性。消费者对商品价格的心理反应程度的强弱与该商品价格变动幅度的大小通常呈同方向变化,但违背这种心理变化规律的情况也经常发生。有些商品即使价格调整幅度很大,消费者也不会产生强烈的心理反应。造成这种差异的原因是消费者对各种商品价格变动的敏感性不同。一般来说,消费者对需要经常购买的日用品价格变动很敏感,对购买次数少的高档消费品价格变动则较迟钝。

(3)感受性。消费者对商品价格高低的判断不完全以绝对价格为标准,还受其他因素的影响,主要有商品轻重、大小、商标、包装、色彩等;商品的使用价值和社会价值;货位摆布、服务方式、售货场所的气氛等。由于刺激因素造成的错觉,有的商品绝对价格相对高一些,消费者会觉得便宜;有的商品绝对价格相对低一些,消费者会觉得很贵。

(4)倾向性。消费者对商品价格的选择倾向或为高价或为低价。前者多为经济状况较好,怀有求名、显贵动机及炫耀心理的消费者;后者多属经济状况一般,怀有求实惠动机的消费者。

作为聪明的营销者会利用消费者价格心理特征,将产品的价格定在彰显其产品价值的水平上。如对于一个相对昂贵的商品,将价格拆分成若干部分,就会显得比较便宜,如健身俱乐部的会员卡,如果一次性收取上万元的会费就不会有普遍的市场,可是,如果将这上万元的会费拆分到具体的项目或者每个月的收费中,就会容易被接受。

3) 价格调整

随着市场环境的变化,企业也要对价格进行调整。在竞争的市场上,企业的价格调整有两种情况：一是根据市场条件的变化主动进行调价；二是当竞争对手价格变动以后进行的应变调价。

3.渠道策略

渠道策略主要是指企业以合理选择分销渠道和组织商品实体流通的方式来实现其营销目标，其中包括与分销有关的渠道覆盖面、商品流转环节、中间商、网点设置以及储存运输等可控因素的组合和运用。

企业在分销渠道选择中，要综合考虑渠道目标和各种限制因素或影响因素，主要有以下几种因素。

（1）市场因素。首先要考虑目标市场的大小。如果目标市场范围大，渠道则较长，反之，渠道则短些。其次是目标顾客的集中程度，如果顾客分散，宜采用长而宽的渠道，反之，宜用短而窄的渠道。

（2）产品因素。第一是产品的易毁性或易腐性。如果产品易毁或易腐，则采用直接或较短的分销渠道。第二是产品单价。如果产品单价高，可采用短渠道或直接渠道，反之，则采用间接渠道。第三是产品的体积与重量。体积大而重的产品应选择短渠道，体积小而轻的产品可采用间接销售渠道。第四是产品的技术性。产品技术性复杂，需要安装及维修服务的产品，可采用直接销售渠道，反之，则选择间接销售渠道。

（3）生产企业本身的因素。第一是企业实力强弱。企业实力主要包括人力、物力、财力。如果企业实力强可建立自己的分销网络，实行直接销售；反之，应选择中间商推销产品。第二是企业的管理能力强弱。如果企业管理能力强，又有丰富的营销经验，可选择直接销售渠道；反之，应采用中间商分销方式。第三是企业控制渠道的能力。企业为了有效地控制分销渠道，多选择短渠道；反之，如果企业不希望控制渠道，则可选择长渠道。

（4）政府有关立法及政策规定。政府颁布的法律及有关政策，如专卖制度、反垄断法、进出口规定、税法税收政策、价格政策等因素都影响企业对分销渠道的选择。例如，烟酒实行专卖制度时，这些企业就应当依法选择分销渠道。

（5）中间商特性。各类中间商实力、特点不同，如广告、运输、储存、信用、训练人员、送货频率方面具有不同的特点，也会影响生产企业对分销渠道的选择。

4.促销策略

为了快速进入市场，说服顾客购买，新创企业应该把合适的产品在合适地点按合适的价格出售的信息传达出去，这就需要促销策略。促销策略是指各种促进销售形式或手段的融合，包括运用各种促销形式和公共关系等。

根据促销手段的出发点与作用的不同，可分为以下两种促销策略。

1）推式策略

采取直接方式，运用人员推销手段，把产品推向销售渠道，其作用过程为：企业的推销员把产品或服务推荐给批发商，再由批发商推荐给零售商，后由零售商推荐给最终消费者。该策略适用于以下几种情况：①企业经营规模小或无足够资金用以执行完善的广告计划；②市场较集中，分销渠道短，销售队伍大；③产品具有很高的单位价值，如特殊品，选购品等；④产品的使用、维修、保养方法需要进行示范。

2）拉式策略

采取间接方式，通过广告和公共宣传等措施吸引最终消费者，使消费者对企业的产品或服务产生兴趣，从而引起需求，主动去购买商品或服务。其作用路线为：企业将消费者引向零售商，将零售商引向批发商，将批发商引向生产企业。这种策略适用于：①市场广大，产品多属便利品；②商品信息必须以最快速度告知广大消费者；③对产品的初始需求已呈现出有利的趋势，市场需求日渐上升；④产品具有独特性能，与其他产品的区别显而易见；⑤能引起消费者某种特殊情感的产品；⑥有充分资金用于广告。

这两种推销方式各有利弊，起着相互补充的作用。此外，目录、通告、赠品、店标、陈列、示范、展销等也都属于促销策略范围。一个好的促销策略，往往能起到多方面作用，如提供信息情况，及时引导采购；激发购买欲望，扩大产品需求；突出产品特点，建立产品形象；维持市场份额，巩固市场地位等。

（四）产品研发战略

新创企业如果有独特的技术和产品，在市场激烈的竞争中，将会有更顽强的生命力。因而，研发设计领先竞争对手的产品，可以更好地满足用户的需要，提升产品的性价比，在市场竞争中获取更多的优势。如果企业研发设计的产品并不能很好地满足用户的需要，会直接导致用户购买量的减少、用户的满意度下降、用户流失。因而，企业要根据发展战略，合理制定企业的品牌战略，提升产品的竞争力与性价比，并在市场竞争中保持领先地位。

同时，企业一定要掌握产品或服务的核心技术。一些企业在创立初期的关键技术可能是租借或引进关键人才带来的技术，这是一种极其不稳定的状态。企业应该要尽早地掌握核心技术，不至于在不确定的将来因为合作伙伴的分裂或关键核心人才的流失，而危及企业的生存。企业掌握了核心技术，也就拥有了主动权。

（五）企业"蓝海"战略

信息的作用犹如核武器。信息战略确定了一个企业的长期信息要求，企业强大的竞争力不仅来自产品的高质量、低成本及优质的售后服务，而且还在于其市场竞争战略、新产品开发战略和企业经营战略的正确实施。不谋全局者不足谋一域，全局的成功在于对各个方面的谋划、把控。

企业成立后召开的经营会议的一个重要内容是制定企业的战略及发展目标。战略不明，企业将难以推动自身发展。企业的战略是一个决策模式，决定和提示企业的目的与目标，提出实现目的的重大方针和计划，确定企业应该从事的经营业务，明确企业的经营类型与组织结构，以及企业内部的资源配置。

制定企业战略主要包括两个层次：企业级经营战略和职能级战略。在制定企业整体经营战略后，应根据企业的阶段目标与发展规划，制定各个职能部门的经营战略，包括人力资源部、研发部、营销部、客服部、财务部等。

根据企业人、财、物等各方面的资源情况，合理分配资源。各职能部门的资源配置与战略规划是为整个企业的战略目标的实现服务的。各职能部门在制定战略时应解决如下问题：我们职能部门如何为企业战略选择与实施做出相应的贡献？如何实现这些贡献？

三、新创企业风险的控制与化解

（一）新创企业面临的五大高风险

风险无处不在。一些大型企业在发展的道路上都会遇到或多或少、或大或小的风险，更何况是还没有任何经验的大学生的新创企业。大学生创业者往往都是有理想与抱负的，但却容易"眼高手低"，加之对具体的市场开拓缺乏相关的经验与知识，在这种情况下，大学生创业就更容易遇到一些不可预见的问题和风险。

1. 经验缺乏，资源不足

大学生的年龄、阅历、心理等条件与有社会经验的人相比处于劣势，大学生创业的资源相对来说也是不足的。大学生创业往往起始于好的创意，但是大多数学生都缺乏创业必备的技术资源、资金资源、人才资源、社会关系资源等。缺乏技术资源，很多大学生创业从事的都是服务性产业，技术门槛较低，竞争激烈，创业更难成功；缺乏资金资源，"巧妇难为无米之炊"，再好的创新技术也难以转化为现实的生产力；缺乏人才资源，无法把好的创意落实为实施方案，把实施方案执行下去。

2. 纸上谈兵，对市场缺乏了解

缺乏对市场的了解是目前大学生创业中普遍存在的问题，不少大学生创业者没有对其产品或项目做市场调查的意识，而只是进行理想化的推断。例如，有个大学生在估算防盗手机链的销售量时是这样计算的：目前使用手机的人群大概有10亿，就算有0.1%的人群购买我们的产品，每件产品只赚1元，我们也有100万元的利润。这种推断方法看起来很保守，其实压根站不住脚。因为如果产品设计针对性不强，目标人群定位不准，有再多手机用户，也不能说明你的产品会有市场。大学生在创业初期一定要做好市场调研，一些可行性研究也可委托专业机构进行，在了解市场的基础上创业，才能长久。

3. 盲目扩张

当创业者初尝创业甜头后，往往急于求成，想更快地收回成本或创造盈利，从而盲目扩张企业规模或经营领域，造成企业不能与自身能力、市场需求相协调，这是极具风险性的。

4. 承受挫折能力不足

很多大学生创业者创业前的人生经历是一帆风顺的，没有经历过挫折与失败，所以抗挫折能力较差，加上对创业盲目冲动，没有做好迎接困难、面对挑战的心理准备，当遇到问题时，很容易心灰意冷，停滞不前。

5.管理风险

优良的企业管理是一个企业存活的关键。大学生在创业初期，由于初涉商场，知识单一，又缺乏实践经验，往往容易出现决策随意、信息不通、理念不清、患得患失、用人不当、忽视创新、急功近利、盲目跟风、意志薄弱等现象，从而给企业的发展带来不利影响。

（二）新创企业风险的控制与化解方法

新企业如同新生的小生命，娇弱、不堪暴风雨，因而需要细心呵护。新创企业需要学会分析、评估、回避、控制、化解各种风险。

1.分析风险

创业者在每个经营环节都要学会分析风险，对可能出现的风险要有明确的认识和应对的预案。要认识和分析风险，就必须对自己将要采取的方案或计划有一定的认识。因此，又快又好地收集相关的信息是首要任务，对所投资的方案缺乏认识将会导致风险的发生。

2.评估风险

评估风险是要估计风险发生的概率，对风险带来的收益与风险的大小进行权衡，预测风险可能带来的负面影响等。评估风险要遵循风险的重要性、整体性、安全性、损失性和时间价值等原则。

3.风险回避

风险回避是考虑到影响预定目标达成的诸多风险因素，结合决策者自身的风险偏好和风险承受能力，从而做出的中止、放弃某种决策方案或调整、改变某种决策方案的风险处理方式。风险回避的前提在于企业对自身条件和外部形势、客观存在的风险的属性和大小有准确的认识。

相对于其他风险处理方式而言，风险回避的优点是：第一，在风险产生之前将其化解于无形，大大降低了风险发生的概率，有效避免了可能遭受的损失；第二，节省了企业的资源，减少了不必要的浪费，使企业得以有的放矢，在市场竞争中有所为有所不为。

风险回避的不足之处在于：第一，企业生产经营活动的最终目的是利益最大化，而风险与收益常常相伴而生，回避风险的同时在很大程度上意味着放弃了获得收益的机会；第二，因为风险无时不有、无处不在，绝对的风险回避不可能实现。风险回避旨在恰当的时候，以恰当的方式回避风险，是一种策略性回避。

4.风险控制

由于绝对的风险回避是不可能的，对于企业而言，其可承受的风险是一定的。因此，企业风险控制策略就在于将风险降低到企业可以接受的程度。这样，风险事件的发生就不足以影响企业正常的生产经营活动。

5.积极预防风险

通过对投资方案进行评估，对市场进行周密调查，制定科学的资金使用政策等手段，积极预防风险以尽可能地降低成本，获取收益。一旦某个环节出了问题，要有采取补救措施的预案，尽可能减少负面影响。同时，要加强管理，建立健全企业各种规章制度，审查各类合同，加强对合同履行过程的监督。例如，为公司研发的技术申请专利，为创建的品牌注册商标等都是积极预防风险发生的措施。

课堂互动

课堂活动1

1.主题：新创企业柔性管理和刚性管理哪个好？
2.活动形式：辩论。
3.目标：通过辩论，让学生了解新创企业管理的技巧和策略。
4.建议时间：20分钟。
5.材料准备：两个桌签，分别为柔性组、刚性组。
6.活动步骤：
第一步，全班分两组，一半认为柔性管理好，一半认为刚性管理好；
第二步，各组阐述自己的观点，开展辩论；
第三步，每位学生简要地写下自己的观点及理由。

【拓展阅读】
（1）新创企业的十大管理陷阱
（2）企业开办前须思考的问题

课堂活动2

1.主题：模拟注册企业。
2.活动形式：角色扮演。
3.目标：通过主动搜集角色的特点，让学生了解企业注册的流程及注意事项。
4.建议时间：20分钟。
5.材料准备：学生分为6个小组，分别为创业团队、工商局、税务局、银行、派出所、企业顾问。
6.活动步骤：
第一步，各小组在活动前，要查阅相关制度和规定，准备好表格、文件等资料，安排好成员扮演各类角色；
第二步，模拟企业注册、税务登记、银行开户、刻章等一系列过程，企业顾问可随时帮忙，力求顺利完成注册程序。

课堂活动3

1. 主题：反思创业项目活动。
2. 活动形式：自由交流。
3. 目标：通过回忆自己参与体验过的某个真实或模拟的创业活动，激发自己在体验中和体验后对自身的表现、感受及想法进行反思。
4. 建议时间：15分钟。
5. 问题：自己在这次创业体验活动中的表现如何？哪些方面表现特别突出？哪些方面不如期望的好？个人认为在哪些方面可以做一些改进？对这次活动或他人产生了哪些影响？

在活动期间或活动后，从他人那里得到了哪些反馈？主要收获有哪些？

课后实践

创业前准备

1. 以团队的创业项目为基础，为你们的企业取个完整的名称（包含行政区划＋字号＋行业特点＋组织形式）。
2. 为你们的企业选择一个合适的地址。
3. 分组调研本市个体工商户和有限责任公司注册的流程和要求。

创业思政小故事

大学生创新创业走出靓丽风景线

2018年，赵宏丽入学就读于中南大学湘雅医学院药学专业，恰逢国务院下发《国务院关于推动创新创业高质量发展打造"双创"升级版的意见》，进一步激发"双创"热潮。赵宏丽积极加入"新型干粉吸入剂载体花形乳糖的研究及产业化"创新研究团队，并带着相关创新成果多次参加大学生创新创业大赛。2020年，赵宏丽带领团队开展"花形乳糖载抗病毒药物的抗新冠肺炎的干粉吸入剂的研发"，获得国家级立项。

在专业学习中，赵宏丽还接触到单冲压片机，这是一种制备药物固体制剂生产片剂的重要设备。传统单冲压片机上料时免不了少许料体浪费，下料时又容易造成片料破损。在抱怨之余，赵宏丽尝试对单冲压片机进行技术改良。

从产生想法到项目萌芽、做出雏形、不断实验与探索……2021年5月，赵宏丽自主研发的"一种改良的单冲压片机"核心技术获国家知识产权局专利。

随着创新项目日渐成熟，2020年刚升入大三的赵宏丽正式创业，湖南致雅生物科技有限公司应运而生，获得市场投资青睐。

在湖南，大批大学生如赵宏丽一样积极投身创新创业。为切实支持大学生创新创业，湖南省运用"互联网＋教育"新理念，组建全省大学生创新创业就业学院，通过省校共建，整合优质课程资源，开展线上线下教学，目前学院注册学生人数达9万多人，学习总时长超过100万小时；为强化创新创业实践，各类大学生创新创业大赛全年"接力"，并不断优化湖南省大学生创新创业导师库。

湖南省发改委表示，通过完善工作机制、推进教育改革、搭建孵化平台和构建服务体系，努力构建大学生创新创业新生态，一大批大学生创业项目走向社会，有力带动就业，促进经济社会发展。

（资料来源：《湖南日报》2021-10-18）

杨总教你创业

开办新企业要注意这几点

一、选择合适的注册形式很重要

新开办企业常见的注册形式有有限责任公司、合伙企业、个人独资企业、个体工商户。很多创业者不是很清楚注册形式之间的差异，特别是其法律责任的差异。需要强调的是，有限责任公司股东以其认缴的出资额为限对公司承担责任；而合伙企业的普通合伙人、个人独资企业主、个体工商户对经营承担无限责任。这几种注册形式各有优劣，需要谨慎选择。

二、企业股权的顶层设计，你得补上这一课

有限公司作为很多创业者首选的注册形式，其股权设计很有讲究。关于创业者怎么样用小的资本控制大的公司，大家可以看看蚂蚁金服的股权设计。

这里还涉及合理税务筹划的问题、股权激励的问题，涉及同股不同权的设计，也涉及操作性的问题等。这些问题很重要，需要解决好，不然后患无穷，建议创业者要补上这一课，最好有专业的律师作为顾问参与或辅导。作为创业者，玩转股权也是一个核心的技能。

三、注册、登记和开办

注册前，我们还要选好注册地址，有的地区或者创业园区有税收的优惠和创业的扶持，在注册地的选择方面，其实可以选择注册在创业园区，避免因为需要注册地址而租赁场地，增加创业成本。

注册前，我们还要核定企业字号名称，最好能和企业商标一致，有利于今后的品牌宣传。

这一切就绪，就要注册登记了。若条件允许，建议大家交给负责任的中介机构，很快就能办好。

四、定战略、搭班子、带团队

一个新创企业如何经营管理,这里面涉及的知识就很多了,简单来说,3件事:定战略,搭班子,带团队。

定战略就是定方向,选择做什么不做什么,还有就是定目标。

搭班子就是组建团队,去完成你的战略目标。内容包括组织架构设计、分工、人员招聘、培训、薪酬绩效、晋升等。

带团队就是带领团队达成目标,取得结果。带团队的方法很多,我个人比较认可的是告诉员工做人的标准,告诉员工做事的标准,带着员工一起取得阶段性成果。引领团队的目标、士气、注意力,打造团队文化,解决想干(意愿)、会干(能力)、能干(环境)的问题。

一个企业在不同的阶段会面临不同的任务,从经营的角度来说,有产品、生产、研发、制造、供应链、营销、销售、财务等。从管理的角度来说,有战略、文化、制度、流程、标准、目标、计划方案、追踪检查、绩效等,这些都是我们创办企业需要去做的事情。

模块七

创业精神与社会责任

模块导学

从很多创业案例中,我们能看到创业者勇于创新、勇担风险、团结合作、坚持不懈等优秀品质。他们是如何修炼成的呢?本模块的学习让我们理解什么是创业精神,企业家应该肩负什么样的社会责任。作为医药卫生类大学生,需要思考我们应具有的创业精神和肩负的社会责任。

【学习目标】

通过对本模块的学习，了解创业精神的本质、内涵及作用，进而获得创业成功的重要密码——创业精神。同时，作为新时代的大学生，要理解创业对于自身和社会来说具有十分重要的意义和作用。作为大学生创业者，要进一步了解自身的社会责任，并能主动承担。

【案例导入】

服务乡村振兴，回乡当"放牛娃"

龙中义，湖南环境生物职业技术学院生物工程学院2015级畜牧兽医专业学生。

他从小就对畜牧兽医知识有浓厚兴趣，立志未来能在养殖行业有所成就。他进入中专学习畜牧兽医专业，那时候的他就开始为养牛创业之路而努力奋斗着。中专毕业后，他去了现代牧业的一个牛奶场实习工作，在那里刻苦学习了一年后，对养牛行业的行情有了更深的了解，并在实践操作方面积累了第一份经验。

龙中义深知要想在这个行业有一番作为，目前自己的专业知识远远不够。为了更好地塑造自己，让自己在将来创业的路上少走弯路，2015年9月，他选择报考湖南环境生物职业技术学院本科学习，继续在畜牧兽医这个领域中深造。大学期间，他努力学习专业知识的同时，经常到衡阳地区的牛场了解当地市场行情。为了让理论知识能够得到充分的运用，他利用空闲时间去养殖户家给牛配种、驱虫等，在养殖户家中遇到不懂的问题，又回学校找老师讨教，他不仅是老师眼里的好学生，更是大家学习的榜样。两年的在校学习与实践使他练就了一定的专业技术，并更加充实了理论知识，为他创业打下了坚实的基础。

2017年夏季，龙中义在学校的生活终于告一段落，两年的校园生活即将结束，这就意味着他即将离开学校进入实习岗位。此时，大家都在忙着四处投递简历、寻找工作，他却回到了老家耒阳市小水镇四都村，当起了"放牛娃"。回到家乡后，他正式扛起回乡创业旗子，创业之初，他遭遇最大的问题就是资金问题。龙中义家境本来就不富裕，再加上母亲一年前患上重病，手术治疗花费10多万元，犹如雪上加霜。更为遗憾的是治疗最终没能挽留住母亲，还让他又多了10多万元的外债。没有创业启动资金的他，只能从零开始，唯一的家当就只有家里10多头土黄牛。他掌握了科学养牛的方式方法，知道养殖土黄牛的经济效益很差，于是，他把家里10多头土黄牛卖了，还找亲戚借了一些钱，买了一批良品牛，并买进了外出做技术服务需要的装备和药物。

资金问题解决后，推广工作又成了最大的难题。在创业之初，龙中义不仅要跑市场做技术服务，还要兼顾管理家里的牛场。他每天早上5点起床喂牛，8点就骑着摩托车去当地的牛场，帮助当地农户对母牛进行人工授精与品种改良。当地老一辈农户都是传统模式养殖、本交公牛配种，农户普遍不能接受其他的配种与养殖模式，这让他创业之路处处碰壁，跑市场一个月下来却没有任何收获。无奈的他只能求助于当地畜牧局，畜牧局领导对他所推广的科学养牛技术给予了充分的肯定与鼓励，并热心地给他介绍了两家养牛户作为试点基地，开展人工授精、品种改良与疾病治疗。传统养牛模式受品种、饲养因素的局限，经济效益较差，而他所推广的科学养牛技术由于品种改良、饲喂发酵草料等有利因素，养殖成本降低、肉牛生长速度增快，料肉比显著降低，经济效益比传统技术提高了将近70%。半年之后，他在当地养牛圈积累了一定名气与口碑，业务量有了根本性的好转。

他希望可以利用学校所学，给家乡养殖户提供技术服务和专业培训，推广绿色环保的生态养殖理念，立志给家乡养殖业带来更大的经济效益，尽自己所能帮助村民脱贫致富。

讨论：

1. 从龙中义身上你看到了什么创业精神？
2. 龙中义希望履行什么社会责任？

任务一　创业精神

一、创业精神的内涵

创业精神是一种非智力因素，支配着人们创业实践活动的态度、行为、方向和目标，具有较强的选择性和能动性。创业精神既是创业的动力系统，也是创业素质的重要组成部分。现代创新理论的提出者约瑟夫·熊彼特认为："创业精神是一股'创造性的破坏'力量，创业者采用的'新组合'使旧产业遭到淘汰，原有的经营方式被新的、更好的方式所摧毁。"21世纪后，中国学者开始关注大学生创业精神，如学者谷力群从思想政治教育的视角构建了大学生创业精神的内涵及构成要素，认为大学生创业精神应包括创业意向、创业心理品质、创业规范意识和创业理想四个部分。王辉通过实证调查，认为大学生创业精神主要表现为"冒险精神、创新精神、市场机遇的敏锐性、勇于实践、团队合作精神、成就渴望"六个维度，并建议从这六个维度出发，对现有的教育理念、教育目标和教育模式做更为深层的思考和改革。朱俊伟认为，大学生创业精神的科学内涵是指创业主体在创业观念的指导下，将创业设想落实到创业实践，将创业思维转换为操作。学者王琦认为，大学生创业精神也可称作"企业家精神"，是指创业者在市场中利用新手段、新观念、新思想、新的实践模式创造新价值的过程，同时，在这个过程中表现出敢为人先、追求卓越、刻苦钻研、团结协作的精神。

综上所述，创业精神是指在创业者的主观世界中，那些具有开创性的思想、观念、个性、意志、作风和品质等。它包含三个层面的内涵：哲学层次的创业思想和创业观念，是人们对于创业的理性认识；心理学层次的创业个性和创业意志，是人们创业的心理基础；行为学层次的创业作风和创业品质，是人们创业的行为模式。

创业精神的形成和发展受相应的文化、产业、生存等环境的影响。

（一）文化环境

文化对人的影响是潜移默化和深远持久的，创业者受到成长环境的文化熏陶，其生活区域的文化就是学习的重要内容之一。因此，商业文化氛围浓厚的地方，更容易培养潜在创业行动者的创业精神。比如商业文化十分发达的温州就孕育了当今温州商人的创业精神。

（二）产业环境

不同的产业环境对创业精神产生不同的影响。对于垄断行业而言，行业缺乏竞争，创业缺乏萌芽的土壤，创业精神的产生就会受到抑制。而在一个完全竞争的市场结构中，由于企业竞争激烈，则更有可能培育创业精神。

（三）生存环境

穷则思变，变则通。从生存环境来看，资源贫瘠、条件恶劣的区域往往更能逼迫人产生斗志，渴望改善生存状况，这样的念头会促使人们不断寻求发展机会，整合外界资源，进而催生创业念头，激发创业精神。

二、大学生创业精神的主要特征

（一）凸显与时俱进

随着时代的发展，大学生的创新创业思想和理念也要紧跟时代，开拓创新、与时俱进。与时俱进是一种优秀品质，也是大学生创业精神的内在要求。迎接新时代，中国人民站在实现中华民族伟大复兴的新的起点上，同时也迫切需要更新大学生创新创业的价值观念和价值取向，以激发大学生创新创业的热情。可见，大学生创业精神的本质特征在于与时俱进，紧扣时代脉搏才能不断引领、激励、支撑大学生创业者在未来的实践中奋发图强、励精图治。大学生创业精神时刻要以时代发展为依据，充分尊重大学生的首创精神，不断激发大学生创新创业的智慧、胆识和勇气。新的历史时期，唯有将与时俱进的创业精神与中国的发展现状有机结合起来，创新创业才能获得可持续发展。

（二）关注科技创新

大学生是接受高等教育的群体，有一定知识基础，通常也比较关注高新技术发展。高校是创业精神培育的重要载体，是引导和鼓励大学生增强创业能力和科技成果转化的前沿阵地。

（三）彰显使命担当

新时代大学生作为国家建设的生力军，其担当意识不仅关乎个体事业的成败，更关系中华民族的前途命运。在实现中华民族伟大复兴的征程中，新时代大学生应胸怀祖国和人民，立志高远，力争用自身的聪明才智为民族的未来增添亮色。

（四）发展潜力巨大

大学生群体通常思维灵活，敢闯敢拼，喜欢新鲜事物，对社会变革反应敏锐，同时，因为精力充沛，发展潜力巨大。所以即便可能失败，大学生创业的回旋余地相对更广，付出的成本也更低一些。加之当前处于信息飞速发展的时代，知识更替周期显著缩短，社会对新理念、新技术、新方法的呼唤强于历史上的任何时期。

【拓展阅读】
拥有强大的内驱力才能
自己当老板

三、创业者应具备的创业精神

（一）理想主义情怀

创业者首先必须是一个理想主义者。一个没有理想、没有梦想、没有抱负的人是不可能成为创业者的，要想成为一个真正的创业者，一定要有理想，有抱负，有属于自己的伟大梦想。理想作为一种精神现象，是人类社会实践的产物。人们在改造客观世界和主观世界的实践活动中，产生了对现状永不满足、对未来不懈追求的思想。敢于创业的人，必然对未来怀有美好的憧憬。没有理想和奋斗目标的人，不会迈出创业实践的步伐。

（二）改革创新精神

改革创新精神是时代精神的核心，表现为一种突破陈规、大胆探索、勇于创造的思想观念，表现为一种不甘落后、奋勇争先、追求进步的责任感和使命感，表现为一种坚韧不拔、自强不息、锐意进取的精神状态。改革创新是中华民族进步的灵魂，是我国兴旺发达的不竭动力，它充分体现和吸纳了时代要求，为实践的发展注入了鲜活力量。当代大学生风华正茂，要敢于冲破落后的、陈腐的观念，树立创新意识，发扬创新精神，勇于创新，善于创新，用创新指导创业，用创业丰富创新。

（三）工匠精神

工匠精神实质上是一种对待工作或职业的态度，包括提升职业能力、遵守职业道德、树立职业品质，更是一种爱岗敬业、精益求精、努力进取、突破创新的精神。工匠精神与创新精神并不是对立关系,而是相互统一。在双创时代背景下的工匠精神是在工作中渐渐积累的精益求精、对产品和服务追求极致的精神和工作品质。工匠精神所体现的坚持不懈、不断追求、从不言弃的工作品质,正是创业者所需要的个人品质。在创业的过程中,要求创业者拥有创造力和想象力,具有创新意识,勇于坚持自己的创业梦想,即使遇见艰难险阻,也坚持到底、永不放弃。工匠不一定是创业者,但创业者身上都需要有坚持不懈、不断追求卓越的创业理念和永不放弃的工匠精神。

(四)井冈山精神

在井冈山这片神奇的土地上,以毛泽东、朱德为代表的中国共产党人,开辟了中国特色的革命道路,孕育了以"坚定信念、艰苦奋斗、实事求是、敢闯新路、依靠群众、勇于胜利"为主要内容的井冈山精神。时空穿越,井冈山精神在当今社会依然可以作为大学生创业精神的"标杆"。聚焦当今的大学生创业,虽然遇到的困难不能与革命先辈在井冈山遇到的困难相提并论,但如果大学生面对严峻的就业形势,撸起袖子创新,挺起胸膛创业,就能体现井冈山精神的历史意义。

四、创业精神的作用

创业精神能够激发人们进行创业实践的欲望,是心理上的一种内在动力机制。它在很大程度上决定着一个人是否敢于投身创业实践活动,支配着人们对创业实践活动的态度和行为,并影响着态度和行为的方向及强度。创业精神的作用主要体现在以下三个方面。

(一)创业精神是新世纪社会发展的需要

我国正处在一个伟大的变革时代,随着社会主义经济市场化和经济全球化的进一步推进,人们的生产生活方式、社会关系、价值观念以及文明形态都在发生着深刻的变化,社会对人才的需求也在发生变化。创业作为经济发展的源动力,是繁荣经济的有效途径之一。通过创业可以带动和扩大就业,加速技术创新和科研成果转化,进而创造更多的社会财富,推动社会经济发展,实现发展经济与扩大就业的良性互动。大学生的创业精神作为一种积极的思想观念和精神状态,对社会的发展具有十分重要的推动作用。

(二)创业精神是创新型人才培养的需要

创新是创业精神的核心内容之一,美国著名管理学家德克鲁认为:"创业就是要标新立异,打破已有的秩序,按照新的要求重新组织。"因为"理论、价值以及所有人类的思维和双手创造出来的东西都会老化、僵死……"。我们需要的是一个创新创业的社会,在这个社会中,创新和创业精神是正常、稳定和持续的。创新和创业精神也必须成为维持我们组织、经济和社会之生存所不可或缺的。创业精神的核心,归根到底是由创业活动的开拓性所决定的。由于创业是一种创造性的活动,它本身就是对现实的超越,就是一种创新。因此,创业就意味着创新,创新就意味着突破,创业精神的培养过程就是培育创新型人才的过程。

(三) 创业精神是大学生挖掘自身潜力,发挥更大作用的保证

具有创业精神的大学生,必然具有较强的社会适应能力,在人与社会的互动过程中,能够以前瞻性的思维与眼光做出预测和判断,并及时调整自己的人生目标和行动方案,以保持与变化着的社会协调统一,而不是消极被动地等待和忍耐。特别是在知识技术的不断更新、职业岗位的不断转换、人际关系不断变化的情况下,人们始终处在一个陌生的社会环境中,这就尤其需要具备良好的自我调适能力,而具备创业精神,才能做到与时俱进,充分地发挥自身的潜能,使所从事的事业更加成功。

创业精神的力量能够帮助个人、企业,乃至整个国家在面对21世纪的激烈竞争时走向成功和繁荣。当前,世界产业结构正经历着彻底转变的过程,创业精神在我国将发挥更大的作用,必将有利于加快转变经济发展方式,促进经济又好又快发展。

五、大学生创业精神的培育

(一) 培育创业人格

性格决定命运。个性特征对个体的创业来说非常重要,尤其是独立、坚持、敢为等特性,人格养成与创业精神的培养相辅相成。我们应当有针对性地学习必要的心理健康知识,树立心理健康意识,优化心理素质,增强心理调适能力和社会适应能力,自觉培养坚韧不拔的意志品质和艰苦奋斗的精神,提高承受和应对挫折的能力。此外,还可以采用创业案例剖析创业者的人格特征、进行心理训练等,掌握形成良好心理素质与优良人格特征的途径。

(二) 培养创新能力

创新是创业精神的核心,创业者必须突出创新能力的培养和提高。要尊重学生的个性发展,爱护和培养学生的好奇心、求知欲,为学生的禀赋和潜能的充分开发创造一种宽松的环境,培养学生的科学精神和创新思维。

【拓展阅读】
中药创业梦,
拳拳家乡情

(三) 夯实创业基础

要成为具有独立创业者精神的新型人才,必须坚持知识、能力、素质的辩证统一。知识是能力和素质的载体,包括科学文化知识、专业基础知识、相邻学科知识、人文知识等。能力是在掌握了一定知识基础上经过培养和实践锻炼而形成的,主要包括获取知识的能力、运用知识的能力、创新能力等。素质是指人在先天生理基础上,受后天环境教育影响,通过自身的认知和社会实践,养成的比较稳定的身心

发展的基本品质。因此，知识是成为创业者的基石，我们必须通过各种途径尽可能获取各类知识，为创业所用。

（四）参与创业实践

实践出真知。充分利用学校、社会提供的各类平台，多参与创业实践，将理论和实践紧密结合，提升解决问题的能力。

课堂互动

讨论：
1. 你认为创业精神主要包括哪些内容？
2. 创业精神与创业能力有什么区别？

【案例导入】

吉林长春长生疫苗事件

2018年7月15日，国家药监局称，近期查获一批生产记录造假的狂犬疫苗，长春长生生物科技有限责任公司的冻干人用狂犬病疫苗生产存在记录造假等严重违反《药品生产质量管理规范》行为。紧接着，其公司子公司长春长生又因"吸附无细胞百白破联合疫苗"（简称"百白破"）检验不符合规定，遭到吉林省药监局行政处罚。

2018年7月22日，国家药品监督管理局相关负责人通报，经查明，长春长生公司编造生产记录和产品检验记录，随意变更工艺参数和设备。国家药监局已责令该企业停止生产，收回药品GMP证书，召回尚未使用的狂犬病疫苗。国家药监局会同吉林省药监局已对该企业立案调查，涉嫌犯罪的移送公安机关追究刑事责任。2018年7月23日15时，长春新区公安分局依据吉林省食品药品监督管理局《涉嫌犯罪案件移送书》，对长春长生生物科技有限责任公司生产冻干人用狂犬病疫苗涉嫌违法犯罪案件迅速立案调查，将主要涉案人员公司董事长高某芳（女）和4名公司高管带至公安机关依法审查。

思考：该事件给你带来什么启示？

任务二　企业家的社会责任

习近平总书记指出：民营企业和民营企业家要筑牢依法合规经营底线，弘扬优秀企业家精神，做爱国敬业、守法经营、创业创新、回报社会的典范。社会主义市场经济是信用经济、法治经济，企业家是否诚信守法，对经济运行和社会风气有深刻影响。企业无国界，但企业家有祖国，爱国敬业是我国优秀企业家的光荣传统。创新是引领发展的第一动力,人才是创新的根基,是创新的核心要素。民营企业和民营企业家是重要的创新力量。社会是企业家施展才华的舞台,只有真诚回报社会、切实履行社会责任的企业家,才能真正得到社会认可,才是符合时代要求的企业家。企业家应牢记习近平总书记的嘱托,坚定不移听党话、跟党走、感党恩,做爱国敬业、守法经营、创业创新、回报社会的典范,凝聚起建设中国式现代化的磅礴力量。

企业家往往管理一家甚至数家企业,掌握较多的社会资源和资本,在社会生产、生活中起着举足轻重的作用,有的企业家甚至家喻户晓,他们的思想、言行或价值观不但对企业的发展有着深远的影响,对社会的发展也有重要的影响。企业家担当社会责任的重要性不言而喻。

一、企业家的社会责任内涵

一般来说,企业家的社会责任是指企业家带领企业在创造利润、对股东利益负责的同时,还要承担对员工、消费者、社会、国家、环境等其他利益相关者的责任。这一理念自20世纪30年代哈佛大学多德教授第一次提出,到20世纪80年代企业家社会责任运动在欧美发达国家逐渐兴起,以及20世纪90年代李维劳斯公司海外虐待女工事件曝光后,越来越引起人们的重视,生产守则、社会责任标准纷纷出台,企业家的社会责任问题日益吸引着世人的关注。

二、企业家的社会责任的主要内容

企业家的社会责任就是要把各种人、财、物集中在一起,用最少的消耗与最低的排放量为社会提供更好的产品和服务,满足各利益方与相关方的期待和诉求。

从社会责任观的内容上来说,企业家的社会责任可以分为政治责任、经济责任、法规责任、伦理责任与慈善责任。

(一)企业家的政治责任

企业家无论从事哪个行业,都不能做危害祖国、危害人民的事情。应该用爱国主义情怀和民族精神激发社会责任感,增强"四个意识"、坚定"四个自信"、做到"两个维护"。作为企业家,应该家事国事天下事,事事关心。应该正确判断世界发展趋势,深入了解中国国情,深切关心祖国的前途和命运,不负时代重托,肩负历史使命。把实现自己的人生价值同祖国的需要结合起来,把力量用在民族复兴的伟大事业上,充分发挥自己的聪明才智,建设祖国,报效祖国。企业家无论在什么时候都应该维护祖国的安全、荣誉和利益。企业家的政治责任最能体现企业家的担当。

(二)企业家的经济责任

在经济责任方面,企业家承担三个方面的义务。

一是应该带领企业向社会提供可靠的产品与服务。企业家要弘扬工匠精神,"以质取胜"，杜绝"假冒伪劣"。建立健全质量激励制度，强化企业的"以质取胜"的战略意识。企业家要专注专长领域，加强企业质量管理，立志于"百年老店"持久经营与传承，把产品和服务做精做细，以工匠精神保证质量、效用和信誉。

二是要带领企业获取足够的利润，促进企业长久健康的发展。企业家要目光高远，及时调整企业战略，科学设计企业商业模式，向消费者提供可靠产品的同时，获取足够利润，保证企业员工正常的权利和福利待遇，促进企业长久健康的发展。企业家应该响应党和政府的号召，根据国内、国际情况，对企业自身的产业结构进行不断调整优化，以促进经济增长。同时提供一定的就业岗位，为经济社会的健康、稳定发展贡献自己的力量。

三是依照法律纳税。社会主义税收"取之于民，用之于民"，与人民的生活息息相关，是国家赖以存在的物质基础，是国家调控经济的重要杠杆之一，起到维护国家政权和监督经济活动的作用。没有繁荣稳定的经济发展环境，企业的发展肯定会举步维艰，企业家要带头依法依规纳税。

（三）企业家的法规责任

研究表明，中国企业平均生命周期只有5~8年，很多红极一时的企业只是昙花一现，可见中国企业平均生命周期之短暂。这其中的原因固然是多方面的，但是与中国企业家法律素养的欠缺不无关系。曾经创造皮革换飞机等"六大神话"的原南德公司董事长牟其中就曾被描述为"性格偏执的妄想狂、法盲、危险人物"。企业家不知法并不是因为文化素养低下，而是主观上觉得法律的用处不大，出了问题再找人"摆平"就行了。结果，有的把自己"摆"进了牢狱，甚至有的连命都保不住，好端端的企业也被他们"摆"没了，害苦了众多的"利益相关者"。那么，企业家应该了解哪些法律呢？

首先，企业家应该充分了解《中华人民共和国民法通则》《中华人民共和国合同法》等法律的相关规定，预防他人对自身权利的侵犯，从严审查合同，也谨防他人侵权。另一方面，企业家应该重点关注《中华人民共和国刑法》中的一些重点法条、敏感罪名，预防自己违法犯罪。因为不管是企业还是企业家，一旦犯罪，后果都很严重。

其次，企业家应该了解管理与经营企业的法律，这方面的法律主要有3大块。一是企业内部管理的法律，如《中华人民共和国公司法》《中华人民共和国劳动法》《中华人民共和国破产法》等企业组织法；二是企业对外交易的法律，如《中华人民共和国合同法》《中华人民共和国担保法》《中华人民共和国票据法》等；三是企业投融资管理的法律，如《中华人民共和国银行法》《中华人民共和国证券法》等。管理和经营好企业是企业家最本质的职责，所以这方面的法律也是最重要的，往往是企业家"触雷"的高发区。

再次，企业家要了解处理企业与竞争者、客户、消费者关系的法律。主要有《中华人民共和国消费者权益保护法》《中华人民共和国反垄断法》《中华人民共和国反不正当竞争法》等。

最后，企业家还要了解处理企业与政府关系以及企业承担社会责任的相关法律。主要有《中华人民共和国行政许可法》《中华人民共和国行政处罚法》《中华人民共和国捐赠法》等。

（四）企业家的伦理责任

在伦理责任方面，企业家首先应当以消费者的利益为工作核心，处处为消费者着想，将消费者始终摆在首要位置。同时，企业家需要对企业员工的利益加强考量，保护好员工的正常合法权益。因为员工是企业除消费者外最重要的直接利益关系者，也是维持企业发展的基础。其次，企业家要处理好企业与环境之间的利益关系。在绿色经济理念下，企业需与环境保持协调一致。要加强保护环境、生产绿色节能环保产品的责任。最后，企业家一般是公众人物，要注意自己的言行，不得发表与党和政府不同声音的言论，不得做有违伦理道德的事，要多给社会带来正能量。

（五）企业家的慈善责任

慈善责任是社会责任中的最高层次，也是企业家彰显自身社会责任的高阶平台。企业家承担社会责任，除了贡献税收、提供产品和服务、创造就业以外，做慈善、做公益是回报社会的良好方式。正所谓达则兼济天下，当企业不断发展壮大，企业家就有了做社会慈善的能力，社会民众也会要求企业家开展相关慈善活动。

企业家投身慈善不仅在钱，更在于他们的引领和创新作用，不断拓宽慈善的领域，更迭慈善理念和方式，而且为人们实现自我价值提供新途径。众多企业家以自己的奉献精神和思维方式，一方面为需要帮助的群体提供物质帮扶，另一方面还可进行把脉，很好地兼顾"输血"和"造血"的关系，不仅帮助一大批人走出困境，还能提升他们的学业水平和就业能力。例如王石、任志强、钱晓华等一批企业家领袖参与阿拉善SEE生态协会，引领这个处于中国苦寒地区的社会组织走出戈壁滩，使其实现了现代化和国际化的转型，成为中国环保公益组织的标杆。

【拓展阅读】
吴蔚文：不哄不骗，不欺不诈

创业初期的创业者，虽说不能称为企业家，但企业家都是从创业者成长起来的。作为新时代的大学生创业者，我们也应该主动承担社会责任，立志成为企业家。以企业家的奋斗精神为精神，以企业家的社会责任担当为担当，努力开创自己的事业，奉献社会。

作为医药院校的大学生，虽说现在离企业家的距离还很远，但只要我们是创业者，就应该以企业家的社会责任担当作为奋斗目标。即使不是创业者，只要我们今后从事医药行业，都应该怀着对生命的高度敬畏之心，生产良心药，销售放心药。医者仁心，做最美的医务工作者，回报社会。

三、企业家履行社会责任的意义

（一）企业家主动积极地承担社会责任，可以为企业赢得良好的社会信誉

承担社会责任的企业一定是诚信的企业。他们为顾客着想，提供优质服务、优质产品，让消费者满意，从而赢得顾客对企业的信赖，在顾客中树立良好的企业形象。企业形象是社会对企业的评价，它是由企业的经营思想、经营作风、行为方式等多种因素构成。良好的社会形象是企业生存和发展的重要条件。

企业家善待社会、服务社会，在从事公益活动的同时也提高了自身在社会中的声望，创造了企业的品牌效应。对于产品的推销和优秀员工的招聘会产生积极的促进作用，良好的声望有助于企业吸引顾客、投资者、潜在员工和商业伙伴。如今，许多消费者和投资者都希望从打交道的企业中找出高水准的公司，越来越多的消费者不仅对他们所购的产品和服务感兴趣，而且对提供这些产品和服务的企业的行为感兴趣。毫无疑问，企业家主动承担社会责任，对企业自身的发展有着积极的影响。

（二）企业家主动积极地承担社会责任，可以增强企业的竞争力

经济全球化使企业之间的竞争激烈程度空前高涨，竞争的范围也逐步扩大。现代企业的竞争已不仅仅是市场份额的竞争、产品的竞争或品牌的竞争，更重要的是服务的竞争以及企业形象的竞争。企业家承担社会责任使企业在公众心目中建立起良好的口碑。企业竞争归根到底是人才的竞争，高质量的人力资源是获得竞争优势的可靠保证。而承担社会责任的企业主张尊重人权，保障工人健康和安全标准，施行以人为本的企业管理哲学，促使劳动提供者自我价值的实现，是和谐的商业伦理关系的具体表现。在管理实践中，企业行为遵循"人高于一切"的价值观，员工是企业最为重要的资产，他们被信赖，并受到尊重，从而有利于发挥他们的积极性和创造性，在公平的环境中发挥其最大的工作效率，提高企业的劳动生产率和企业的整体竞争力。

【拓展阅读】
好医生董事长耿福能：企业不属于个人，而是属于这个社会！

（三）企业家主动积极地承担社会责任，可以促进企业的可持续发展

企业家承担社会责任有利于企业创造更广阔的生存环境，如提高企业员工的责任感、主动积极性和创造性，有助于企业生产活动的有序进行，使决策者和经营者具有更大的灵活性和自主性，有利于获得相关企业的信任、合作与帮助，有助于得到政府的信任，从而更多地得到政府的支持和优惠政策。同时，企业家承担社会责任也是一种长期的促销手段，一种长期吸引顾客的广告形式，从而能够长期、稳定地获得大量的客户。所有这一切，都为企业的可持续发展创造了条件。

课堂互动

分组讨论,一个医药行业企业家应具有什么社会责任?用一组不超过5个字的词语描述,每个小组派代表写在黑板上。

课后实践

学生以小组为单位,从网上或身边搜集整理3个左右医药行业创业者或企业家履行社会责任的故事,编辑成Word文档,并写200字左右的感想上交教师。

创业思政小故事

广誉远掌门人郭家学亲诉中国医药企业家创业精神

随着经济的发展以及"大众创业、万众创新"潮的兴起,中国的企业家正在逐渐探索一条职业化的道路。企业家精神也逐渐成为企业和组织讨论的重要话题。2016年,在中国医药行业的巨擘峰会——西普会上,"企业家人文——中国医药企业家创业精神巅峰对话"中,广誉远掌门人郭家学作为分享嘉宾讲述了其不为人知的艰辛创业历程以及感悟。

一、公职下海第一人,热血拼搏铸辉煌

20世纪80年代,没有任何背景、财富的郭家学毅然决然地辞去了教师的"铁饭碗",手握仅有的170元下海创业。从一开始的养猪、种植中草药,到后来涉足医疗器械行业,郭家学凭着"能吃苦,不怕难"的精神累积了第一笔财富。

转机在1996年,这一年,郭家学收购了陕西凤翔县的一家国有药厂,开启了日后飞黄腾达的东盛发展历程。3年后,东盛上市。此后郭家学带领着东盛集团开始了强势发展之路,先后收购了江苏启东盖天力、青海制药等公司,更在2004年入主了云药集团,声势置顶。郭家学也成为了名噪一时的资本狂人。就是在这一时期,郭家学萌生了要做世界500强的豪情壮志。

二、祸福相依,涅槃重生终得悟

然而福祸总相依,势不可挡的东盛集团在2004年遭遇了"滑铁卢"。年轻的郭家学面对着巨额债务、资金冻结等危机险些从此一蹶不振。然而最终坚忍不拔的创业精神支持着他度过了这段人生中最黑暗的时光。"坚决不能走破产之路!"郭家学表示,"作为一个企业家,给员工创造美好的生活,不做对不起市场的事情,这是我们的责任跟义务。倾家荡产也要欠债还钱。"

从此,郭家学带领着东盛集团开始了艰难的"八年抗战"。勇于承担责任,不管任何时候,把诚信放在第一位,不做昧良心的事。创业精神是什么?郭家学用实际行动,向我们诠释了他心中的创业精神。

"祸兮福之所倚,福兮祸之所伏"。历经了人生大起大落的郭家学已然到了知天命的年纪,在这段黑暗时光里,两次学习考察使他遇到了传承300余年的餐馆和繁荣昌盛400余年的柳氏庄园,此时的郭家学改变了他的人生观和价值观。"即使你今天创造五千亿一万亿的财富,五百年后还会存在吗?"经历了这一切的郭家学拨云见日,豁然开朗。

三、一见倾心,信仰传承的力量

与广誉远的结缘要追溯到2003年,郭家学在非典流行时期,只身一人多次前往山西中药厂,最终顺利达成合作。"下半生我就做一件事,就是做好广誉远。"郭家学说,"能够把我们老祖宗500年来做的这件事情保存完整,并传承下去,这是多么值得骄傲的事情。当时选择与山西中药厂合作,正是为了一种中医药复兴的使命而去的。"郭家学还谈到了广誉远所在地山西太谷人有一种信仰,就是不管环境如何改变,他们总能坚持初心不改。也正是因为有这样的信仰基础,广誉远才能够做到数百年不改初心,坚持古法炮制。经过500年的传承,广誉远早已不再是单纯的商业,而成了商业与文化的融合。

对于郭家学来说,世界500强早已不再是想要追逐的目标。通过广誉远,将博大精深的中国医药传承下去,恢复中国人对中医药文化与企业的自信,恢复对中国文化的自信,建立文化自觉、文化自律,最终让社会、让国家走向文化自强,比创造再多的财富都有价值。

文章来源:http://www.sohu.com/a/112043142_114984(有删改)

杨总教你创业

回报社会是企业家神圣而光荣的责任

一、何为企业家

何为企业家?我个人的理解,是因为有了社会责任,所以成为了企业家。

富有社会责任感的企业家往往更容易取得企业经营上的成功,古训有云"厚德载物",便是这个道理。

二、敬天爱人

我们生活在一个伟大的时代,是这个社会成就了今天的企业,成就了今天的企业家。企业家应该对这个国家、时代、社会、客户、员工、包括竞争对手心存敬畏,心怀感恩。

企业家的成功虽说离不开自己的努力,但从一个更加广阔的时空维度来看,我非常认可一句话:时势造英雄。

在我们经营企业的过程中,我们总会遇到各种各样的困难甚至不公,但我始终告诫自己，不要抱怨，更不要对抗，要心存敬畏，心怀感恩。有了这样的一种心态，企业家的社会责任感会更强。

三、义利兼济

从古至今，商道讲究义利兼济。一个优秀的企业家，要敢于挑战、勇于创新，要保证企业"活下去"，要让企业有一定的盈利能力。同时，企业家更要讲究诚信，对客户负责，对员工负责，对社会负责。企业家始终要坚信，企业的成功是通过成就他人来成就自己，这里讲的成就他人本身就是社会责任。一个老板，如果总想着克扣员工，以次充好欺瞒顾客，企业注定做不大。企业有了一定的能力，要多为社会做贡献，多做公益，多做慈善，多做促进社会发展和进步的事情。

我最开始的创业是开药店。卖药的过程中，总会遇到一些特别困难的顾客，我经常会把一些药品拆零送给他们。还有的时候，顾客感冒了来买药，我认为不需要吃药，告诉他们回家多喝开水就行。我的员工甚至都不理解，送上门的钱怎么不要呢！在我看来，这是一份善良，一种诚信，经商要"义"字当头，义利兼济。我经常跟我的员工讲，"做生意先要学会做人"。

疫情三年，我们每个人都很难，国家很困难，企业其实也很困难。但面对疫情，我们该怎么做呢？疫情初期，口罩紧缺，我组织力量采购口罩，别人卖口罩赚钱，我卖口罩基本都是平进平出，加上送出去的一部分，我发现这几年我卖口罩还亏掉了十多万元，但我很心安，不发"国难财"，我的理念是"赚这个钱是不发财的"。株洲的几次突发疫情，我都积极报名参加志愿者，带领我的员工冲锋在抗疫一线，支援核酸检测、为隔离酒店运送物资，捐钱捐物，还组织为抗疫人员做宣传，提供纪念品。出人出钱出力，哪里需要去哪里。现在看来，这一切都是值得的，我们的企业赢得员工的敬畏，赢得了社会的信任。

作为企业负责人，给员工制定薪酬方案是我经常要做的事情，定低了招不到人，定高了企业成本过高，企业就没有了利润，这似乎是一个零和博弈的游戏。但这件事，我没有那么纠结，在合理的范围内往高定。为什么？在我看来，一方面，有竞争力的薪酬有利于人才招聘，另一方面，企业家要有这么一种认识，企业不是个人的私人财富，企业是一个平台，属于你，也属于你的员工，也是属于社会的。所以，我认为企业应该把利润的一定比例拿出来给员工，不要怕员工的工资高，企业家要有这样的胸怀。2020年，神农中医馆启动了内部股改，要让优秀的、能带领这个企业走向未来的员工持股，把企业真正做成一个和员工共有的平台。我认为，成就员工也是一种社会责任。我也坚信，这样做，企业会发展得更好。

一个义利兼济的企业家，可以作为的地方很多；一个热心慈善公益的企业，更有可能树立良好的公众形象；一个对消费者负责的企业，更有可能赢得顾客与市场；一个诚实守信、保护环境的企业，更容易得到政府、投资方及消费者的支持。对企业家而言，企业承担社会责任意味着收获更好的经营环境和更多的资源支持，这是长远"投资"。

四、企业家要"舍得"

在谈到企业家的社会责任的时候，离不开利益，离不开钱，作为企业家，首先要想清楚一个问题：金钱对你意味着什么？

和很多人一样，我创业的初心就是为了获得自己的财富自由，这种想法我觉得无可厚非，但当我们创业成功后，当我们累积了一定财富的时候，我们再回头来看看这个问题，金钱对我们意味着什么？

我是个工作狂，创业的这些年，为了企业经营，我经常加班熬夜，身体有的时候也吃不消。好几次，我妈妈看到我深夜还没有睡觉，就总是用《增广贤文》里面的一句话劝诫我：良田万顷，日食三餐；大厦千间，夜宿八尺。年轻的时候，我不怎么在意这句话，人到中年，俗话说五十而知天命，我开始思考很多事情，钱不应该是我们一辈子的追求，我们的人生可以去追求更多的东西，比方说，更加精彩的人生轨迹，更加丰富的人生价值，换句话来说，我们不要做金钱的奴隶，要做金钱的主人。现实中，我们经常看到很多老板挣了很多钱，却在金钱的追求中迷失了自己，开始追求奢靡的生活，不注重个人的修为，家庭教育也很失败，孩子得了"钱多"的病，娇生惯养，没有出息，甚至几个孩子为争夺家产而反目成仇，这一切不都是"钱多"惹的祸吗？再来看看那些拥有巨额财富的企业家，如果金钱是他们的追求，他们的钱已经多得几代人都花不完了，那人生还有什么动力呢？所以，我觉得，企业家要树立正确的金钱观，要"舍得"。

五、企业家是推动社会进步的一股重要力量

企业是当今社会生产力发展的强力引擎，企业投入的研发促进技术革新，企业提供的产品和服务推动整个社会生产力的发展。企业家最具创新拼搏精神，企业逐步成长为创新的主体，促进企业经营效率的提升；推动现代企业管理制度的建立健全；促进就业和人民生活水平的提高；促进国家创新能力的提升；推动全球化发展，使中国全面融入世界经济格局；是生产力发展的原动力。

企业家是国家政治体系建设的重要参与者，企业家通过人大、政协等多种形式，参与国家政治经济体系建设，推进市场化发展进程，促进市场经济体制的建立。

企业家是社会公序良俗建设的重要支点，不断提升商业文明水平，特别是契约精神和规则意识的增强，促进社会的进步，是精神文明建设的重要参与者。

企业家事业的成功，固然凝结了自己的智慧、辛劳和汗水，但更离不开党的关怀、人民群众的支持和社会的扶助。"致富思源，富而思进"，回报社会是企业家神圣而光荣的责任。

模块八

医学生创业前必须了解的法律与规定

模块导学

知法守法是每个公民应尽的义务。作为创业者，必须要了解与企业和谐发展相关的法律法规，主动、自觉地遵守相关法律法规，才能从容、坦然地应对企业面临的各类法律问题，使相关法律法规更好地服务于企业的生产经营。由于卫生行业的特殊性，如果要创建医药卫生类企业，我们还必须了解开办医药卫生类企业的特殊条件。

【学习目标】

通过本模块的学习，了解公司法、合伙企业法、合同法、劳动法、劳动合同法、知识产权法和税法等法律以及开办卫生行业企业的特殊条件；能够利用了解到的法律和相关规定指导企业的开办，维护自身的合法权益；增强法律意识和法律应用能力，争做学法、知法、守法、用法的新时代创业者。

【案例导入】

案例1：大学生小李来自一个偏远的乡村，通过努力的学习，他成为他们村唯一考上名牌大学的村民。小李在校期间勤于专业学习和实验，自己发明的生物化学相关设备技术获得了国家专利局颁发的发明专利证书。毕业后他曾想过将自己的专利技术投资生产，可是父母亲戚资金供给不足，而自己也没有找到投资，这样一个"创业梦"就断送在资金不足的路上。3年后，他发现自己的专利竟然被师兄"借用"，投资生产，而且还取得了不错的收益。他想去理论，但师兄竟然说专利权已经到期，现在是共有财产，小李感到十分失望。

案例2：大学毕业生小王因为成绩优秀且具有勇于探索的科研精神，进入了一家知名的机械设备生产公司。公司基于市场需求，希望小王作为项目研发团队负责人研究有关创新性实验设备，公司给小王提供研发资金和住宿、交通、餐饮费用。终于，这个新型的创新实验设备获得了国家授予的专利权。但在专利权所有人签署时，小王签上了自己的名字。公司向小王询问相关情况，小王说这是自己研发的，本应得到这个专利权。

案例1分析：小李的案例反映了大学生的一些问题，没有利用好知识产权作为自己创业的利器，同时也没有认清知识产权保护的范畴。在创业初期，虽然小李可能因为资金原因无法提供公司建立和生产运营相关的全部资金，但是他忽视了知识产权也是可以出资的。根据我国法律规定，知识产权可以用货币估价，并作为非货币财产作价出资，但是，法律、行政法规规定不得作为出资的财产除外。小李应该提供专利证书、专利登记簿、商标注册证、与无形资产出资有关的转让合同、交接证明等，填写无形资产出资验证清单。在我国，知识产权出资最高可以达到注册资本的70%。如果小李考虑到了这一点，就可以正常地注册公司并开始运营自己的公司了。同时，他很有可能没有考虑到国家对于大学毕业生创业的一些优惠政策，从而错失了创业良机。

根据知识产权的相关法律，发明和实用新型专利被授予专利权后，专利权人对该项发明创造拥有独占权，任何单位和个人未经专利权人许可，都不得实施其专利，即不得以生产经营为目的制造、使用、许诺销售、销售和出口其专利产品。虽然专利权具有时效性，但根据我国法律，发明专利具有20年的专利保护时间，而非师兄说的仅仅3年光阴。因此，师兄触犯了小李的知识产权，小李应举起法律的武器来维护自己的知识产权。

案例2分析：小王的案例体现了大学生对于知识产权保护范围界定不清的问题。《专利法》第六条规定："执行本单位的任务或者主要利用本单位的物质条件所完成的职务发明创造，申请专利的权利属于该单位，申请被批准后，专利权归该单位所有。"小王受本单位委托，并主要利用本单位的人力、技术、物质等条件所研制的产品，依法应是职务发明，该产品的专利权人应为公司。小王以非职务发明人向专利管理机关申请专利，其行为是违法的。

小王虽然在这个研发过程中起到了非常重要的作用，但是没有分清职务发明创造和非职务发明创造之间的关系，从而引起了侵犯他人专利权的问题。

讨论：

1. 大学生创新创业需要学习哪些相关的法律法规？
2. 如何争做学法、知法、守法、用法的创业者？

任务一　公司法与合伙企业法概述

一、公司法概述

《中华人民共和国公司法》（简称《公司法》）是为了规范公司的组织和行为，保护公司、股东和债权人的合法权益，维护社会经济秩序，促进社会主义市场经济的发展而制定的法律。1993年12月29日第八届全国人民代表大会常务委员会第五次会议通过，1999年、2004年、2005年、2013年、2018年多次修正修订。现行版本根据2018年10月26日第十三届全国人民代表大会常务委员会第六次会议《关于修改〈中华人民共和国公司法〉的决定》第四次修正通过。

（一）公司与公司法

1. 公司

1）公司的概念和特征

公司是一种企业组织形式。从严格意义上讲，公司是指依照法律规定，由股东出资设立的以营利为目的的社团法人。换句话说，公司是按照一定组织形式形成的经济实体，一般以营利为目的，以实现投资人利益最大化为使命，通过提供产品或服务换取收入。它是社会发展的产物，因社会分工的发展而发展。

2）公司的种类

公司的主要组织形式有无限责任公司、有限责任公司、两合公司、股份有限公司、股份两合公司。

无限责任公司：是指全体股东对公司债务承担无限连带清偿责任的公司。

有限责任公司：是指公司全体股东对公司债务仅以各自的出资额为限承担责任的公司。

两合公司：是指公司的一部分股东对公司债务承担无限连带责任，另一部分股东对公司债务仅以出资额为限承担有限责任的公司。

股份有限公司：是指公司资本划分为等额股份，全体股东仅以各自持有的股份额为限对公司债务承担责任的公司。

股份两合公司：是指公司资本划分为等额股份，一部分股东对公司债务承担无限连带责任，另一部分股东对公司债务仅以其持有的股份额为限承担责任的公司。

2.公司法

1）公司法的概念和调整对象

公司法的调整对象主要是指在公司设立、组织、运营或解散过程中所发生的社会关系。具体如下所述。

公司内部财产关系：如公司发起人之间、发起人与其他股东之间、股东相互之间、股东与公司之间在公司设立、变更、破产、解散和清算过程中所形成的带有经济内容的社会关系。

公司外部财产关系：主要指公司从事与公司组织特征密切相关的营利性活动，与其他公司、企业或个人之间发生的财产关系，如发行公司债券或公司股票等。

公司内部组织管理与协作关系：主要指公司内部组织机构，如股东会或股东大会、董事会、监事会相互之间，公司与公司职员之间发生的管理或合同关系。

公司外部组织管理关系：主要指公司在设立、变更、经营活动和解散过程中与有关国家经济管理机关之间形成的纵向经济管理关系，如公司的设立审批、登记，公司股份与债券的发行审批、交易管理，公司财务会计的检查监督等。

2）公司法的特征

公司法兼有组织法和活动法的双重性质，以组织法为主。公司法作为组织法的内容具体包括公司设立、变更和清算，公司的章程、权利能力和行为能力，公司的组织机构、股东权利和义务等内容。活动法又称为行为法，公司法中的相关内容主要包括对公司组织机构的管理活动和公司的某些活动作出规范。

公司法兼有实体法和程序法的双重性质，以实体法为主。公司法要调整公司组织活动，就必须对参与公司活动的各种主体作出规定，规定这些主体的资格条件、权利义务以及法律责任等。同时，公司法要规定程序内容，即规定保障权利实现、追究法律责任的程序。

公司法兼有国内法和涉外法的双重性质，以国内法为主。公司法是国内法，这不用多说，但是随着全球化趋势的发展，公司日益参与国际竞争，而外国公司也越来越多地涌入我国，所以公司法必然要对涉外的内容进行规定，即具有涉外法属性。

我国《公司法》中规定了有限公司、股份有限公司、个人独资企业等大大小小公司的设立、变更、注销、经营规范。公司法是双重性的，它兼具着组织法和活动法、实体法和程序法、强制法和任意法、国内法和国外法的双重性质，是一部多元化的法律。

3.公司的一般法律制度和规定

1）公司的设立

公司设立是指公司设立人依照法定的条件和程序，为组建公司并取得法人资格而必须采取和完成的法律行为。公司设立不同于公司的设立登记，后者仅是公司设立行为的最后阶段。公司设立也不同于公司成立，后者不是一种法律行为，而是设立人取得公司法人资格的一种事实状态或设立人设立公司行为的法律后果。公司设立的实质是一种法律行为，属于法律行为中的多方法律行为，但一人有限责任公司和国有独资公司的设立行为属于单方法律行为。

2）公司合并和分立

公司合并是指两个或两个以上的公司依照公司法规定的条件和程序，通过订立合并协议，共同组成一个公司的法律行为。公司的合并可分为吸收合并和新设合并两种形式。吸收合并又称存续合并，是指通过将一个或一个以上的公司并入另一个公司的方式而进行公司合并的一种法律行为。并入的公司解散，其法人资格消失。接受合并的公司继续存在，并办理变更登记手续。新设合并是指两个或两个以上的公司以消灭各自的法人资格为前提而合并组成一个公司的法律行为。其合并结果是，原有公司的法人资格均告消灭，新组建公司办理设立登记手续取得法人资格。

公司分立是指一个公司依照公司法有关规定，通过股东会决议分成两个以上的公司。公司分立时，其财产要进行相应的分割，应当编制资产负债表及财产清单。公司应当自作出分立决议之日起10日内通知债权人，并于30日内于报纸上公告。公司分立前的债务按所达成的协议由分立后的公司承担。

（二）有限责任公司

1.有限责任公司的概念和特征

1）有限责任公司的概念

有限责任公司，简称有限公司，在我国，有限责任公司是指根据《公司登记管理条例》规定登记注册，由50个以下的股东出资设立，每个股东以其所认缴的出资额为限对公司债务承担有限责任，公司法人以其全部资产对公司债务承担全部责任的经济组织。有限责任公司包括国有独资公司以及其他有限责任公司。

2）有限责任公司的特征

有限责任公司的本质特征：有限责任公司的股东以其认缴的出资额为限对公司债务承担责任。

有限责任公司的法律特征：有限责任公司注册资本的最低限额为人民币3万元。

有限责任公司的一般特征如下。

（1）有限责任公司是在对无限公司和股份有限公司两者的优点兼收并蓄的基础上产生的，它将人合性和资合性统一起来。

（2）有限责任公司的全部资产不必分为等额股份，股东只需按协议确定的出资比例出资，并以此比例享受权利，承担义务。

（3）有限责任公司因其具有一定的人合性，以股东之间一定的信任为基础，所以其股东数额不宜过多。

（4）有限责任公司只能在出资者范围内募股集资，公司不得向社会公开招股集资。

（5）有限责任公司的出资证明不能转让流通。

2.有限责任公司的设立

1）有限责任公司的设立条件

根据公司法，设立有限责任公司应当具备下列条件。

（1）股东符合法定人数。有限责任公司由50个以下的股东出资设立。

（2）股东出资达到法定资本最低限额。有限责任公司的注册资本为在公司登记机关登记的全体股东认缴的出资额；公司全体股东的首次出资额不得低于注册资本的20%，也不得低于法定的注册资本最低限额，其余部分由股东自公司成立之日起2年内缴足；其中，投资公司可以在5年内缴足。

（3）有限责任公司注册资本的最低限额为人民币3万元。法律、行政法规对有限责任公司注册资本的最低限额有较高规定的，从其规定。

（4）股东共同制定公司章程。

（5）有公司名称，建立符合有限责任公司要求的组织机构。

（6）有公司办公场所。

2）有限责任公司的设立程序

（1）股东缴纳出资。公司法规定有限责任公司全体股东的首次出资额不得低于注册资本的20%，也不得低于法定的注册资本最低限额，注册资本的其余部分由股东自公司成立之日起2年内缴足。

（2）验资。所有股东缴纳出资后，必须经依法设立的验资机构验资并出具证明。

（3）设立登记。股东的首次出资经依法设立的验资机构验资后，由全体股东指定的代表或者共同委托的代理人向公司登记机关报送登记申请书、公司章程、验资证明等文件，申请设立登记。登记机关对符合条件的，予以登记，发给营业执照。自执照签发之日起公司成立。

（4）签发出资证明书。有限责任公司成立后，应向股东签发出资证明书。出资证明书也称股单，是证明股东已缴纳出资额的法律文件。

（三）股份有限公司

1. 股份有限公司的概念和特征

1）股份有限公司的概念

股份有限公司是指公司资本由股份所组成的公司，股东以其认购的股份为限对公司债务承担责任。在我国，设立股份有限公司，应当有2人以上200人以下为发起人，其中须有半数以上发起人在中国境内有住所，注册资本的最低限额为人民币500万元。

2）股份有限公司的特征

（1）股份有限公司的主要特征。公司的资本总额平分为金额相等的股份；公司可以向社会公开发行股票筹资，股票可以依法转让；法律对公司股东人数只有最低限度规定，无最高额规定；股东以其所认购股份为限对公司债务承担有限责任，公司以其全部资产对公司债务承担责任；每一股有一表决权，股东以其所认购持有的股份，享受权利，承担义务；公司应当将经注册会计师审查验证过的会计报告公开。

（2）股份有限公司的基本特征。股份有限公司是独立的经济法人；股份有限公司的股东人数不得少于法律规定的数目；股份有限公司的股东对公司债务负有限责任，其限度是股东应交付的股金额；股份有限公司的全部资本划分为等额的股份，通过向社会公开发行的办法筹集资金，任何人在缴纳了股款之后，都可以成为公司股东，没有资格限制；公司股份可以自由转让，但不能退股；公司账目须向社会公开，以便于投资人了解公司情况，进行选择；公司设立和解散有严格的法律程序，手续复杂。由此可以看出，股份有限公司是典型的"资合公司"。一个人能否成为公司股东取决于他是否缴纳了股款、购买了股票，而不取决于他与其他股东的人身关系，因此，股份有限公司能够迅速、广泛、大量地集中资金。因此，狭义地讲，股份公司指的就是股份有限公司。

（3）股份有限公司的一般特征。股东具有广泛性。股份有限公司通过向社会公众广泛发行股票筹集资本，任何投资者只要认购股票和支付股款，都可成为股份有限公司的股东。

出资具有股份性。股份制公司中，股东的出资具有股份性。这一特征是股份有限公司和有限责任公司的区别之一。股份有限公司的全部资本划分为金额相等的股份，股份是构成公司资本的最小单位。

股东责任具有有限性。股份有限公司的股东对公司债务仅就其认购的股份为限承担责任，公司的债权人不得直接向公司股东提出清偿债务的要求。

股份具有公开性、自由性。股份公开性、自由性体现在股份的发行和转让上。股份有限公司通常都以发行股票的方式公开募集资本，这种募集方式使得股东人数众多，分散广泛。同时，为提高股份的融资能力，吸引投资者，股份必须有较高程度的流通性，股票必须能够自由转让和交易。

公司具有公开性。股份有限公司的经营状况不仅要向股东公开，还必须向社会公开，使社会公众了解公司的经营状况，这也是股份有限公司和有限责任公司的区别之一。

2.股份有限公司的设立

1）股份有限公司设立的条件

（1）发起人符合法定人数。《公司法》第七十六条规定，设立股份有限公司，应当有2人以上200人以下为发起人，其中须有半数以上的发起人在中国境内有住所。根据此规定，股份有限公司不能是一人公司，公司设立时的发起人不能超过200人。发起人可以是自然人，也可以是法人或其他经济组织。

（2）发起人认缴和募集的股本达到法定资本最低限额。股份有限公司的注册资本最低限额为人民币500万元。法律、行政法规对股份有限公司的注册资本最低限额有较高规定的，从其规定。所以，股份有限公司的注册资本数额远高于有限责任公司。股份有限公司采取发起设立方式设立的，注册资本为在公司登记机关登记全体发起人认购的股本总额。公司全体发起人的首次出资额不得低于注册资本的20%，其余部分由发起人自公司成立之日起2年内缴足，其中，投资公司可以在5年内缴足；在缴足前，不得向他人募集股份。股份有限公司采取募集方式设立的，注册资本为在公司登记机关登记的实收股本总额。

（3）股份发行、筹办事项符合法律规定。

（4）发起人制定公司章程。

（5）有公司名称，建立符合股份有限公司要求的组织机构。

（6）有固定的生产经营场所和必要的生产经营条件。

2）股份有限公司设立的程序

（1）发起设立的程序。发起人之间以书面形式订立发起人协议。发起人协议通常包括以下一些主要内容：发起人的姓名以及住所；公司拟发行的股份类别、每股的面值、发行价；每个发起人的认购数额、出资类别；发起人缴纳股款、交付现物、转让财产权利的时间和方式以及发起费用的预算、开支和每个发起人的发起费用的负担等。发起人订立书面协议后按照协议的规定缴纳出资认购股份。发起人缴纳出资的方式主要有以现金缴纳或者用实物、工业产权、非专利技术、土地使用权来抵充股款。以现金之外的其他财产或财产权利出资的需要由有关的中介机构进行评估，并且要依法办理有关财产权利的转移手续。发起人交付全部出资以后，应当选举董事会和监事会，并由董事会向公司登记机关报送设立公司所必需的批准文件、公司章程、验资证明等文件，申请设立登记。

（2）募集设立的程序。发起人首先要做的是与前述的发起设立的程序中前两步相同的步骤，有所区别的是，在发起设立中，发起人要认购全部的股份，而在募集设立中，发起人只认购全部拟股份中的一部分。我国公司法规定，认购数额应不少于首期发行股份数的35%。然后，发起人制定招股说明书。招股说明书是向非特定的社会公众发出的认购股份的书面说明，该说明书在发出以前应当经过国务院证券管理部门的批准。之后，发起人向国务院递交募股申请。申请时，发起人还必须同时报送公司法规定的一些文件，比如公司章程、经营估算书、发起人姓名、认购的股份数等。募股申请经国务院主管部门批准后，发起人应该公告招股说明书，并制作认股书。招股说明书应该根据所要募集的范围在相应的报纸杂志上予以公告，同时发起人必须制作认股书，认股书应载明公司法所要求的内容，由认股人填写有关事项，比如认购的股数、金额、认股人的住所等。发起人应该同依法设立的证券经营机构签订承销协议，并与银行签订代收股款的协议。发起人要募集股份，必须通过证券经营机构进行，而且必须与银行签订代收股款的协议，由银行代为收取和保存认股人缴纳的股款。发起人在股款募足以后，必须请中立的机构或专家出具证明全部股份已经如数缴纳的文件，这一文件是申请公司注册的必备文件。然后，发起人召开由认股人组成的创立大会。创立大会的工作主要是选举董事会、监事会成员，审议发起人的募股情况，并作出设立公司与否的决定。由创立大会选举的董事会向公司登记机关报送有关文件，申请设立登记。董事会应该在创立大会结束后的法定日期内向公司的登记机关报送公司法要求的相关文件，申请设立公司。

二、合伙企业法概述

（一）合伙及合伙企业概念

1.合伙的概念

广义的合伙包括营利性合伙、非营利性合伙及临时性合伙。狭义的合伙专指营利性合伙。所谓营利性合伙，是指由两人（包括自然人和法人）以上根据共同协议而组成的营利性非法人组织。合伙由合伙合同和合伙组织两个不可分割的部分构成，前者是对合伙人有约束力的内部关系的体现，后者是全体合伙人作为整体与第三人发生法律关系的外部形式。

2.合伙企业的概念

合伙企业是指自然人、法人和其他组织依照《中华人民共和国合伙企业法》（简称《合伙企业法》）在中国境内设立的，由两个或两个以上的自然人通过订立合伙协议，共同出资经营、共负盈亏、共担风险的企业组织形式。合伙企业一般无法人资格，不缴纳企业所得税，缴纳个人所得税。类型有普通合伙企业和有限合伙企业，其中普通合伙企业又包含特殊的普通合伙企业。国有独资公司、国有企业、上市公司以及公益性事业单位、社会团体不得成为普通合伙人。合伙企业可以由部分合伙人经营，其他合伙人仅出资并共负盈亏，也可以由所有合伙人共同经营。

（二）普通合伙企业

1.普通合伙企业的概念

普通合伙企业由普通合伙人组成，合伙人对合伙企业债务承担无限连带责任。合伙企业法对普通合伙人承担责任的形式有特别规定的，从其规定。国有独资公司、国有企业、上市公司以及公益性的事业单位、社会团体不得成为普通合伙人。

2. 普通合伙企业的设立条件

1) 有两个以上合伙人

合伙人可以是自然人，也可以是法人和其他组织。合伙人为自然人的，应当具有完全民事行为能力。国有独资公司、国有企业、上市公司以及公益性的事业单位、社会团体不得成为普通合伙人。普通合伙企业合伙人的人数没有上限。

2) 有书面合伙协议

合伙协议是合伙企业最重要的法律文件，也是确定合伙人之间权利义务关系的基本依据。合伙协议依法由全体合伙人协商一致，以书面形式订立。合伙协议经全体合伙人签名、盖章后生效。修改或者补充合伙协议，应当经全体合伙人一致同意；但是，合伙协议另有约定的除外。合伙人违反合伙协议的，应当依法承担违约责任。

合伙人履行合伙协议发生争议的，合伙人可以通过协商或者调解解决。不愿通过协商、调解解决或者协商、调解不成的，可以按照合伙协议约定的仲裁条款或者事后送达的书面仲裁协议，向仲裁机构申请仲裁。合伙协议中未订立仲裁条款，事后也没有达成书面仲裁协议的，可以向人民法院起诉。

3) 有合伙人认缴或者实际缴纳的出资额

合伙人可以用货币、实物、知识产权、土地使用权或者其他财产权利出资，也可以用劳务出资。合伙人以劳务出资的，其评估办法由全体合伙人协商确定，并在合伙协议中载明。注意：①用劳务作为出资是合伙企业特有的规定，并且只有对普通合伙人才适用；②以非货币财产出资的，依照法律、行政法规的规定，需要办理财产权转移手续的，应当依法办理。

4) 有合伙企业的名称和生产经营场所

普通合伙企业名称中应当标明"普通合伙"字样。

5) 具备法律、行政法规规定的其他条件

对于一些特殊行业，还需要具备相应的法律、法规规定的其他条件。

3. 普通合伙企业设立的有关规定

(1) 申请登记合伙企业，只要提交的登记申请材料齐全、符合法定形式，企业登记机关能够当场登记的，应予当场登记，发给营业执照。不能当场登记的，企业登记机关应当自受理申请之日起20日内，作出是否登记的决定。

(2) 合伙企业的营业执照签发日期，为合伙企业成立日期。

(3) 合伙企业设立分支机构，应当向分支机构所在地的企业登记机关申请登记，领取营业执照。

（三）有限合伙企业

1. 有限合伙企业的概念

有限合伙企业由普通合伙人和有限合伙人组成，普通合伙人对合伙企业债务承担无限连带责任,有限合伙人以其认缴的出资额为限对合伙企业债务承担责任。有限合伙企业实现了企业管理权和出资权的分离,可以结合企业管理方和资金方的优势,因而是国外私募基金的主要组织形式。

2.有限合伙企业设立的特殊规定

(1)有限合伙企业由2个以上50个以下合伙人设立,法律另有规定的除外。有限合伙企业至少应当有1个普通合伙人。国有独资公司、国有企业、上市公司以及公益性的事业单位、社会团体不得成为有限合伙企业的普通合伙人。有限合伙企业仅剩有限合伙人的,应当解散;有限合伙企业仅剩普通合伙人的,应当转为普通合伙企业。

【拓展阅读】
(1)大学生创业投资遭遇纠纷
(2)大学生校园创业遇纠纷 私自转让股权遭撤店

(2)有限合伙企业名称中应当标明"有限合伙"字样。

(3)有限合伙人可以用货币、实物、知识产权、土地使用权或者其他财产权利作价出资。有限合伙人不得以劳务出资。

(4)有限合伙人应当按照合伙协议的约定按期足额缴纳出资;未按期足额缴纳的,应当承担补缴义务,并对其他合伙人承担违约责任。

课堂互动

为你们团队的创业项目选择合适的企业组织形式,从法律的角度谈谈选择的依据。分组讨论,然后派代表阐述。

任务二 合同法概述

一、合同与合同法

(一)合同的概念和分类

1.合同的概念

合同,又称为契约、协议,是平等的当事人之间设立、变更、终止民事权利义务关系的协议。合同作为一种民事法律行为,是当事人协商一致的产物,是两个以上的意思表示相一致的协议。只有当事人所作出的意思表示合法,合同才具有国家法律约束力。依法成立的合同从成立之日起生效,具有国家法律约束力。

2.合同的分类

(1)双务合同和单务合同:根据当事人双方权利义务的分担方式,合同可分为双务合同与单务合同。

(2)有偿合同与无偿合同:根据当事人取得权利是否以偿付为代价,合同可分为有偿合同与无偿合同。

（3）诺成合同与实践合同：根据合同的成立是否以交付标的物为要件，合同可分为诺成合同与实践合同。

（4）要式合同与不要式合同：根据合同的成立是否需要特定的形式，合同可分为要式合同与不要式合同。

（5）为订约当事人利益的合同与为第三人利益的合同：根据订立的合同是为谁的利益，合同可分为为订约当事人利益的合同与为第三人利益的合同。

（6）主合同与从合同：根据合同间是否有主从关系，合同可分为主合同与从合同。主合同是指不依赖其他合同而能够独立存在的合同。

（7）本合同与预约合同：根据订立合同是否有事先约定的关系，合同可分为本合同与预约合同。

（8）定式合同：定式合同又称定型化合同、标准合同，是指合同条款由当事人一方预先拟定，对方只能表示全部同意或者不同意的合同，即一方当事人要么整体上接受合同条件，要么不订立合同。

（二）合同法概述

合同法是调整平等主体的自然人、法人、其他组织之间设立、变更、终止民事权利义务关系的法律规范的总称。

1. 合同法的调整范围

合同法调整的是平等主体的自然人、法人、其他组织之间设立、变更、终止民事权利义务的关系。婚姻、收养、监护等有关身份关系的协议，适用其他法律的规定。

（1）合同的主体是平等的自然人、法人、其他组织，包括外国的自然人、法人、其他组织在内。

（2）合同是有关民事权利义务关系尤其是民事财产关系的协议。

（3）企业、单位内部的管理关系，婚姻、收养、监护等有关身份关系的协议，都不属于合同法的调整范围。

（4）在政府参与的合同中，若其作为平等的主体与对方签订合同，如购买办公用品，则属于一般的合同关系，适用合同法，其他涉及行政管理关系的协议或者国家订货任务问题则由行政法规或其他专门立法来解决。

2. 合同法的基本原则

（1）平等原则：合同当事人的法律地位平等，一方不得将自己的意志强加给另一方。

（2）自愿原则：当事人依法享有自愿订立合同的权利，任何单位和个人不得非法干预。

（3）公平原则：当事人应当遵循公平原则确定各方的权利和义务。

（4）诚实信用原则：当事人行使权利、履行义务应当遵循诚实信用原则。

（5）遵纪守法原则：当事人订立、履行合同，应当遵守法律、行政法规，尊重社会公德，不得扰乱社会经济秩序，损害社会公共利益。

二、合同的订立

（一）合同订立的概念

合同的订立是指缔约当事人相互为意思表示并达成合意而成立了合同。合同的订立由"订"和"立"两个阶段组成。"订"强调缔约的行为和过程，是缔约各方接触、洽商的过程，包括缔约各方的接触、洽商并最终达成协议前的整个讨价还价过程。此阶段由要约邀请、要约、反要约诸制度加以规范和约束，产生先合同义务及缔约过失责任。而"立"强调缔约的结果，指的是各方合意的达成，即各方当事人就合同条款至少是合同的主要条款已经形成一致意见，各方当事人享有的权利和承担的义务得以确定。

（二）合同订立的主要形式

1.口头形式

口头形式在日常生活中经常被采用。集市的现货交易、商店里的零售等一般都采用口头形式。合同采取口头形式，无须当事人特别指明。凡当事人无约定，法律未规定须采用特定形式的合同，均可采用口头形式。但发生争议时当事人必须举证证明合同的存在及合同关系的内容。合同采取口头形式并不意味着不能产生任何文字的凭证。人们到商店购物，有时也会要求商店开具发票或其他购物凭证，但这类文字材料只能视为合同成立的证明，不能作为合同成立的要件。以口头形式订立合同，可以简化手续、方便交易、提高效率，但其缺点是发生合同纠纷时难以取证，不易分清责任。所以，对于不能即时清结的合同和标的数额较大的合同，不宜采用这种形式。

2.书面形式

合同书以及任何记载当事人要约、承诺和权利义务内容的文件，都是合同的书面形式的具体表现。《中华人民共和国民法典》（合同编）第四百六十九条规定，书面形式是指合同书、信件、电报、电传、传真等可以有形地表现所载内容的形式。以电子数据交换、电子邮件等方式能够有形地表现所载内容，并可以随时调取查用的数据电文，视为书面形式。书面合同必然由文字凭证组成，但并非一切文字凭证都是书面合同的组成部分。成为书面合同的文字凭证，必须符合以下要求：有某种文字凭证，当事人或其代理人在文字凭证上签字或盖章，文字凭证上载有合同权利义务。

三、合同的效力

合同效力是法律赋予依法成立的合同所产生的约束力。合同的效力可分为四大类，即有效合同，无效合同，效力待定合同，可变更、可撤销合同。

（一）有效合同

有效合同是指具备了合同的生效要件，能够产生合同当事人预期法律效力的合同。根据《中华人民共和国民法典》第一百四十三条关于民事法律行为生效要件的规定，可以归纳出合同的生效要件：第一，行为人具有相应的民事行为能力；第二，意思表示真实；第三，不违反法律、行政法规的强制性规定，不违背公序良俗。

（二）无效合同

无效合同是指虽然已经成立，但因其严重欠缺有效要件，在法律上不按当事人之间的合意赋予其法律效力的合同。根据《中华人民共和国民法典》第一百四十四条、第一百四十六条、第一百四十八条、第一百五十三条、第一百五十四条关于民事法律行为无效的规定，可以归纳出以下的合同无效情形：

①无民事行为能力人实施的民事法律行为；
②行为人与相对人以虚假的意思表示实施的民事法律行为；
③一方以欺诈手段，使对方在违背真实意思的情况下实施的民事法律行为；
④违反法律、行政法规的强制性规定的民事法律行为，但是，该强制性规定不导致该民事法律行为无效的除外；
⑤违背公序良俗的民事法律行为；
⑥行为人与相对人恶意串通，损害他人合法权益的民事法律行为。

（三）效力待定合同

效力待定合同是指已成立的合同因欠缺一定的生效要件，其生效与否尚未确定，须经过补正方可生效，在一定的期限内不予补正则视为无效合同。

（四）可撤销合同

可撤销合同是《中华人民共和国民法典》中可变更和可撤销的民事行为的一种。可撤销合同主要是指意思表示不真实的合同。可撤销合同的效力取决于当事人的意志，它是一种相对无效的合同。

【拓展阅读】
无效的租房合同

四、合同的履行

（一）合同履行的概念

合同履行指的是合同规定义务的执行。任何合同规定义务的执行，都是合同的履行行为；相应地，凡是不执行合同规定义务的行为，都是合同的不履行。因此，合同的履行表现为当事人执行合同义务的行为。当合同义务执行完毕时，合同也就履行完毕。

（二）合同履行的规则

合同履行规则是指法律规定的适用于某类合同或某种情形，当事人履行合同时必须共同遵守的具体准则。合同履行的规则是合同履行原则的具体体现，但二者仍有区别。前者是具体的规定，后者是抽象的概括；前者针对具体的个性问题，后者具有普遍的指导意义。合同履行的规则主要涉及履行主体、履行标的和履行方法。

合同履行规则是指在合同履行过程中需要遵守的具体规范。它包括以下八个方面：

（1）主体适当；

（2）履行标的适当；

（3）履行期限适当；

（4）履行方式适当；

（5）债务人履行合同债务，债权人应当适当受领给付；

（6）债务人履行债务，债权人应提供方便，创造条件；

（7）因故不能履行或不能完全履行时，应采取措施避免或减少损失；

（8）发生合同纠纷时，各自应主动承担责任，不得推诿。

> **课堂互动**
>
> **怎样订立合同**
>
> 1.主题：怎样订立合同？
>
> 2.活动形式：模拟签订租房合同。
>
> 3.目标：通过模拟订立合同，提升学生对合同的认识。
>
> 4.建议时间：20分钟。
>
> 5.材料准备：多张A4纸。
>
> 6.活动步骤：
>
> 第一步，一组学生扮演房东，一组学生扮演租客，根据租客所在组的项目需要租赁场地（包括厂房），签订租房合同。
>
> 第二步，协商合同事宜。
>
> 第三步，认真审核合同内容和要件。
>
> 第四步，教师总结。

任务三　劳动法与劳动合同法概述

一、劳动法概述

（一）劳动法的概念及调整对象

1.劳动法的概念

劳动法是调整劳动关系以及与劳动关系有密切联系的其他社会关系的法律规范的总

称。各国劳动法的表现形式不同，但大都包括以下基本内容：劳动就业法，劳动合同法，工作时间和休息时间制度，劳动报酬，劳动安全与劳动卫生技术规程，女工与未成年工的特殊保护制度，劳动纪律与奖惩制度，社会保险与劳动保险制度，职工培训制度，工会和职工参加民主管理制度，劳动争议处理程序以及对执行劳动法的监督和检查制度等。劳动法最早属于民法的范围，19世纪以来，随着工业革命的发展，劳动法在各国的法律体系中的地位日益重要，并逐渐脱离民法而独立。1802年，英国议会通过了世界上第一部劳动法——《学徒健康与道德法》，禁止纺织厂使用9岁以下的学徒，并规定工作时间每日不得超过12小时，同时禁止做夜班。中华人民共和国成立后，先后制定了《中华人民共和国劳动保险条例》《企业职工奖惩条例》《国营企业辞退违纪职工暂行规定》等一系列劳动法规。现行《中华人民共和国劳动法》（简称《劳动法》）于1995年起施行，2018年第二次修正。

2.劳动法的调整对象

1）劳动法调整劳动关系的范围

（1）企业和个体经济组织中形成的劳动关系是劳动法调整的主要对象。

（2）一定范围的国家机关、事业组织、社会团体通过与劳动者签订劳动合同建立的劳动关系。①国家机关、事业组织、社会团体与实行劳动合同制度的以及按规定应实行劳动合同制度的工勤人员之间的劳动关系；②实行企业化管理的事业组织与其职工之间形成的劳动关系；③其他劳动者通过签订劳动合同与国家机关、事业组织、社会团体建立的劳动关系。

2）劳动法调整劳动关系范围的发展

（1）将民办非企业单位与其劳动者的劳动关系纳入劳动法调整对象。民办非企业单位是指企业事业单位、社会团体和其他社会力量以及公民个人利用非国有资产举办的，从事非营利性社会服务活动的社会组织。

（2）将事业单位的劳动关系有条件地纳入劳动法调整对象。

（3）将社会团体的劳动关系基本上都纳入劳动法调整对象。工会、共青团、妇联等人民团体和群众团体以外的其他社会团体与其劳动者的劳动关系，被纳入劳动合同法调整，进而被纳入劳动法的适用范围。

（4）将劳务派遣、非全日制用工形式的部分类型的非标准劳动关系纳入劳动法调整对象。

（5）用人单位不合格的劳动关系、劳动者不合格的劳动关系被纳入劳动合同法的适用范围，进而被纳入劳动法的适用范围。

（6）将退休人员重新受聘的劳动关系有条件地纳入劳动法调整对象。

达到退休年龄的劳动者若不享受基本养老保险待遇，退休人员重新就业的劳动关系由劳动法调整。否则，作为民事雇佣关系由民法调整。

（7）将个人承包经营中的劳动关系有条件地纳入劳动法调整对象。

在个人承包经营中，承包个人招用了劳动者，一旦违反劳动合同法的规定，视为劳动者与发包人建立了劳动关系，发包人要承担赔偿责任。

（8）劳动合同法仍然不调整农村劳动者、现役军人、家庭保姆、自然人用工等性质的劳动关系。

（二）劳动者的权利与义务

1. 劳动者的权利

（1）劳动者有平等就业的权利。劳动是人们生活的第一个基本条件，是创造物质财富和精神财富的源泉。劳动就业权是有劳动能力的公民获得参加社会劳动和切实保证按劳取酬的权利。公民的劳动就业权是公民享有其他各项权利的基础。如果公民的劳动就业权不能实现，其他一切权利也就失去了基础。

（2）劳动者有选择职业的权利。劳动者拥有自由选择职业的权利，有利于劳动者充分发挥自己的特长，促进社会生产力的发展。劳动者在劳动力市场上作为就业的主体，具有支配自身劳动力的权利，可根据自身的素质、能力、志趣和爱好，以及市场资讯，选择用人单位和工作岗位。选择职业的权利是劳动者劳动权利的体现，是社会进步的一个标志。

（3）劳动者有取得劳动报酬的权利。随着劳动制度的改革，劳动报酬成为劳动者与用人单位所签订的劳动合同的必备条款。劳动者付出劳动，依照合同及国家有关法律取得报酬，是劳动者的权利。而及时定额地向劳动者支付工资，则是用人单位的义务。

（4）劳动者有获得劳动安全卫生保护的权利。这项权利对保证劳动者在劳动中的生命安全和身体健康尤为重要，是对享受劳动权利的主体切身利益最直接的保护。这项权利包括防止工伤事故和职业病。如果企业单位劳动保护工作欠缺，其后果不仅意味着劳动者某些权益的丧失，而且意味着劳动者健康和生命将直接受到伤害。

（5）劳动者享有休息的权利。我国宪法规定，劳动者有休息的权利，国家应发展劳动者休息和休养的设施，规定职工的工作时间和休假制度。

（6）劳动者有享受社会保险和福利的权利。疾病和年老是每个劳动者都不可避免的。社会保险是劳动力再生产的一种客观需要。我国劳动法规定，劳动保险包括养老保险、医疗保险、工伤保险、失业保险、生育保险等。但目前我国的社会保险还不完善，社会保险基金制度不太健全，国家负担过重，社会保险的实施范围不广泛，发展不平衡，社会化程度低，影响劳动力合理流动。

（7）劳动者有接受职业技能培训的权利。我国宪法规定，公民有受教育的权利和义务。所谓受教育既包括受普通教育，也包括受职业教育。公民要实现自己的劳动权，必须拥有一定的职业技能，而要获得这些职业技能，越来越依赖于专门的职业培训。因此，劳动者若没有职业培训权利，那么劳动就业权利也就成为一句空话。

（8）劳动者有提请劳动争议处理的权利。劳动争议是指劳动关系当事人，因执行劳动法或履行集体合同和劳动合同的规定引起的争议。劳动关系当事人作为劳动关系的主体，各自存在着不同的利益，双方不可避免地会产生分歧。用人单位与劳动者发生劳动争议，劳动者可以依法申请调解、仲裁、提起诉讼。劳动争议调解委员会由用人单位、工会和职工代表组成。劳动仲裁委员会由劳动行政部门的代表、同级工会、用人单位代表组成。解决劳动争议应该贯彻合法、公正、及时处理的原则。

2.劳动者的义务

（1）完成劳动任务是最基本的义务；

（2）提高职业技能；

（3）执行劳动安全卫生规程；

（4）遵守劳动纪律；

（5）遵守职业道德。

（三）工作时间与休息时间制度

（1）我国实行劳动者每日工作时间不超过8小时、平均每周工作时间不超过44小时的工时制度。

（2）对实行计件工作的劳动者，用人单位应当根据《劳动法》第三十六条规定的工时制度合理确定其劳动定额和计件报酬标准。

（3）用人单位应当保证劳动者每周至少休息一日。

（4）企业因生产特点不能实行《劳动法》第三十六条、第三十八条规定的，经劳动行政部门批准，可以实行其他工作和休息办法。

（5）用人单位在下列节日期间应当依法安排劳动者休假：①元旦；②春节；③国际劳动节；④国庆节；⑤法律、法规规定的其他休假节日。

（6）用人单位由于生产经营需要，经与工会和劳动者协商后可以延长工作时间，一般每日不得超过1小时；因特殊原因需要延长工作时间的，在保障劳动者身体健康的条件下延长工作时间每日不得超过3小时，但是每月不得超过36小时。

（7）有下列情形之一的，用人单位应当按照下列标准支付高于劳动者正常工作时间工资的工资报酬：①安排劳动者延长工作时间的，支付不低于工资的150%的工资报酬；②休息日安排劳动者工作又不能安排补休的，支付不低于工资的200%的工资报酬；③法定休假日安排劳动者工作的，支付不低于工资的300%的工资报酬。

二、劳动合同法概述

（一）劳动合同法的概念及适用范围

1.劳动合同法的概念

劳动合同法是为了完善劳动合同制度，明确劳动合同双方当事人的权利和义务，保护劳动者的合法权益，构建和发展和谐稳定的劳动关系而制定的。

2.劳动合同法的适用范围

现行《中华人民共和国劳动合同法》（简称《劳动合同法》）于2007年通过，2012

年修正。其第二条规定，中华人民共和国境内的企业、个体经济组织、民办非企业单位等组织（以下简称用人单位）与劳动者建立劳动关系，订立、履行、变更、解除和终止劳动合同，适用本法。

（二）劳动合同的种类和内容

1.劳动合同的种类

（1）固定期限劳动合同，是指用人单位与劳动者约定合同终止时间的劳动合同。用人单位与劳动者协商一致，可以订立固定期限劳动合同。

（2）无固定期限劳动合同，是指用人单位与劳动者约定无确定终止时间的劳动合同。

（3）单项劳动合同，即没有固定期限，以完成一定工作任务为期限的劳动合同，是指用人单位与劳动者约定以某项工作的完成为合同期限的劳动合同。

2.劳动合同的内容

（1）劳动合同期限。

（2）工作内容和工作时间。

（3）劳动保护和劳动条件，主要包括劳动安全卫生的设施、设备及防护措施，女工和未成年人的特殊保护，以及为劳动者提供的保证生产（工作）任务顺利进行的各种物质条件和生产（工作）环境。

（4）劳动报酬，包括劳动者的工资、奖金、津贴和补贴等内容。

（5）社会保险。

（6）劳动纪律，包括用人单位规章制度、劳动纪律等内容及其执行程序。

（7）劳动合同终止的条件，主要指劳动合同期满或者法定终止条件或当事人约定条件出现，劳动合同的法律效力即行消失，双方当事人之间的权利义务关系终止。

（8）违反劳动合同的责任，是指当事人不履行劳动合同或者不完全履行劳动合同所应承担的相应法律责任。

劳动合同除以上规定的必备条款外，劳动合同当事人还可以通过协商订立约定条款。双方当事人可以就职业技能培训、保守商业秘密等事项，约定双方的权利和义务。但双方的约定条款不能违背法律、法规和有关规章的规定。

（三）劳动合同的订立、变更与解除程序的规定

1.劳动合同的订立

1）劳动合同订立的概念

劳动合同订立是指劳动者和用人单位经过相互选择和平等协商，就劳动合同条款达成协议，从而确立劳动关系和明确相互权利义务的法律行为。它一般包括确定合同当事人和确定合同内容两个阶段。

2）劳动合同订立的原则

劳动合同订立的原则：第一，平等自愿的原则；第二，协商一致的原则；第三，不得违反法律、行政法规的原则。

2.劳动合同的变更

劳动合同的变更是指劳动合同依法订立后，在合同尚未履行或者尚未履行完毕之前，经用人单位和劳动者双方当事人协商同意，对劳动合同内容作部分修改、补充或者删减的法律行为。劳动合同的变更是原劳动合同的派生，是双方已存在的劳动权利义务关系的发展。

3.劳动合同的解除

1）概念

劳动合同的解除是指当事人双方提前终止劳动合同的法律效力，解除双方的权利义务关系。

2）种类

（1）双方协商解除劳动合同。用人单位与劳动者协商一致，可以解除劳动合同。协商解除劳动合同没有规定实体、程序上的限定条件，只要双方达成一致，内容、形式、程序不违反法律禁止性、强制性规定即可。若是用人单位提出解除劳动合同的，用人单位应向劳动者支付解除劳动合同的经济补偿金。

（2）劳动者单方解除劳动合同。在具备法律规定的条件时，劳动者享有单方解除权，无须双方协商达成一致意见，也无须征得用人单位的同意。这种情况具体又可以分为预告解除和即时解除。

预告解除，即劳动者履行预告程序后单方解除劳动合同，有两种情形。第一，劳动者提前三十日以书面形式通知用人单位，可以解除劳动合同。第二，劳动者在试用期内提前三日通知用人单位，可以解除劳动合同。

即时解除，即《劳动合同法》第三十八条规定的情形。用人单位以暴力、威胁或者非法限制人身自由的手段强迫劳动者劳动的，或者用人单位违章指挥、强令冒险作业甚至危及劳动者人身安全的，劳动者可以立刻解除劳动合同，无须事先告知用人单位。对于劳动者可即时解除劳动合同的上述情形，劳动者无须支付违约金，用人单位应当支付经济补偿金。

（3）用人单位单方解除劳动合同。在具备法律规定的条件时，用人单位享有单方解除权，无须双方协商达成一致意见，主要包括过错性辞退、非过错性辞退、经济性裁员三种情形。

过错性辞退，即在劳动者有过错情形时，用人单位有权单方解除劳动合同。过错性解除劳动合同在程序上没有严格限制；用人单位无须支付劳动者解除劳动合同的经济补偿金；若劳动合同规定了符合法律规定的违约金条款，劳动者须支付违约金。

过错性辞退的适用情形为：在试用期间被证明不符合录用条件的；严重违反用人单位的规章制度的；严重失职，营私舞弊，给用人单位造成重大损害的；劳动者同时与其他用人单位建立劳动关系，对完成工作任务造成严重影响，或者经用人单位提出，拒不改正的；因劳动者以欺诈、胁迫的手段或者乘人之危，使对方在违背真实意思的情况下订立或者变更劳动合同致使劳动合同无效的；被依法追究刑事责任的。

非过错性辞退，即劳动者本人无过错，但由于主客观原因致使劳动合同无法履行，用人单位在符合法律规定的情形下，履行法律规定的程序后有权单方解除劳动合同。非过错性解除劳动合同在程序上具有严格的限制，具体程序：用人单位应提前30日以书面形式通知劳动者本人或者额外支付劳动者1个月工资后，才可以解除劳动合同；用人单位选择额外支付劳动者1个月工资解除劳动合同的，其额外支付的工资应当按照该劳动者上一个月的工资标准确定。用人单位应当支付劳动者经济补偿金。非过错性辞退的适用情形：劳动者患病或非因工负伤，在规定的医疗期满后仍不能从事原工作，也不能从事用人单位另行安排的工作的；劳动者不能胜任工作，经过培训或者调整工作岗位，仍不能胜任工作的；劳动合同订立时所依据的客观情况发生重大变化，导致劳动合同无法履行，经用人单位与劳动者协商，仍未能就变更劳动合同内容达成协议的。

【拓展阅读】
法律会支持小张吗

（四）劳动争议

1. 劳动争议概述

劳动争议亦称劳动纠纷，是指劳动关系双方当事人之间因劳动权利和劳动义务的认定与实现所发生的纠纷。劳动争议实质上是劳动关系当事人之间利益矛盾、利益冲突的表现。劳动争议与其他社会关系纠纷相比，具有下述特征：劳动争议的当事人是特定的；劳动争议的内容是特定的；劳动争议有特定的表现形式。

2. 劳动争议的处理

（1）用人单位与劳动者发生劳动争议，当事人可以依法申请调解、仲裁、提起诉讼，也可以协商解决。

（2）劳动争议发生后，当事人可以在30日内向本单位劳动争议调解委员会申请调解；调解不成，当事人一方要求仲裁的，可以在劳动争议发生之日起60日内向劳动争议仲裁委员会申请仲裁。当事人一方也可以直接向劳动争议仲裁委员会申请仲裁。对仲裁裁决不服的，可以在收到仲裁裁决书之日起15日内向人民法院提起诉讼。

课堂互动

"找茬"游戏

教师提供各单位招聘公告，学生找出其中不符合劳动法规定的内容。

1. 准备：数组招聘公告，通过多媒体呈现。
2. 形式：学生分组讨论，各小组各讨论一个招聘公告，并派代表阐述。

任务四　知识产权法和税法概述

一、知识产权

知识产权是人们对于自己的智力活动创造的成果和经营管理活动中的标记、信誉依法享有的权利。将一切来自知识活动领域的权利概括为"知识产权"，最早源于17世纪中叶法国学者卡普佐夫的观点，后来被比利时著名法学家皮卡第所发展。在我国，法学界曾长期采用"智力成果权"的说法，1986年《中华人民共和国民法通则》颁布后，我国开始正式通行"知识产权"的称谓。

知识产权有广义和狭义之分。

广义的知识产权包括著作权、邻接权、商标权、商号权、商业秘密权、产地标记权、专利权、集成电路布图设计权等各种权利。

狭义的知识产权，即传统意义上的知识产权，包括著作权（含邻接权）、专利权、商标权三个主要组成部分。狭义的知识产权可以分为两个类别：一类是文学产权，包括著作权及与著作权有关的邻接权。另一类是工业产权，主要是专利权和商标权。文学产权是关于文学、艺术、科学作品的创作者和传播者所享有的权利，它将具有原创性的作品及传播这种作品的媒介纳入其保护范围。工业产权则是指工业、商业、农业、林业和其他产业中具有实用经济意义的一种无形财产权，确切地说，工业产权应该称之为"产业产权"。这类权利是大学生在创业的时候往往忽略的权利。接下来重点介绍专利权和商标权。

（一）专利权

1. 专利

专利是指经国务院专利行政部门依照《中华人民共和国专利法》（简称《专利法》）规定的程序审查，认定为符合专利条件的发明创造。《专利法》规定了三种专利，即发明专利、实用新型专利和外观设计专利。

2. 专利权

专利权是公民、法人和其他组织对其发明创造在一定期限内依法享有的垄断权。这里所说的垄断权是指由专利权人自己实施或者授权他人实施其专利的权利，以及禁止他人未经许可实施其专利的权利。

3. 可获得专利的情况

（1）发明。《专利法》所称的发明是指对产品、方法或者其改进所提出的新的技术方案，实质上是人们利用自然规律进行技术构思的高度创造。从《专利法》关于发明的规定中可以看出，发明可以分为两种，即产品发明和方法发明。产品发明是人们通过研究开发出来的关于各种新产品、新材料、新物质等的技术方案。方法发明是人们为制造产品或者解决某个技术问题而研究开发出来的操作方法、制造方法以及工艺流程等技术方案。

（2）实用新型。《专利法》规定的实用新型是指对产品的形状、构造或者其组合所提出的适于实用的新的技术方案。

（3）外观设计。《专利法》所称的外观设计是指对产品的形状、图案或者其结合以及色彩与形状、图案的结合所作出的富有美感的并适用于工业应用的新设计。

（二）商标权

1.商标的概念

商标是生产经营者在其商品或服务中使用的，由文字、图形、字母、数字、三维标志和颜色组合，以及上述要素的组合构成的，具有显著特征、便于识别商品或服务来源的标记。

2.商标权的概念

商标权是商标所有人依法对其商标所享有的专有使用权。我国与世界上绝大多数国家一样，遵循注册在先的原则，即商标权的取得根据注册原则确定。经商标局核准注册的商标为注册商标，包括商品商标、服务商标和集体商标、证明商标；商标注册人享有商标专用权，受法律保护。

商标权包括使用权和禁止权两个方面。使用权是指商标权人对其注册商标享有充分支配和完全使用的权利。商标权人可以在其注册商标所核定的商品上独自使用该商标，并取得合法利益，也可以根据自己的意愿，将注册商标转让给他人或许可他人使用。禁止权是指商标权人禁止他人未经其许可擅自使用其注册商标的权利。

【拓展阅读】
"清华脂蛋白"案

二、知识产权法

知识产权法是调整因知识产权而产生的各种社会关系的法律规范的总称，它是国际上通行的确认、保护和利用著作权、工业产权以及其他智力成果专有权利的一种专门法律制度。我国的知识产权法主要包括以下几种法律制度，即著作权法律制度、专利权法律制度、工业版权法律制度、商标权法律制度、商号权法律制度、产地标记权法律制度、商业秘密权法律制度、反不正当竞争法律制度。

三、税法

（一）税法的概念

"税"，又称税赋、税金、税收、赋税、税捐、捐税、租税，是政府为了维持其运转以及为社会提供公共服务，对个人、企业或集体强制和无偿征收实物或货币的总称。

税法是各种税收法规的总称，是税收机关征税和纳税人据以纳税的法律依据。税法包括税收法令、条例、税则、施行细则、征收办法及其他有关税收的规定。税法由国家立法机关制定颁布，或由国家立法机关授权国家机关制定公布。在我国，一般说来，主要的税收法规由全国人民代表大会审议通过，公布施行；各税条例（草案）和征收办法由国务会议审议通过，公布施行；税法实施细则由财政部根据税收基本法规作出解释和详细规定；有关地方各税的征免和各税具体稽征管理制度一般由省级人大常委会或省级人民政府规定。税法由一些基本因素所构成，包括纳税人、课税对象、税率，其他因素有纳税环节、纳税期限、减免税和违章处理等。

（二）企业相关税种和税率

依法纳税是公民和企业应尽的义务和责任。我国税法规定，所有企业都要报税和纳税。与企业和企业主有关的主要税种有增值税、企业所得税、个人所得税、城市维护建设税、教育费附加等。

社会经济活动是一个连续运动、生生不息的过程，生产—流通—分配—消费。国家对生产、流通环节征收的税种称为流转税，它是以销售收入为对象征收的一种税，如增值税等。对分配环节征收的税种称为所得税，它是以企业生产经营所得和个人收益为对象征收的一种税，如企业所得税、个人所得税。此外，还有以流转税为基础征收的附加税费，如城市维护建设税、教育费附加等。

1.增值税税率及征收率

根据纳税人的经营范围以及会计核算的健全程度不同，增值税纳税人可分为一般纳税人和小规模纳税人。自2019年4月1日起，增值税一般纳税人的税率调整为13%、9%、6%和0%等四种税率。适用于小规模纳税人按简易方法计税的特定项目，增值税的征收率统一按3%计征。《中华人民共和国增值税暂行条例》中规定的增值税具体税率如下。

（1）纳税人销售货物、劳务、有形动产租赁服务或者进口货物，除第（2）项、第（4）项、第（5）项另有规定外，税率均为17%。

（2）纳税人销售交通运输、邮政、基础电信、建筑、不动产租赁服务，销售不动产，转让土地使用权，销售或者进口下列货物，税率为11%：①粮食等农产品、食用植物油、食用盐；②自来水、暖气、冷气、热水、煤气、石油液化气、天然气、二甲醚、沼气、居民用煤炭制品；③图书、报纸、杂志、音像制品、电子出版物；④饲料、化肥、农药、农机、农膜；⑤国务院规定的其他货物。

（3）纳税人销售服务、无形资产，除第（1）项、第（2）项、第（5）项另有规定外，税率为6%。

（4）纳税人出口货物，税率为零；但是，国务院另有规定的除外。

（5）境内单位和个人跨境销售国务院规定范围内的服务、无形资产，税率为零。

2.企业所得税和个人所得税税率

企业所得税税率分为法定税率和优惠税率。法定税率为25%；优惠税率分别为小型微利企业20%，国家需要重点扶持的高新技术企业15%。

国家对个体工商户、个人独资企业和合伙企业的投资者，不征收企业所得税，而按5%~45%的超额累进税率征收个人所得税。

3.附加税费税率

城市维护建设税以流转税为基础，纳税人所在地在市区的，税率为7%；纳税人所在地在县城、镇的，税率为5%；纳税人所在地不在市区、县城或镇的，税率为1%。

教育费附加税率为增值税税额与消费税税额的3%。

（三）高校毕业生等青年自主创业税收优惠政策

1.高校毕业生创业税费扣减

2019年1月1日至2025年12月31日，持《就业创业证》（注明"自主创业税收政策"或"毕业年度内自主创业税收政策"）的毕业年度内高校毕业生从事个体经营的，自办理个体工商户登记当月起，在3年内按每户每年12000元为限额依次扣减其当年实际应缴纳的增值税、城市维护建设税、教育费附加、地方教育附加和个人所得税。限额标准最高可上浮20%，各省、自治区、直辖市人民政府可根据本地区实际情况在此幅度内确定具体限额标准。

纳税人的实际经营期不足1年的，应当以实际月数换算其减免税限额。换算公式为：减免税限额＝年度减免税限额÷12×实际经营月数。

2.小规模纳税人减免增值税

自2023年1月1日至2023年12月31日，对月销售额10万元以下（含本数，以1个季度为1个纳税期的，季度销售额未超过30万元）的增值税小规模纳税人，免征增值税。

自2023年1月1日至2023年12月31日，增值税小规模纳税人适用3%征收率的应税销售收入，减按1%征收率征收增值税；适用3%预征率的预缴增值税项目，减按1%预征率预缴增值税。

3.生产、生活性服务业增值税加计抵减

自2023年1月1日至2023年12月31日，增值税加计抵减政策按照以下规定执行。

（1）允许生产性服务业纳税人按照当期可抵扣进项税额加计5%抵减应纳税额。生产性服务业纳税人，是指提供邮政服务、电信服务、现代服务、生活服务取得的销售额占全部销售额的比重超过50%的纳税人。

（2）允许生活性服务业纳税人按照当期可抵扣进项税额加计10%抵减应纳税额。生活性服务业纳税人，是指提供生活服务取得的销售额占全部销售额的比重超过50%的纳税人。

4. 小型微利企业减免企业所得税、地方"六税两费"

2023年1月1日至2024年12月31日，对小型微利企业年应纳税所得额不超过100万元的部分，减按25％计入应纳税所得额，按20％的税率缴纳企业所得税。

2022年1月1日至2024年12月31日，对小型微利企业年应纳税所得额超过100万元但不超过300万元的部分，减按25％计入应纳税所得额，按20％的税率缴纳企业所得税。

5. 个体工商户减征个人所得税

2023年1月1日至2024年12月31日，对个体工商户年应纳税所得额不超过100万元的部分，在现行优惠政策基础上，减半征收个人所得税。

6. 小微企业税费减免

2022年1月1日至2024年12月31日，由省、自治区、直辖市人民政府根据本地区实际情况，以及宏观调控需要确定，对增值税小规模纳税人、小型微利企业和个体工商户可以在50％的税额幅度内减征资源税、城市维护建设税、房产税、城镇土地使用税、印花税（不含证券交易印花税）、耕地占用税和教育费附加、地方教育附加。

【拓展阅读】
创业纳税提醒

高校毕业生等青年自主创业、增值税小规模纳税人、个体工商户、小型微利企业及一些高新技术企业在不同时期、不同地区有不同的税收优惠政策，创业者要充分了解和利用这些政策为自己的创业活动服务。

> **课堂互动**
> 1. 说说你知道的知识产权侵权的案件。
> 2. 如果你自己不想或不会计算企业赋税，该怎么办？
> 3. 企业为什么要纳税？除了前面讲述的五种税赋之外，你知道企业还需要缴纳哪些税赋？

任务五　开办卫生行业企业的特殊条件

2017年修订的《国民经济行业分类》中将卫生行业纳入卫生和社会工作大类，包括医院、基层医疗卫生服务、专业公共卫生服务、其他卫生活动四类。卫生行业的内涵是十分广泛的，只要是和人们生命健康有关的经济社会活动都可以纳入卫生行业，从某种意义上来说，卫生行业就是健康产业。健康产业是指以医疗卫生和生物技术、生命科学为基础，以维护、改善和促进人民群众健康为目的，为社会公众提供与健康直接或密切相关的产品（货物和服务）的生产活动集合。

国家统计局在2019年4月以《国民经济行业分类》（GB/T4754—2017）为基础，将健康产业范围确定为医疗卫生服务，健康事务、健康环境管理与科研技术服务，健康人才教育与健康知识普及，健康促进服务，健康保障与金融服务，智慧健康技术服务，药品及其他健康产品流通服务，其他与健康相关服务，医药制造，医疗仪器设备及器械制造，健康用品、器材与智能设备制造，医疗卫生机构设施建设，中药材种植、养殖和采集等13个大类。

根据医学专科生的实际情况，我们若在卫生行业或健康产业开展创业活动的话，主要在以下几个大类进行。

一、开办医疗机构

（一）医疗机构的概念

医疗机构是指从事疾病诊断、治疗活动，经登记取得《医疗机构执业许可证》的机构。

（二）医疗机构的分类

根据医疗机构的规模和提供服务的性质，大体可以分为以下13类。

（1）综合医院、中医医院、中西医结合医院、民族医院、专科医院、康复医院；

（2）妇幼保健院、妇幼保健计划生育服务中心；

（3）社区卫生服务中心、社区卫生服务站；

（4）中心卫生院、乡（镇）卫生院、街道卫生院；

（5）疗养院；

（6）综合门诊部、专科门诊部、中医门诊部、中西医结合门诊部、民族医门诊部；

（7）诊所、中医诊所、民族医诊所、卫生所、医务室、卫生保健所、卫生站；

（8）村卫生室（所）；

（9）急救中心、急救站；

（10）临床检验中心；

（11）专科疾病防治院、专科疾病防治所、专科疾病防治站；

（12）护理院、护理站；

（13）医学检验实验室、病理诊断中心、医学影像诊断中心、血液透析中心、安宁疗护中心。

卫生防疫、国境卫生检疫、医学科研和教学等机构在本机构业务范围之外开展诊疗活动以及美容服务机构开展医疗美容业务的，也属于医疗机构之范畴。医疗机构的通用名称为医院、中心卫生院、卫生院、疗养院、妇幼保健院、门诊部、诊所、卫生所、卫生站、卫生室、医务室、卫生保健所、急救中心、急救站、临床检验中心、防治院、防治站、护理院、护理站、中心以及国家规定或者认可的其他名称。

（三）开办医疗机构的条件

开办医疗机构应具备以下条件：
（1）有设置医疗机构的批准书；
（2）符合医疗机构的基本标准；
（3）有适合的名称、组织机构和场所；
（4）有与其开展的业务相适应的经费、设施、设备和专业卫生技术人员；
（5）有相应的规章制度；
（6）能够独立承担民事责任。

二、开办药品生产企业

开办药品生产企业，必须取得《药品生产许可证》。除应当符合国家制定的药品行业发展规划和产业政策外，还应当符合以下条件。
（1）具有依法经过资格认定的药学技术人员、工程技术人员及相应的技术工人。
（2）具有与其药品生产相适应的厂房、设施和卫生环境。
（3）具有能对所生产药品进行质量管理和质量检验的机构、人员以及必要的仪器设备。
（4）具有保证药品质量的规章制度，并符合国务院药品监督管理部门依据《中华人民共和国药品管理法》制定的有关药品生产质量管理规范要求。

三、开办药品流通企业

药品流通主要是指药品从出厂后到达消费者手中的环节，包括批发和零售两个部分。不管是从事药品的批发还是从事药品零售，都必须取得《药品经营许可证》，否则都是非法经营。

（一）药品批发企业

按照《中华人民共和国药品管理法》第五十一条规定，从事药品批发活动，应当经所在地省、自治区、直辖市人民政府药品监督管理部门批准，取得药品经营许可证。

（二）药品零售企业

开办药品零售企业，应符合当地常住人口数量、地域、交通状况和实际需要的要求，符合方便群众购药的原则，且应当经所在地县级以上地方人民政府药品监督管理部门批准，取得药品经营许可证。无药品经营许可证的，不得经营药品。

按照《中华人民共和国药品管理法》第五十二条规定，从事药品经营活动应当具备以下条件：
（1）有依法经过资格认定的药师或者其他药学技术人员；
（2）有与所经营药品相适应的营业场所、设备、仓储设施和卫生环境；
（3）有与所经营药品相适应的质量管理机构或者人员；

(4) 有保证药品质量的规章制度，并符合国务院药品监督管理部门依据本法制定的药品经营质量管理规范要求。

四、开办医疗器械生产和经营企业

（一）开办医疗器械生产企业的条件

按照《医疗器械监督管理条例》第三十条规定，从事医疗器械生产活动，应当具备下列条件：

(1) 有与生产的医疗器械相适应的生产场地、环境条件、生产设备以及专业技术人员；
(2) 有能对生产的医疗器械进行质量检验的机构或者专职检验人员以及检验设备；
(3) 有保证医疗器械质量的管理制度；
(4) 有与生产的医疗器械相适应的售后服务能力；
(5) 产品研制、生产工艺文件规定的要求。

按照《医疗器械监督管理条例》第三十一条规定，从事第一类医疗器械生产的，由生产企业向所在地设区的市级人民政府食品药品监督管理部门备案并提交其符合本条例第三十条规定条件的证明资料。从事第二类、第三类医疗器械生产的，生产企业应当向所在地省、自治区、直辖市人民政府食品药品监督管理部门申请生产许可并提交其符合本条例第三十条规定条件的证明资料以及所生产医疗器械的注册证。

（二）开办医疗器械经营企业的条件

按照《医疗器械监督管理条例》第四十条规定，从事医疗器械经营活动，应当有与经营规模和经营范围相适应的经营场所和贮存条件，以及与经营的医疗器械相适应的质量管理制度和质量管理机构或者人员。

五、开办保健品生产企业

保健品生产企业除了具备食品生产企业应当具备的条件之外，根据《保健食品良好生产规范》规定，还需要具备以下条件。

(1) 保健食品生产企业必须具有与所生产的保健食品相适应的具有医药学（或生物学、食品科学）等相关专业知识的技术人员和具有生产及组织能力的管理人员。专职技术人员的比例应不低于职工总数的5%。
(2) 主管技术的企业负责人必须具有大专以上或相应的学历，并具有保健食品生产及质量、卫生管理的经验。
(3) 保健食品生产和品质管理部门的负责人必须是专职人员，应具有与所从事专业相适应的大专以上或相应的学历，能够按本规范的要求组织生产或进行品质管理，有能力对保健食品生产和品质管理中出现的实际问题作出正确的判断和处理。

（4）保健食品生产企业必须有专职的质检人员。质检人员必须具有中专以上学历；采购人员应掌握鉴别原料是否符合质量、卫生要求的知识和技能。

（5）从业人员上岗前必须经过卫生法规教育及相应技术培训，企业应建立培训及考核档案，企业负责人及生产、品质管理部门负责人还应接受省级以上卫生监督部门有关保健食品的专业培训，并取得合格证书。

（6）从业人员必须进行健康检查，取得健康证后方可上岗，以后每年须进行一次健康检查。

（7）从业人员必须按照GB14881的规定做好个人卫生。

由于卫生行业和人民群众的生命健康息息相关，从事这方面的工作比一般行业的条件更严格。大体来讲，一是要申请行政许可证，二是要有专业技术人员，三是要有合格的场地，四是要有严格的规章制度。大家以后如果要在卫生行业创业，一定要严格遵守相应的法律法规和行业标准，规范创业，诚信经营。

课后实践

1. 搜集有关合同纠纷的案例。
2. 搜集税务部门的网站、微信公众号和电话热线。

创业思政小故事

他告诉我们创业不能卖假药

刘大力大学毕业参加工作后考上了一所985高校的研究生，紧接着又趁热打铁继续攻读博士学位。在读博士期间，刘大力拿到上海市大学生创业基金，于是中途退学，自主创业。2005年起，他在多个电商平台上开店，先后经营过化妆品、母婴和生鲜水果等商品。

2015年，他又开了一家的网店，后来因故停止运营。2016年4月，网店重新恢复经营，出售多种日本产品，其中包括日本产眼药水、洗眼液、镇痛贴等。为了方便，刘大力特意租下一间房屋作为仓库，又招来表弟柳小明作为员工。两人分工明确，刘大力全面负责网店经营，包括进货、商品上架销售和客户交流工作，柳小明就负责收货和打包发货。

如果刘大力做的是正经生意，那也无可厚非，但他所销售的物品并非来自正规途径。他本身没有销售药品的资质，出售的产品既没有经过报关手续，又没有经过中国药监局的检验和审批，没有中国药准字批号。他的商品是从哪里进货的呢？刘大力的手机里有多个QQ群和微信群，这就是他的进货渠道。微信群用来看价格做参考，QQ群用来进货。他在QQ群里看到价格便宜的眼药水就和卖家联系确定价格和数量，根据对方提供的链接付款，货物到了之后就放在自己的网店里出售。在接受讯问时，刘大力称自己就是个"二道贩子"，"都是通过国内的上家，不正规的渠道进的货。我不是直接从日本进货，也没走正常的报关手续"。

柳小明作为员工，在收货、打包的过程中也发现店内的商品有问题，他到案后承认他知道该店没有药品销售许可证，所售药品没有经过中国药监局的检验和审批，没有经过报关手续，仓库也没有防虫、恒温恒湿设备的储存条件。尽管如此，由于法律意识淡漠，他没有意识到问题的严重性，依旧帮刘大力打包发货直至被查获。

上海市嘉定区市场监督管理局认定刘大力网店已扣押待销售的16种日本产药品均应按假药论处。检察官认为，犯罪嫌疑人刘大力、柳小明为牟取非法利益，明知系假药而予以销售，情节特别严重，其行为均已触犯《中华人民共和国刑法》，应当以销售假药罪追究其刑事责任。同时，根据《中华人民共和国刑法》规定，本案系共同犯罪，犯罪嫌疑人刘大力为主犯，犯罪嫌疑人柳小明系从犯。柳小明具有自首情节，根据《中华人民共和国刑法》规定，可以减轻处罚。

借由此案，检察官提醒大家，药品安全关乎千万老百姓的身体健康，不可大意，更不能抱有侥幸心理。根据《中华人民共和国药品管理法》有关规定，药品未经国家药品监督管理局批准，亦未取得进口药品批准文号，均按假药论处。因此，出售药品一要有相关资质，二要有走正规渠道，经过中国药监局的检验和审批，进出口商品需办理好通关手续。

资料来源：http：//newsxmwb.xinmin.cn/fatan/2017/02/21/30853396.html（有删改）。

杨总教你创业

大学生创业容易失败的几个常见原因和创业建议

大学生创业成功率很低，用"九死一生"来形容一点都不为过，总结别人失败的经验教训或许比学习"怎么创业"更为重要。

项目不成熟。很多案例失败的一个很重要的原因是创业项目不成熟，主要表现在对市场、对产品竞争力的盲目乐观，对竞争对手的无知乐观，对行业竞争格局不了解、盲目跟风等等方面。

没有经验，认知局限。创业所需要的知识和经验是全方位的，维度很多，一个小小的错误就会导致翻车。有一句话是这么说的："我们很难赚到我们认知以外的钱"，"靠运气赚来的钱往往又凭实力亏掉"。我总是碰到很多失败的创业者感叹："我是死在我那个合伙人身上……"，"被骗了，没办法……"，"我以为……结果……"

缺钱。很多创业项目还不错，创业者也不错，但市场一点点风吹草动，加上预算本身很紧张，资金就断了。

给大学生创业的几点建议。

量力而行。不是人人都适合"当老板"的，建议想创业的大学生首先做好自我评估，不要陷入"自我认知缺陷"的陷阱中去，不要被"别人成功的故事"洗脑，更不要盲目跟风。

找个导师。找个成功的师兄师姐给你全程当顾问，对你的项目进行评估，对你的创业全程进行辅导，这是一种智慧。同时，不要怕被拒绝。事实上，很多成功的企业家也需要寻找自己的"未来合伙人"，需要寻找新赛道新项目，可靠的导师将是很好的"天使投资人"。

不要涉足重资产、投入较大的创业项目。大学生资金实力不足，不建议涉足重资产和投入较大的创业项目，抗风险能力是创业者始终要考虑的，不要"摔倒了爬不起来"。

先入行再创业。先进入一个行业，提升我们的认知，丰富我们的经验，积累我们的资源。时机成熟再创业，成功的概率会大很多。很多优秀的企业也提供员工内部创业的机会，站在巨人的肩膀上腾飞更是一种大智慧。

参考文献

[1] 徐海伟，诗秀芳，刘宏民.德国模式对我国大学生创新创业教育的启示[J].现代职业教育，2018（1）.

[2] 覃彩连，余永辉，庞怡文，等.国内外高校创新创业教育现状和对策[J].教育观察，2018，7（15）.

[3] 肖喜明.国外创新创业教育的历程趋势及其启示借鉴[J].广东技术师范学院学报，2018，39（03）.

[4] 李文胜，成波锦.创业基础[M].西安：西安交通大学出版社，2015.

[5] 钟秋明，汪忠，屈振辉.大学生创业基础[M].北京：高等教育出版社，2017.

[6] 李亚飞，王军辉.医学专业学生创新创业能力现状分析及培养建议[J]，海峡科技与产业，2020（06）.

[7] 王振杰，刘彩琴，刘莲花，等.大学生创新创业基础[M].北京：高等教育出版社，2018.

[8] 赵金来，董明冉.大学生创新创业教育[M].北京：首都师范大学出版社，2017.

[9] 陆增辉.医学生创业基础[M].上海：上海交通大学出版社，2017.

[10] 邓立治.商业计划书原理、演示与案例[M].2版.北京：机械工业出版社，2018.

[11] 吕森林.创业从一份商业计划书开始[M].北京：电子工业出版社，2019.

[12] 张金山.大学生创新创业案例——走近"挑战杯"[M].北京：社会科学文献出版社，2017.

[13] 李肖鸣.创新创业实训[M].北京：清华大学出版社，2018.

[14] 肖杨.创新创业基础[M].北京：清华大学出版社，2022.

[15] 国家市场监督管理总局政务服务平台.企业名称申报服务指南[EB/OL].[2021-03-01].https：// zwfw.samr.gov.cn/server#onlineService.

[16] 刘志阳，林嵩，路江涌.创新创业基础[M].北京：机械工业出版社，2021.

[17] 黄恒荣，马宁，李宪平.大学生创新创业基础与实践[M].上海：上海交通大学出版社，2021.

[18] 黄奕，李想，薛靖.创新创业基础教育[M].北京：中国言实出版社，2020.

[19] 陈建.大学生创新与创业基础[M].北京：北京理工大学出版社，2021.

[20] 吴小平，张小斌.大学生创业基础[M].北京：中华工商联合出版社，2021.

[21] 姜天骄.重构大健康：创新时代商业模式的未来[M].北京：机械工业出版社，2018.

[22] 张雷.商业模式转换一点通[M].北京：中国财富出版社，2018.

[23] 李家华,王艳茹.创业基础(微课版)[M].上海:上海交通大学出版社,2017.
[24] 张鸽.医药流通企业O2O转型下的财务战略研究[D].杭州:浙江工商大学,2018.
[25] 余凤莲.轻资产盈利模式的财务报表特征研究[D].昆明:云南财经大学,2017.
[26] 国家行政学院经济学教研部.中国经济新方位[M].北京:人民出版社,2017.